促进『生长』的

『快乐读书吧』阅读指导

廖丽萍 ◎ 著

浙江工商大学出版社
ZHEJIANG GONGSHANG UNIVERSITY PRESS

· 杭州 ·

图书在版编目(CIP)数据

促进"生长"的"快乐读书吧"阅读指导 / 廖丽萍
著. —杭州:浙江工商大学出版社,2022.3
ISBN 978-7-5178-4846-2

Ⅰ.①促… Ⅱ.①廖… Ⅲ.①阅读课—教学研究—小
学 Ⅳ.①G623.232

中国版本图书馆 CIP 数据核字(2022)第022898号

促进"生长"的"快乐读书吧"阅读指导
CUJIN "SHENGZHANG" DE "KUAILE DUSHU BA" YUEDU ZHIDAO
廖丽萍 著

责任编辑	厉　勇	
责任校对	夏湘娣	
封面设计	沈　婷	
责任印制	包建辉	
出版发行	浙江工商大学出版社	
	(杭州市教工路198号　邮政编码310012)	
	(E-mail:zjgsupress@163.com)	
	(网址:http://www.zjgsupress.com)	
	电话:0571-88904980,88831806(传真)	
排　版	杭州朝曦图文设计有限公司	
印　刷	杭州宏雅有限公司	
开　本	710mm×1000mm　1/16	
印　张	21.25	
字　数	327千	
版印次	2022年3月第1版　2022年3月第1次印刷	
书　号	ISBN 978-7-5178-4846-2	
定　价	58.00元	

自　序

　　2017年，我的工作从学校转移到了教研室，担任小学语文教研员，这开启了我新的工作历程。我觉得自己能在这个特殊的时期担任教研员这项工作，实在是一件幸运的事情。这是一个教学变革的重要时期，统编版教科书正在全国渐进式推行。浙江省一年级新生于2016年9月开始使用统编版语文教材，2017年新教材推广至二年级，但是很多老师对统编教材的研读、落实等多方面均存在着困惑，而这些恰恰是一名基层教研员的工作重点、难点。因此，我很快就找到了小学语文教研工作的方向，并暗暗下决心一定要带着老师们共同研究、学习新教材，共同探索、实践新教材。我对教学研究充满着好奇与激情。

　　虽然我刚走上教研员这个岗位，但是凭借着多年来对教学工作的热情与探索，我很快适应了新工作。我深入研读教材，与一线教师深度交流，积极参加各种新教材培训，大量阅读新教材的各类专业书籍……我发现很多老师在教学中对统编教材的一个新增设的栏目存在困惑，对其教学定位十分模糊，不知该如何组织落实，这个栏目叫"快乐读书吧"。

　　小学语文统编教材共安排了12次"快乐读书吧"。一年级的主题是"读书真快乐"和"读读童谣和儿歌"。二年级的主题是"读读童话故事"和"读读儿童故事"。三年级教材的"快乐读书吧"出现了整本书阅读。2019年，统编教材全面推行，广大一线教师由于缺乏对教材的精心研读，无法充分认识到教材的编写意图，更缺乏有效的实施路径。基于此，从2019年开始，我开启了区域性"快乐读书吧"栏目的实践与研究，组织了专题调研，通过调研发现具体问题，寻找对策，探索"快乐读书吧"教学指导的有效策略。

　　我通过"问卷星"进行网络调查，区域内22所学校的422位语文老师积极参与。通过对调查对象数据的收集、整理及深入分析，我发现老师们对于"快乐读书吧"的教学组织，有以下两大特点：

一是教师对栏目设置呈现出积极认同的态度。围绕"快乐读书吧"展开整本书阅读的有效教学,是培养小学生阅读兴趣、提升小学生阅读能力的有力抓手。我们欣喜地感受到老师们对"快乐读书吧"这个栏目的接受度高。

问卷内容1:你喜欢"快乐读书吧"这个栏目吗?(单选题)如图1所示。

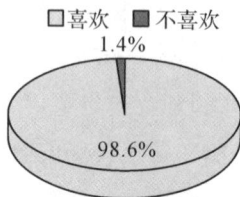

图1 你喜欢"快乐读书吧"这个栏目吗

问卷内容2:你喜欢"快乐读书吧"栏目的理由是( )?(可多选)如图2所示。

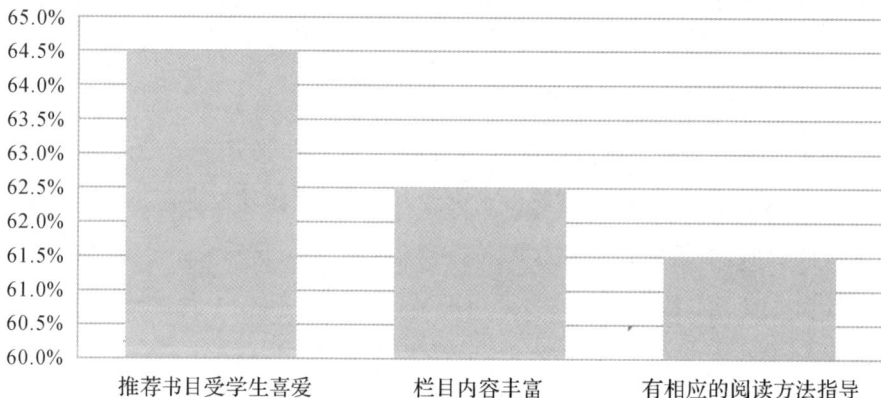

图2 你喜欢"快乐读书吧"栏目的理由

从以上数据看出,老师们认可该栏目是拓展小学生阅读量和阅读视野的重要载体,也是对学生进行阅读方法指导的有效平台,他们感受到"快乐读书吧"对于学生课外阅读"读什么""怎么读"起到了很好的推进作用。

二是教师对阅读指导暴露出简单应对的现象。虽然老师们积极认同"快乐读书吧",但是问卷数据反映出很多教师对该栏目教学存在"偷工减料"的现象。教师对阅读方法策略的指导意识淡薄,教学活动停留在简单的推荐书籍及提出要求的层面,没有真正理解教材的编写意图,缺乏有效的阅读推进活动,主要表现在以下几方面:

阅读指导时间较少。在调查中有这样一题:您会花多少课时安排"快乐读书吧"的内容?选择安排3课时及以上的只有8.5%的老师,有36.1%的老师选择没有专门的课时。这与之前98.6%的老师选择喜欢这个栏目,形成了较大的反差,说明老师知道该栏目设置有意义,但无法做到认真落实、有效推进。大部分老师将"快乐读书吧"定位为激发学生课外阅读的兴趣,让学生自由阅读、随性而为。

阅读指导过程缺失。继续分析调查问卷,发现许多老师对如何有计划、有方法、有步骤地进行阅读过程的指导、反馈和推进,存在茫然无措的状况,过程指导简化,甚至简略。具体情况如表1所示(注:前面选项为调查内容,后面比例为肯定选项的人数比例)。

表1 调查问卷分析

选项	比例	选项	比例
推荐书目,指导购买书籍。	78.4%	阅读前指导,了解作者信息、写作背景等,激发学生的阅读兴趣。	37.9%
建立班级图书角,学生自主借阅,自由阅读。	65.7%	阅读中指导,开展读书交流会,教授阅读方法和策略,提高学生的阅读能力。	35.1%
每天布置阅读的家庭作业,线上打卡。	59.9%	阅读后指导,开展多形式的成果展示活动,检测学生的阅读效果。	18.9%
线上交流,通过微信群等方式,推荐阅读书目,指导家庭阅读工作开展。	74.2%	课堂再现,立足"家长开放日"活动,进行课堂教学活动的展示,以此让家长了解"快乐读书吧"做什么,可以怎么做。	22.3%

观察左边一栏的调查内容发现,大部分老师对于阅读书目的推荐落实、阅读氛围的营造、家庭阅读时间的保障等做得较好,有措施、有组织、有落实。

观察右边一栏的调查内容则发现,对于阅读之前、阅读之中、阅读之后的指导,能认真参与的老师数量不多。

对比左右两栏的调查情况,暴露出目前"快乐读书吧"推进过程中,最缺失的就是老师对学生阅读过程的指导,学生阅读兴趣和阅读能力就无法提高。

阅读活动组织简单。在如何营造班级读书氛围的选择中,65%—75%的老师选择的是通过布置家庭作业、线上打卡、建立班级图书馆等方式让学生自由阅读。只有38%的老师会开展读书交流会,进行阅读评比和让学生交流读书心得等。究其原因,前三种方法操作比较简单,不用花费太多的时间和精力。可见,大部分老师在"快乐读书吧"教学中,无法做到像阅读教学、习作教学那样,用足课时,精心筹备,创意设计。

那么,学生们对"快乐读书吧"的阅读情况又如何呢?我们以第三学段为例,在某学校做了抽样调查。阅读情况如图3所示。

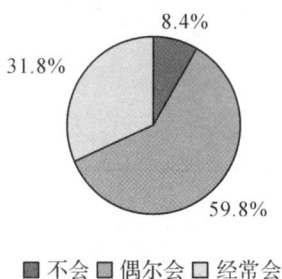

8.4%

31.8%

59.8%

■ 不会 ■ 偶尔会 □ 经常会

图3 某校第三学段"快乐读书吧"阅读情况

第三学段"快乐读书吧"这一新栏目中,除五年级上册为民间故事汇编以外,涵盖了古典章回体小说(五年级下册)和现当代中长篇小说(六年级),主要以中长篇小说为主。具体内容如表2所示。

表2 五年级下册和六年级的阅读主题

年级	文体	主题	你读过吗	相信你可以读更多
五年级下册	古典章回体小说	读古典名著,品百味人生	《西游记》[明]吴承恩著	1.《三国演义》,[明]罗贯中著 2.《水浒传》,[明]施耐庵著 3.《红楼梦》,[清]曹雪芹著
六年级上册	现代中长篇小说	笑与泪,经历与成长	《童年》[苏联]高尔基著	1.《小英雄雨来》,管桦著 2.《爱的教育》,[意大利]埃德蒙多·德·亚米契斯著
六年级下册	现代中长篇小说	漫步世界名著花园	《鲁滨逊漂流记》[英国]丹尼尔·笛福著	1.《骑鹅旅行记》[瑞典]塞尔玛·拉格洛夫著 2.《汤姆·索亚历险记》[美]马克·吐温著 3.《爱丽丝漫游奇境》[英国]刘易斯·卡罗尔著

不同于之前学生在"快乐读书吧"中接触到的汇编类作品,第三学段推荐的小说类名著有着篇幅长、伏笔深、角色多、难读懂的特点。显然,这样的内容编排一来顺应了学生的认知发展,二来为小升初做了更好的衔接。那么,小学高段学生对于中长篇小说的阅读情况到底如何呢? 我们通过针对五、六年级学生的问卷调查,收集到了318份有效样本,发现学生在课外阅读中碰到了以下三座"大山":

一是阅读热情难维持。受这类作品的历史背景复杂、文体结构多样、外国风俗差异、译本语言生涩、人物关系盘根错节、叙述形式新颖等的影响,学生面临着最大的障碍——读不懂。因此在阅读过程中学生往往浅尝辄止,其中60.5%的学生遇到过满怀憧憬地打开一本名著来读,结果翻了两页就半途而废的情况。

二是阅读策略难运用。学生习惯用最初级的认知水平处理名著中难读的地方,这离熟练地将相应的阅读策略迁移运用过来还有一定的距离,导致阅读效率低下,容易出现阅读深度不够的情况。

三是指导需求难满足。温儒敏教授提出:"课外放手让学生读,可以适当管理。"对于刚接触统编教材的老师来说,对于"快乐读书吧"这一新栏目的处理往往拿捏不准,常常放任自流,停留在口头布置上,缺乏对阅读难点的有效指导,使该栏目形同虚设。因此在调查中,我发现有一种观点呼声很高——希望老师给予阅读方法的指导,帮助学生更畅快更深入地阅读名著。

经过对师生两大维度的调研分析,我发现导致这些现象产生的原因还是教师缺乏必要的培训指导。"快乐读书吧"是一个新的教学栏目,相关的教学研讨活动少,专门的阅读指导培训不多,此内容的参考资料也比较缺乏,许多老师面对这样一个相对跨时长、自主性强、充满个性化的学生阅读活动,不知该如何组织引导……这些都是"快乐读书吧"栏目教学流于表面形式的原因,从而导致"快乐读书吧"栏目并未充分发挥其价值和作用。因此,看似学生的课外阅读数量有所增加,质量却不高,阅读习惯没得到有效培养,阅读策略没得以科学训练,阅读能力提升也无从保证。想让教材得到有效落实,想让学生的阅读素养得到真正提升,必须提升教师的专业理念、专业指导能力、专业的阅读课程设计能力等。只有老师改变了理念,才能改变其教学行为,最后才能在学生身上得到正向的体现。

基于这样的思考,自2019年起我就带领着团队在衢州市柯城区范围内开展相关的研究实践。恰巧这一时期,柯城区白云学校与浙江师范大学开展了联合办学活动，浙江师范大学特别选派了王国均教授常驻白云学校进行课改指导，我也有幸参与过几次王教授的教学指导活动。王教授所提出的建设"读写教室"的理念给了我很大的启发。他重视对儿童进行阅读策略的指导，带领老师们积极开发阅读工具，这些都为我所要进行的区域"快乐读书吧"阅读活动的推进指明了方向。在王教授的引领下，在衢州市教研员正高级、特级教师施燕红老师的指导下，我也带着课题研究团队，站在儿童视角，研究阅读策略，开发阅读工具，开展阅读活动，探索阅读评价，多举措、立体化地推进整本书阅读研究与实践，推动区域内学生阅读素养的提升。在这个过程中，一批青年教师始终与我同行、一路相随，如李红芬、江狄龙、吕琴、戴文君、夏小红、童根香、舒笑笑、郑舒瑜等。我们一起开发"快乐读书吧"整本书阅读指导课例，一起研究阅读工具的开发与使用，一起讨论教材内阅读策略单元的教学与实施，一起思考如何将课内阅读教学与课外阅读指导有机融合……一次次的交流碰撞，实践反思，都得到王国钧教授、施燕红老师一路指引。在这愉悦的过程中，我们听到了自己在拔节进步的声音！感谢柯城区小语团队的相知、相伴、相随，感恩所有的遇见！

三年来，我们不断探索与尝试，努力实现区域"快乐读书吧"阅读活动的新推进，引导老师们带着学生开展高质量的阅读，努力将学生培养成独立而成熟的阅读者。这是我的目标，我将努力前行，为了自己，为了教师，更为了孩子！

在这本书即将付梓之际，恰遇秋雨停歇，暖阳回归。窗外，丹桂还在勃然怒放，秋意还是浓得化不开。前两年，就有好朋友劝我将自己的研究成果结集出版，但出于对教研成果认真负责的态度，我一直认为做得还不成熟而不敢轻易呈现。然而，这个金秋，我终于将这些文字整理了出来。这在某种程度上也暗示着我，花开终有期，或晚来，但终不会缺席。希望这本书能给您在课堂教学、亲子教育等方面带来一些启示、帮助，我将不胜荣幸！

廖丽萍

2021 年 10 月

目　录

第一章　基于"生长"的"快乐读书吧"栏目思考 ·················1

第一节　统编教材对阅读能力培养的编写特点 ·················3

第二节　"快乐读书吧"编写中的"生长"要求 ·················6

第三节　"快乐读书吧"落实"生长"的教学理念 ·················10

第四节　对助力"快乐读书吧""生长"的阅读策略的理解与认识 ·················14

第二章　落实好策略单元是促进"生长"的基础 ·················17

第一节　统编教材阅读策略单元的编排 ·················19

第二节　预测单元的解读与教学建议 ·················23

　　第一目　预测策略单元的编排及思考 ·················23

　　第二目　预测单元课文教学设计案例 ·················29

第三节　提问单元的解读与教学建议 ·················35

　　第一目　提问策略单元的编排及思考 ·················35

　　第二目　提问单元课文教学设计案例 ·················45

第三节　"提高阅读速度"单元的解读与教学建议 ·················51

　　第一目　"提高阅读速度"单元的编排及思考 ·················51

　　第二目　"提高阅读速度"单元课文教学设计案例 ·················60

第四节　"有目的地阅读"单元的解读与教学建议 ·················67

　　第一目　"有目的地阅读"单元的编排及思考 ·················67

　　第二目　"有目的地阅读"单元课文教学设计案例 ·················72

第三章　关注"语文要素"中隐性策略是"生长"的保障 ················79

第一节　统编教材中隐性阅读策略的编排 ················81

第二节　"创造性复述"单元的解读与教学建议 ················86

　　第一目　"创造性复述"单元的编排及思考 ················86

　　第二目　"创造性复述"单元课文教学设计案例 ················95

第三节　"推测人物思维"单元的解读与教学建议 ················102

　　第一目　"推测人物思维"单元的编排及思考 ················102

　　第二目　"推测人物思维"单元课文教学设计案例 ················109

第四节　"初步学习阅读古典名著"单元的解读与教学建议 ················114

　　第一目　"初步学习阅读古典名著"单元的编排及思考 ················114

　　第二目　"初步学习阅读古典名著"单元课文教学设计案例 ················122

第四章　搭建有"生长"的"快乐读书吧"实施路径 ················131

第一节　围绕"一个贴士"开展阅读活动 ················133

第二节　利用"四大策略"助推阅读实效 ················139

第三节　落实"三个阶段"推进阅读开展 ················145

　　★《安徒生童话》阅读指导 ················152

　　★《中国神话传说》阅读指导 ················167

　　★《西游记》整本书阅读指导 ················182

　　★《鲁滨逊漂流记》阅读指导 ················197

第四节　开发"六节微课"扎实阅读指导 ················221

第五章　开发促"生长"的阅读工具 ················231

第一节　阅读工具的价值与意义 ················233

第二节　阅读工具的开发角度 ················241

第三节　三大类阅读工具的设计与使用 ················249

　　第一目　导读单的设计与使用 ················249

　　第二目　海报的设计与使用 ················260

第三目　卡牌的设计与使用 ･･････････････････････････････ 267

第四节　阅读工具在常态阅读课中的使用 ･･･････････････････ 275

第六章　实施助力"生长"的"快乐读书吧"阅读评价 ･･･････ 283

第一节　阅读评价的意义与要求 ･････････････････････････ 285

第二节　多维度设计评价内容 ･･･････････････････････････ 288

第三节　多样态全程评价 ･･･････････････････････････････ 291

第四节　多元化开展全员评价 ･･･････････････････････････ 295

第五节　导向性的纸笔化评价 ･･･････････････････････････ 297

第一目　常规语文测试中阅读考查的转型 ･･･････････････ 297

第二目　基于儿童立场的"快乐读书吧"试题研制 ･･･････ 305

第三目　整本书阅读检测题例 ･････････････････････････ 313

第六节　实施评价的基本原则 ･･･････････････････････････ 322

参考文献 ･･･ 325

第一章

基于"生长"的"快乐读书吧"栏目思考

第一节　统编教材对阅读能力培养的编写特点

统编教材总主编温儒敏教授曾说:"语文教学,最重要的是培养读书的种子。"因此,教材在编写过程中,以各种形式加强对学生阅读能力的培养,努力落实《义务教育语文课程标准(2011年版)》(以下简称《课程标准》)所提出的"语文课程应注重引导学生多读书、多积累,重视语言文字运用的实践,在实践中领悟文化内涵和语文应用规律"等关于学生阅读能力培养方面的要求。

一、单元整体联动式,提升阅读素养

单元整体联动式,是指教材编写中以任务为导向,按人文主题、文体知识、阅读方法、阅读策略等构成阅读训练单元专题,在精读课文中进行单元专题知识的深入学习,在略读课文中迁移运用,同时将所学的阅读知识及技能整合到写作、口语交际和课外阅读等活动中,达到整合学习情境、学习内容、学习方法和学习资源,引导学生在运用语言文字的过程中提升语文素养的目的。

如,五年级上册第三单元,篇章页上体现人文主题的句子是民间故事、口耳相传的经典、老百姓智慧的结晶。右下角呈现了两个单元语文要素:阅读要素是了解课文内容,创造性地复述故事;习作要素是提取主要信息,缩写故事。本单元安排的精读课文是《猎人海力布》和《牛郎织女》(一),略读课文是《牛郎织女》(二);在课文后面紧跟着的"口语交际"内容是"讲民间故事";习作是"缩写故事",习作指导中,就以缩写《猎人海力布》为例;语文园地中的"日积月累"板块是积累《乞巧》这首诗,里面也包含着"牛郎织女"这一民间故事的元素。本单元最后的板块是"快乐读书吧",安排的内容是引导学生阅读"中外民间故事"。整个单元的编写,其主要学习目的指向学生对于"民间故事"这一形式的认识与了解,掌握创造性复述故事这一技能。教材对学生这一阅读能力的培养与训练贯穿在单元的每一个板块、每一个内容之间。单元内容之间,形成了一个训练的整合。

二、篇章类阅读链接式,关注阅读联结

通过单元整体编排体系,教材还经常会在课文学习之后,安排相应的阅读链接,通过"1+x"形式的多文本阅读,拓宽学生同类型或同主题阅读的广度及深度。

如,五年级下册23篇课文中,有5篇课文后面编者安排了阅读链接。有的通过链接引导学生开展比较阅读。如第8篇课文《红楼春趣》,讲的是大观园中小姐们放风筝的故事,在课后的阅读链接中就链接了林庚的《风筝》,引导学生比较阅读两种不一样的放风筝;第18篇课文《威尼斯的小艇》,美国作家马克·吐温以生动活泼的笔调描写了威尼斯小艇在人们生活中所发挥的重要作用,课后的阅读链接中链接了我国作家朱自清所写的《威尼斯》及法国作家乔治·桑所写的《威尼斯之夜》,呈现了不同国家作者笔下不一样的威尼斯风情。

统编教材十分注重以单元中精读课文的学习为出发点,将所获得的对相关人文主题的认识与习得的阅读能力应用于略读课文的解读中,同时扩展到其他阅读文本的解读中。借助课后练习、导读提示等方式引导学生阅读相同主题、相同风格或同一作者的若干文章,实现阅读积累与拓展。

如,四年级下册第八单元,语文要素是感受童话的奇妙,体会人物真善美的形象。教材安排的第一篇课文是第25课《宝葫芦的秘密》(节选),在课后就呈现了一道"选做"题,引导感兴趣的学生阅读《宝葫芦的秘密》整本书。本单元的略读课文第27课《海的女儿》,课文内容呈现的是故事后半部分的内容,在导读提示下引导感兴趣的同学完整阅读这篇童话。像这样的编排,体现了多文本阅读训练模式,能实现阅读的积累与拓展。

三、增设"快乐读书吧"栏目,实现课外阅读课程化

阅读能力是通过大量读书培养出来的。所谓的大量阅读,究竟量要达到什么程度呢? 有研究专家给出的答案是至少一百本。研究者提供了一个具体的参照,在日本,有一种出版物,体积非常小,能装在口袋里,这种书被称为"文库本"。日本的新潮出版社出版过一套《新潮文库100册》,包含了很多东西方的名著,比如《茶花女》《欧·亨利短篇集》《魔山》等。研究者认为,一个人,尤其是在成长期的人,需要大量阅读这些文学名著。这100本,如果每个月读两本的话,大概需要

四年时间读完,经过这样的训练,阅读会成为一种习惯,从而具备最基本的阅读能力。而此后随着读书数量的增加,阅读能力还会随之提高。

因此,统编教材为了推动学生进行大量阅读,切实提升对阅读能力的培养,在教材中增编了专门的"快乐读书吧"栏目,由单篇课文阅读发展到整本书阅读。尤其是从三年级开始,每一册"快乐读书吧"栏目,既有"你读过吧"导语推荐的必读书目,又设计了由"相信你可以读更多"板块引出推荐阅读的书目。每一册"快乐读书吧"皆会向学生推荐阅读三至四本书,以此切实增加学生的阅读量。同时,每册的"快乐读书吧"的阅读活动都与本单元语文要素的落实紧密联系,充分体现了教材编排过程中,"精读—略读—课外阅读"三位一体的编排体系,关注到了阅读理解的各个认知过程,注重语言建构、思维发展以及审美鉴赏等各种素养的培养。希望通过课外阅读课程化的设置,扩大学生的阅读面。

"快乐读书吧"栏目,首次把整本书阅读纳入语文课程。纵观十二册统编教材"快乐读书吧"的编排,可以发现低段侧重于阅读兴趣的激发和阅读习惯的培养,三年级开启了整本书的阅读指导,侧重于阅读策略的指导和阅读方法的运用。三至六年级的"快乐读书吧"在主题设置、类型编排、语文要素的连接等方面形成了相对独立的体系,具体如表1所示。

表1 统编小学语文三至六年级"快乐读书吧"体系

学期	主题	阅读类型	推荐书目	阅读小贴士
三上	在那奇妙的王国里	童话	《安徒生童话》《稻草人》《格林童话》	用想象的方法阅读童话,领略童话的魅力。
三下	小故事大道理	寓言	《中国古代寓言》《伊索寓言》《克雷洛夫寓言》	读寓言先读懂故事内容,再体会故事道理,后联系生活,深入理解。
四上	很久很久以前	神话故事	中国神话故事和世界神话传说	发挥想象,感受神话故事的神奇。
四下	十万个为什么	科普读物	《十万个为什么》《穿过地平线》《细菌世界历险记》《爷爷的爷爷哪里来》《地球的故事》《森林报》	学习通过查资料、联系上下文、结合生活经验等方式阅读科普读物,并在阅读之后学会思考是否有道理等。

学期	主题	阅读类型	推荐书目	阅读小贴士
五上	从前有座山	民间故事	《田螺姑娘》等、外国民间故事《曼丁之狮》	感受民间故事中固定的类型和重复的结构,体会民间故事的美好正义。
五下	读古典名著,品百味人生	中国名著	《西游记》《三国演义》《水浒传》《红楼梦》	学会猜读章回体小说的"回目",体会古典名著的精彩隽永。
六上	笑与泪,经历与成长	小说	《童年》《小英雄雨来》《爱的教育》	学习厘清小说中的人物关系,感受小说的生动情节和性格各异的人物。
六下	漫步世界名著花园	外国名著	《鲁滨逊漂流记》《骑鹅旅行记》《汤姆·索亚历险记》《爱丽丝漫游奇境》	通过了解写作背景、画人物图谱、做读书笔记、写读后感等方法阅读难读的世界名著。

　　各年级"快乐读书吧"编排体例结构一致,都有鲜明的阅读主题、生动的阅读导语、相应的阅读策略,并及时推荐相关阅读书目。但是,各年级"快乐读书吧"的阅读目标却有不同的着力点,从激发阅读兴趣、体验阅读方式、培养阅读习惯到学会阅读方法、习得阅读策略、提高阅读能力等各方面对学生开展相应的训练,教学指导螺旋上升、循序渐进。

　　阅读能力作为个体完成阅读活动的稳定的个性心理特征,这就决定了它只有通过个人的阅读实践才能形成并发展起来。因此,统编教材从不同维度进行教材编写,以实现对学生阅读能力的培养。全体语文老师要重视对教材的研读,理解教材的编写意图,有效落实好教材的编写意图,加强对学生阅读能力的培养,开展阅读活动指导,开发相应的阅读指导课程,引导学生有效开展阅读实践,提升阅读能力。

第二节　　"快乐读书吧"编写中的"生长"要求

　　从言语视角观照,阅读活动中的"生长"包含三层含义:一是指向人自然意义的生长。教师要做的事情就是相信学生的潜能,解放其天性,释放其自身蓬勃的生长力量。二是指向教育学意义的生长。需要教师引导学生由"最近发展区"向"可能发展区"迈进,带着学生在原有基础上由"可能性"向"现实性"靠近和超越,进而产生更大的"可能性"。三是指向人类学意义的生长。就是让阅读过程中的学习成为人之为人的价值体认,让阅读及阅读分享成为学生的安身立命之本。

指向"生长"的"快乐读书吧"阅读指导,勾连起的正是人和自然意义的生长、教育学意义的生长与人类学意义的生长。教师的职责在于促其转化、助其融通、帮其提升,让整本书阅读顺应学生的天性,唤醒学生的阅读潜能,呵护学生的阅读欲求,指向学生生命质量的不断完善和自我价值的实现。

随着统编教材的全面推进,老师们对"快乐读书吧"栏目的重视程度的确也有所提升,但许多一线教师对"快乐读书吧"的教学缺乏有效指导,学生的阅读活动组织存在着简单低效的现象。围绕"快乐读书吧"栏目实施这一专题,笔者曾通过"问卷星"进行了专项调查。通过数据分析,发现绝大多数教师对栏目设置高度认可,但是对栏目设置的价值认识不全面、欠深入。不少教师片面地把增加学生的阅读量作为该栏目教学的终极追求。其实,仔细研究"快乐读书吧"栏目,我们能挖掘到更丰富的编者意图,开展好"快乐读书吧"栏目指导,"生长"的不只是阅读量,还应该有许多伴随着阅读活动而产生的其他内容。

一、研栏目名称,读书中"生长"快乐

教材中,每个学期安排了一次"快乐读书吧",首次呈现安排在一年级上册第一单元,主题是"读书真快乐"。这一主题直观传递了栏目理念:引导学生快乐地读书,享受阅读的快乐。这是教材对各册"快乐读书吧"的价值引领,是一种召唤和导向。

以此推测,教材编写"快乐读书吧",其目的是将此栏目作为引导学生积极阅读的阵地,让学生在阅读主题的指引下,以多种形式愉快阅读,分享阅读收获,栏目名称就凸显了"快乐读书"的理念。"快乐"是一种主动阅读的心态、意愿,乃至能力,是读者在阅读时的积极状态。教师在推进"快乐读书吧"的过程中,除了要关注学生阅读的质与量,更要关注学生的阅读状态,使学生保持阅读热情,实现持续的快乐阅读,从而让学生的阅读能力在愉悦的阅读实践中得到培养与提升。

只有唤醒学生的阅读潜能,呵护学生的阅读欲求,阅读中"生长"才有可能现实。

二、研编写体例,阅读中"生长"表达

从栏目板块设置看,"快乐读书吧"基本由"导语""你读过吗""阅读小贴士""相信你可以读更多"四部分构成。但仔细研读教材的编写体例,我们发现,编者在激发学生阅读兴趣、指导阅读方法与策略的同时,还引导学生关注作品的语言风格、表达特点等,鼓励学生用口头、书面等方式结合阅读进行表达。有时还将阅读主题与单元习作、口语交际等表达训练内容联系起来。具体如表1所示。

表1 阅读主题与单元习作、口语交际等的联系

册别	阅读主题	栏目引导语	对表达能力的渗透指导	关联教学
四年级上册	中外神话故事	远古时候人们认为神话是真实而神圣的,一定要在严肃的仪式上郑重地讲出来。	关注口头表达能力的训练,引导学生开展讲述神话故事的活动。	习作:《我和____过一天》
五年级上册	中外民间故事	作为一种口头艺术,民间故事一般有固定类型和重复段落。	引导学生关注民间故事的结构特点。	口语交际:讲民间故事 习作:缩写民间故事
六年级下册	世界名著阅读	可以在页面空白处写下自己的感触;读到特别喜欢的段落,可以摘抄在笔记本上;遇到人物关系比较复杂的情况,可以画一份人物图谱;读完整本书以后,可以写出全书的结构,以及作者在书中想要表达的一些想法。	引导学生用摘抄、做批注、画图谱等方式表达阅读思考和收获。	习作:写作品梗概

综上可以看出,编者希望通过"快乐读书吧"增加学生的阅读量,提高阅读能力,也希望通过有效阅读促进表达。的确,仔细研读"快乐读书吧"栏目的编排,发现其在促进学生阅读的同时,也提升了学生的交际能力,并通过设计各种口头及书面表达,锻炼了学生的归纳能力、语言替换能力和书面表达能力。学生在这一过程中,可以学会冷静、客观地看待事物,让思想意识变得准确、深邃,更有利于与他人之间的相互理解与沟通。

因此,在开展"快乐读书吧"教学实践时,教师要善于凭借和依托文本阅读,对阅读活动进行适度的"表达"开发,带领学生发现文本表达的秘密,感受文本表达的特点,适当开展相关的表达训练,促进学生读写之间的转化,助其融通,实现"快乐读书吧"由阅读走向表达的自然渗透。教师还要设计、开展各种交流分享活动,通过阅读让学生与学生之间、学生与教师之间、学生与家长之间,甚至是学生与社会之间,有更多的交际交流,让学生有更多的表达机会,让阅读价值得以最大化实现。

三、研教材体系,延伸中"生长"素养

教材编写者充分考虑到学生学习独立阅读的发展性与阶段性,根据年段特点及阅读能力发展的规律,每册教材分别安排了对应的阅读主题,文体阅读序列清晰,渗透了分级阅读的理念。每册阅读的内容又与该单元的人文主题相呼应,从中可以看到一条从单元课文阅读到"快乐读书吧"整本书阅读,再到同类书籍阅读的阅读链。学生通过这条阅读链,逐渐习得更多的阅读方法策略,提升阅读能力,在阅读中拓宽眼界,从而逐渐向一个成熟而独立的阅读者迈进。

通过阅读,学生现实的体验与阅读的感受得以结合,这是对内心的"暗默性认知"的唤醒,即学生主观上并没有意识到事物的存在,但身体和潜意识却有所认知,不知不觉地做出了某些反应。这种认知就是人们平常经常说的"只可意会,不可言传"。在成长的过程中,学生能通过暗默性认知获得经验教训,也能发现别人和自己有一样的体验,就会对自己形成肯定,在获得认可中获得人生存的力量源泉,从而确信自己走在了正确的道路上。这种信念有助于学生形成良好的人格基础。

因此"快乐读书吧"这样的编排,传递出它在教材体系中所承担着的重要作用:它是课内向课外的延伸,是阅读到写作的延伸,也是知识技能到实践运用的延伸,还是人的成长发展的实践和需求。"快乐读书吧"通过阅读,让学生在各维度的延伸与拓展中,其综合素养得以提升,个人能够更好地成长。

在实现"延伸"的过程中,"快乐读书吧"还需形成一种"链接"。它是学生从教师指导下的阅读走向自主独立阅读的链接,也是学生阅读与师生共读、亲子阅读的链接,甚至还能以此推动全民阅读。因此,教师在指导阅读活动开展过程

中,要建立起"链接"的意识,既要指导好学生的课外阅读,也要通过学生阅读带动家长、社会人士参与到阅读活动中,让学生的阅读"生长"从校园内延伸到社会中,产生更多的意义,真正实现学生生命质量的完善和自我价值。

第三节 "快乐读书吧"落实"生长"的教学理念

指向"生长"的"快乐读书吧"阅读指导,先要搞清楚"指导要从哪里出发",即确定阅读指导的原点。从某种意义上讲,找寻阅读"生长"原点的过程,就是结合阅读内容,在此基础上设计具有适切性的阅读指导过程,引导学生通过各类阅读实践活动,将原有经验融入阅读过程,达成"期待视野"和阅读"召唤结构"的完美契合,使阅读活动散发"生长"的活力。

如果说"生长"原点的确定指向的是阅读指导从哪里出发的问题,在此基础上还要进一步弄清楚阅读指导去往哪里的问题,即选择怎样的路径去抵达的问题。讨论"生长"路径的背后,隐含着的是以怎样的逻辑去支撑阅读活动指导。围绕阅读能力培养的核心目标,让不同阅读能力层次的学生都真正投入阅读活动,经历阅读过程中的不同阶段。

然而,纵观目前一线教师对"快乐读书吧"的实施,有很多时候并没能让学生在阅读中实现"生长"。阅读指导过程主要存在以下三种现象:放任自流型,教师只布置没指导,更没跟踪和评价;有头无尾型,教师安排一课时开展导读,激发兴趣提要求,但后续没有跟进,缺乏交流;步步为营型,教师全程控制整本书阅读活动的开展和成果的呈现,学生缺乏主动性、自主性。以上三种实施方式均与栏目的价值定位及编者的编写意图有所偏离。教师要依据学生的阅读心理、认知特点及栏目的课程化理念,站在促进"生长"的学生视角,实施"快乐读书吧"的教学活动组织,让学生在高质量的阅读指导过程中,实现能力增长、素养提升、生命成长。

一、注重计划性,避免碎片化

"快乐读书吧"栏目的教学视野从课内走向课外阅读,教学目标不可能在一课内完成。因此,阅读计划的制订尤为重要,教师需根据本学期"快乐读书吧"的阅读要求,组织学生讨论交流,商议书籍阅读的顺序、时间、活动等。如表1所示。

表1 三年级下册"快乐读书吧"阅读计划

阅读时间	校内	1. 每天饭后20分钟;2. 每周一节午间阅读课。	
	校外	1. 周一至周五每天睡前半小时;2. 周六、周日每天一小时。	
活动安排	月份	阅读内容	措施及活动
	3月	《中国寓言故事》	1. 开展"21天阅读打卡"活动。 2. 自主阅读,组内交流:小故事大道理。 3. 小组合作表演一个小故事,在全班展演。
	4月	《伊索寓言》	1. 按计划自主阅读。 2. 每人制作一份阅读卡,在组内交流。 3. 小组推荐优秀阅读卡参加班级展览,并介绍故事内容。
	5月	《克雷洛夫寓言》	1. 开展"亲子共读"活动,留下最美亲子共读镜头。 2. 制作故事卡牌,小组内故事评比,选出"故事能手"。 3. 各组代表参加班级讲故事比赛,并交流亲子共读感受。
	6月	三本书读后交流	1. 比较中外寓言故事的异同,组内交流阅读感受。 2. 小组合作,选择故事,完成比较图表。 3. 全班合作,完成本学期阅读成果展板。

如果把班级阅读计划看成每学期"快乐读书吧"的"指导纲领",那么学生个人每本书的"读书计划"就是实施细则,教师要引领学生思考整本书阅读所需要的时间,设计好阅读记录表,日日记录,时时督促。有了统筹规划的班级、个人阅读计划,师生均明确了时间安排、活动策划、具体要求等内容,阅读活动的开展才有据可依,阅读的推进与落实才得以保障。

二、关注课程性,避免课时化

随着"快乐读书吧"教学研讨的深入,部分教师对"快乐读书吧"阅读指导分为课前导读、课中助读和课后分享三个阶段有了一定的认知,但往往容易将其固化成三课时完成。这样的组织安排并不契合栏目所体现的"课外阅读课程化"的意图。

笔者认为"课程化"前提下,"快乐读书吧"的实施不应只由三个导读课构成,还应包含阅读内容、教学指导、活动组织、评估反馈等多个维度、多重途径,是以学生获得预期目标为前提的对阅读活动的策划及安排。

如图1是某教师对《爱丽丝漫游奇境》整本书阅读课程框架的设计。

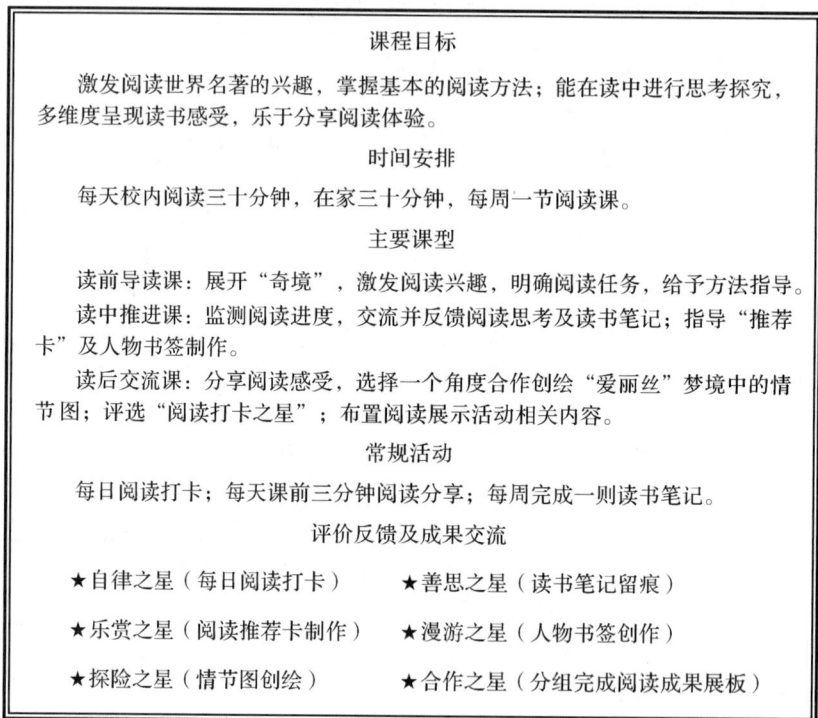

课程目标

激发阅读世界名著的兴趣,掌握基本的阅读方法;能在读中进行思考探究,多维度呈现读书感受,乐于分享阅读体验。

时间安排

每天校内阅读三十分钟,在家三十分钟,每周一节阅读课。

主要课型

读前导读课:展开"奇境",激发阅读兴趣,明确阅读任务,给予方法指导。

读中推进课:监测阅读进度,交流并反馈阅读思考及读书笔记;指导"推荐卡"及人物书签制作。

读后交流课:分享阅读感受,选择一个角度合作创绘"爱丽丝"梦境中的情节图;评选"阅读打卡之星";布置阅读展示活动相关内容。

常规活动

每日阅读打卡;每天课前三分钟阅读分享;每周完成一则读书笔记。

评价反馈及成果交流

★自律之星(每日阅读打卡)　　★善思之星(读书笔记留痕)

★乐赏之星(阅读推荐卡制作)　　★漫游之星(人物书签创作)

★探险之星(情节图创绘)　　　　★合作之星(分组完成阅读成果展板)

图1 《爱丽丝漫游奇境》整本书阅读课程框架的设计

以上课程安排大致可分成三阶段:读前,师生制订计划,明确任务;读中,学生在指定时间内参与各项活动,完成全书阅读;读后,学生在反思的基础上,交流阅读感受,呈现阅读成果……整个组织安排有相对独立性和完整性,是一个线性过程,既有课堂参与和对话,也有课外的自主思考。教师既重视学生阅读发展的需求,又有意识地培养学生的阅读能力,促进阅读交流,实现真正有意义的阅读。

三、提倡交互性,避免浅表化

教师在开展"快乐读书吧"的阅读活动中,除了要关注学生的自主阅读,也要善于根据学生的阅读心理及其阅读文本的特点,设计有效的能促进思考及合作的阅读任务。学生在任务驱动下与文本对话、与作者对话,学生与文本之间、学生与学生之间、学生与教师之间建立联系,形成多维度交互性阅读,避免学生"一读带过,一眼便知"的浅表性阅读。基于交互型的阅读活动形式设计多样化,类型如表2所示。

表2　交互型的阅读活动形式的设计

阅读活动	组织形式	阅读任务
拼接型阅读	通过小组合作,成员间交换阅读信息,整个团队形成较完整的信息群后,完成同一项阅读任务。	阅读"中外民间故事",教师引导学生讨论《非洲民间故事》和《中国民间故事》的异同点。
决策型阅读	小组或全体成员就阅读中碰到某一个问题进行协商和讨论,并达成一致。	阅读《鲁滨逊漂流记》后,讨论:有人说男孩在成长过程中,一定要读这本书,你们同意这个说法吗?
问题解决型阅读	小组合作,探索问题解决方案。	阅读《爱丽丝漫游奇境》,思考:怎样才能把探险故事写得精彩有趣呢?

这些交互型阅读活动,找准了阅读内容与学生思维的联结点,将个人的学习、生活与阅读打通,为学生搭建了合作与交流、思考与表达的平台,衍生出更多富有个性、开放多元的阅读思想,这样的阅读是有深度和广度的。

"快乐读书吧"栏目设置是为了有效落实课程标准所提出的"多读书,读好书,读整本"。教师在栏目的组织实施过程中,要从活动开展的计划性、课程性、交互性等方面进行精心设计与引导,才能让栏目的编写价值得以落实。

读好书,是我们庄严而宝贵的生命赋予自身的重要使命。从这个意义上说,"快乐读书吧"是为生命奠基、为民族铸魂的大工程。在"快乐读书吧"的教学实践中,全体语文教师要更新观念、革新思路、创新方法,依据教材的定位,基于学生的发展,推进阅读指导,让阅读真正抵达学生的内心,提升学生的阅读质量及生命质量。

第四节　对助力"快乐读书吧""生长"的阅读策略的理解与认识

　　阅读的重要性得到了世界范围内的广泛认可。一名师范大学阅读方面的专家曾在电视节目中坦言："如果一个人不能读,那么就无法学习其他专业知识。"足见阅读能力是一个人学习其他技能、认识世界的桥梁。

　　然而,传统的课外阅读指导大部分陷于了解阅读内容的泥潭中。学生阅读的过程,往往就是了解书本内容的过程。老师经常以"读书百遍,其义自见"鼓励学生反复朗读、仔细阅读,殊不知有些文章光靠一遍遍地读,其实是很难做到"其义自见"的。

　　幸而,近十年来,台湾、上海等地方中小学生在国际阅读素养研究测试中的表现引起了我国语文教育界的广泛重视。2006年我国台湾小学四年级学童参加"PIRLS"测试,在全球参加评比的49个国家和地区中仅排名第22位。"PISA2009"测试中,上海的中学生以556分的平均成绩,在所有参与国和地区中排名第一。但上海学生阅读达到6级水平("PISA"将学生能力分为7级,7级为最高级)的学生仅占2.4%。

　　基于这样的情况,越来越多的教育研究者意识到传统的阅读教学及课外阅读已不适应时代对人的发展要求,学生在养成良好读书习惯,形成独立阅读、分析文本方面的能力仍有待加强,阅读策略的研究被日益重视。

　　阅读能力指的是通过大量读书培养出来的对事物的理解力,以及与人交流的能力,简而言之是一种思维能力,也是与人的本质有关的重要能力。著名哲学家笛卡尔有一句尽人皆知的名言,就是"我思故我在",他认为思维能力决定了人与其他物种的不同,所以思维是人的本质。

　　阅读策略的背后就是阅读思维,其本质就是人的思维能力。读者运用阅读策略主动从文本中建构意义正是阅读对人的重要影响。学生在课外阅读的过程中除了获取知识、了解内容,更重要的是学会怎样去阅读,习得阅读的策略,才有助于阅读能力的提升。有效的阅读策略教学使学生不仅"想读",更会边读边思考,形成"读想"的习惯。

　　培养学生有策略地阅读,提升学生根据阅读需求选择合适的阅读策略的能力,是"快乐读书吧"栏目推进过程中极为重要的一项内容。有人说,不会阅读的学生是潜在学困生。不具备阅读能力,意味着学生自学能力的欠缺,会直接影响学生的自主学习效果。苏联著名教育家苏霍姆林斯基曾提出,改变学困生的最好办法,就是引导他们多开展阅读活动。但是,如果一个学生不会阅读,即使让他读再多的书也是无效阅读,学习状况自然难以改变,更不可能在阅读中获得"生长"。

　　美国教育家露西·麦考密克·卡尔金斯在其所著的《如何有效运用阅读教学策略》一书中,将学生的阅读水平分成独立阅读、在指导下阅读和阅读困难三个阶段。阅读教学的目标就是通过对学生的阅读指导,提升学生的阅读能力,最终让他们能够独立阅读。教是为了不教,所有的阅读指导都要充分尊重学生的需求和选择,着力于培养学生的独立阅读能力。因此,提高学生的独立阅读能力,引导他们在阅读过程中有效选择运用合适的阅读策略很重要。

　　那么,阅读策略究竟指哪些方面呢?人民教育出版社课程教材研究所的郑宇老师指出,有效教学的必要条件之一,就是不仅要让学生懂得"我们要到哪里去"(目标),更要知道"怎样到那里去"(过程与方法),即要关注学生是怎么读懂的。从心理学的角度来看,读懂属于认知,怎么读懂则属于元认知。阅读策略就属于元认知,它包括学习策略、阅读理解策略和自我监控策略等方面的内容。

　　学习策略、阅读理解策略及自我监控策略又具体指哪些内容呢?上海师范大学教育学院的王荣生教授对此做了具体的解释。

一、学习策略

　　学生在课堂上所学到的内容取决于他们对所读东西的理解和记忆能力。从上述结论中可以看出,"学习"与"阅读"密切关联。学习如何阅读,就是学习"如何学习"。学习心理学所证实并建议学生使用的高效的"学习策略",从阅读的历程来看,主要是在阅读之后的加深记忆和理解阶段,包括:复述、分类、解释、总结,摘要、提炼,做各种形式的笔记,等等。

二、阅读理解策略

阅读中所使用的策略来源于阅读心理学的研究,目前中外专家所提炼的阅读理解策略主要包括八个方面,即预测、联结、提问、推断、图像化、确定重点、释疑及综合。这八项阅读理解策略前后没有必然的顺序,它们相互联系并在人们实际的阅读理解过程中综合使用。

三、自我监控策略

心理学家描述了有技巧的读者在阅读理解过程中自我监控的各种表现,如:会监控自己对文章的理解;会特别留意文中令人困惑的或与自己已有认知不一样的内容;会在困惑时重新读一遍文章或放慢阅读的速度;会监控自己是否正在专心阅读……总之,有技巧的阅读者会在阅读过程中关注自己的各种阅读行为及阅读结果,这种行为便属于阅读过程中的自我监控策略。

根据上述阅读策略的分析与研究,我们发现,在日常的阅读过程中,中小学生或者成人读者都或多或少地运用过阅读策略,只是我们并没意识到,这种运用是一种无意识的经验式的运用。

当然,对于阅读策略的运用也存在许多普遍性的问题。如:很多时候,读者"不知道"在某个具体的阅读情境中应该运用哪个策略;"不知道"在这个特定的阅读情境中是否可以运用已掌握的某个或某些策略;"不明白"在这个特定的阅读情境中如何运用已掌握的策略;"不能"自主地运用策略或只是习惯性地运用自以为是的策略。这些情况,在小学生的阅读过程中更为突出。因此,将阅读策略的训练与培养纳入教材,纳入学生在"快乐读书吧"阅读活动过程中,具有十分重要的意义。

阅读不是天生的技能,它如同体育运动,需要经过不断训练才能掌握,而且有具体的训练方法。阅读策略就像是足球运动中的停球技能,如果停不好球,在激烈的比赛场上根本就没法踢球,哪还谈得上什么盘带、射门。在培养学生阅读能力的过程中,不关注阅读策略的指导与训练,就等于没有打好学生的阅读基础,基础不牢,其他一切思维活动都很难有所突破。因此,只有引导学生在"快乐读书吧"的阅读活动中策略性地开展阅读,才能在阅读中实现学生"生长"的目标。

第二章

落实好策略单元是促进"生长"的基础

第一节 统编教材阅读策略单元的编排

统编版小学语文教材强调要让学生通过学习语文、有指导的课外阅读掌握多种阅读方法，从而具备独立阅读的能力。因此关注阅读方法和策略的学习是统编教材区别于其他版本教材的十分重要的体现。阅读策略单元的设置是统编版小学语文教材的一大创新，开创了小学语文教材编写史上围绕策略开展单元组织的先河。教材围绕策略来组织单元，将语文教学的关注点从认知层面提升到元认知层面，这是语文教材在科学化道路上探索的一个成果。

一、教材中四大阅读策略的编排特点

对学生进行阅读策略训练与培养的根本目的，是提升学生的思维能力，能够让学生更好地理解和分析文本内容，对文本形成更深刻的见解。教材从三年级开始，每个年级安排一个阅读策略单元，每个单元练习主要强化指导一种阅读策略，在培养学生阅读思维的过程中推动学生阅读能力提升。

小学阶段共安排了四个策略单元。三年级的"预测"策略需要学生大胆提出假设并验证结果；四年级的"提问"策略需要学生在阅读过程中发散思维，提出问题；五年级的"提高阅读速度"策略和六年级的"有目的地阅读"策略是对学生综合思维能力的有效训练。这四种阅读策略，都是学生需要掌握的最基本且最重要的语文阅读策略。这种系统化的阅读策略学习，能不断提高学生的思维发展能力，让他们在思考中学会阅读，在阅读中学会思考。教材中四大阅读策略的出现顺序和位置极为考究，呈现出一种非常清晰的螺旋式上升结构，这对使用教材的师生而言均具有十分重要的意义。

伍新春教授提出：小学中年级处于通过阅读来学习的阶段，也是阅读策略学习的关键时期。三年级是策略运用的发端期，四年级是发展较快的时期，五年级处于质变期。统编教材阅读策略单元，正是基于儿童的阅读发展特点来安排的。具体来说，三、四年级的"预测""提问"属于单项策略学习，五、六年级的"提高阅读速度""有目的地阅读"属于综合策略运用，突出了对不同学段学生的年龄和身心发展特点的关注,并以此编排阅读策略学习,这是符合儿童身心发展的。所以,对于低段学生,教师要指导学生逐渐养成策略意识,激发他们的阅读兴趣;对于中段学生,学生处于思维及语言发展的关键转折期,教师要强化阅读策略教学,引导学生理解、模仿、运用基本的阅读策略;对于高段学生,在完成上一学段教学目标的基础上,教师要进一步指导学生选择、运用恰当的阅读策略进行自主阅读,增强阅读监控意识。

阅读策略单元从类型上看,仍属于阅读单元,其结构与普通阅读单元基本相似,有精读、略读、识字写字、课后思考练习题、习作、语文园地。与普通阅读单元不同的是,阅读策略单元的3—4篇课文联系紧密,作为一个整体呈现,每篇课文在编排上的联系更加密切,具有逻辑性和整体性,突出训练目标的递进性与发展性。事实上,统编教材的大部分单元都会渗透阅读策略的意识,但这四个单元把阅读策略当作核心、外显的目标,从而进行集中专项训练与培养。

二、策略单元教学中存在的常见问题

其实教材的编排体系已经渗透了对教学方法及过程的指导,但是很多一线教师在教学过程中,仍然存在着不少教学问题,比较明显的主要有以下几种:

1. 为教策略而教

在一些课堂上,我们见到老师一遍遍解说策略的含义、作用,像商家打广告一样向学生"兜售"阅读策略。可是买账的学生寥寥无几,课堂沉闷,课后学生仍旧用老方法读新文章。

阅读教学是学生、教师和文本三者的互动"对话",阅读策略教学要在互动中进行。我们主张让学生乘着策略的小舟去体验阅读本身的乐趣,而不是让学生一味在岸上伐木造舟。阅读策略教学要避免落入千篇一律以讲代读的教学模式,要还学生以主体地位。在课堂上,教师要通过说出自己的思考过程,给学生示范如何使用策略,对学生进行引导。然后,学生要使用策略阅读文本,在小组中交流讨论。策略的学习要融入学生、教师和文本三者的互动中,在真实的阅读活动中得到步骤化的演示与尝试运用。

2. 对策略本身理解不当

还有部分教师,由于对策略的研究不够深入,自身对于阅读策略的理解与实施路径只是处于一知半解、略知皮毛的状态,因此教学中也无法将该策略向学生介绍清楚,更不能科学引导学生有效运用策略。

如,阅读中的预测策略要求读者在已有知识储备下,利用已知线索,推测事物的特性或事件的发展。进行过预测的读者会在接下来的阅读中继续关注有用线索,验证猜想,积极阅读。但是有些教师在教学时,会在学生已知文本内容的基础上让学生预测。学生配合教师说出五花八门的答案,再由教师揭示答案,其实是一种无效的教学。这样的教学显然是走过场,过形式。

3. 缺少对学生策略生成的鼓励

阅读策略是解决阅读中产生的问题的系统方法。阅读的主体是读者,读者为了达成不同的阅读目的,会进行一些尝试,部分读者在尝试中会找到突破口,生成自己的阅读策略。因而,阅读策略是一套动态的系统,会因时、因人、因文本、因阅读目的而异。策略之间往往存在着千丝万缕的联系。在教学中,教师应鼓励学生积极运用策略解决阅读中的障碍,鼓励学生说出自己的思考过程。只要是对学生阅读有帮助的切实有效的阅读策略都值得肯定。教师还要通过学生主要运用的阅读策略,分析学生的阅读素养,为下一步阅读策略教学做准备。

三、策略单元对教与学的积极影响

策略单元的出现,使教师的教和学生的学都发生了变化。对教师来讲,阅读策略单元改变了传统的教学思路。教师要由原先只关注学生"读懂了什么的结果"上升到更关注学生是"如何读懂的过程"。对于学生的"学"来说,阅读策略的学习让学生改变了长期以来被动学习的状态,在根本上掌握了自主学习的思维模式和方法。这种能力一旦形成将伴随学生的一生,让学生不仅在语文学习的过程中受益,也会为他们长大后进入任何一个专业领域的学习,提供最重要的阅读和研究各种资料的能力。学生通过阅读策略的学习,提高阅读能力,为他们成为更加积极、主动的阅读者发挥了极其重要的作用。

阅读策略单元在课文上的编排基本采用"学习—练习—尝试运用"的逻辑顺序组织。以"预测"策略单元为例,"预测"策略单元安排了一篇精读课文《总也倒不了的老屋》和两篇略读课文《胡萝卜先生的长胡子》《不会叫的狗》。从文本特点来看,三篇课文都是童话故事,读起来生动有趣,能让学生在充满乐趣的阅读过程中学会猜测与推想。从课文布局来看,《总也倒不了的老屋》作为本单元的开篇课文且唯一一篇精读课文,旨在让学生立足文本,学习如何预测和掌握具体的预测方法。课文标题、旁批、插图、课后习题都起到提示作用,学生完全可以借助助学系统,在教师的引导下,掌握具体的预测方法。后两篇略读课文则是对"预测"策略的巩固和运用,让学生能够把学到的预测方法运用到具体的阅读情境中,边读边练,逐步提高阅读能力和阅读水平。因此,阅读策略单元的课文无论是从文本方面还是布局方面,都有紧密的联系。策略单元在编排上注重有层次、有梯度地呈现学习内容,力图体现能力层级,引导学生进行有意识的阅读,体会阅读的乐趣,学会有效率的阅读。

基于这样的编排特点,教师在教学中要注意些什么呢?

根据安德森的修订版布鲁姆认知教育分类教学目标体系,学生需要掌握的知识,可以分为事实性知识、概念性知识、程序性知识、反省认知知识(亦称元认知知识)。程序性知识是关于完成某项任务的行为或操作步骤的知识,是关于"如何做"的知识。阅读策略就属于运用程序性知识的学习,其教学目的是通过教学活动,实现学生对某种阅读策略的熟练掌握。其表现为在自主阅读活动中,能够自然自觉地使用阅读策略来达成对文本的阅读和理解。比如,能够在阅读某本书时,使用预测和猜想的阅读策略,帮助其增强阅读动机,提高阅读速度。

因此,在进行阅读策略单元的教学过程中,教师要避免学生过度沉浸在文章内容中,而是要让学生保持清醒的头脑,通过阅读策略的指引站在更高的视角去对文章进行审视,体会阅读的过程。相比学习文章内容,更重要的是,要让学生看清楚自己是如何完成阅读的。为了让学生掌握策略运用的"程序",在进行策略单元的教学时,一般情况下,教师可以采用以下通用模式,通过以下教学流程进行课堂教学:

①教师示范:教师示范阅读策略的使用。②解释思维过程:教师解释使用阅读策略时的所思所想。③解释价值与使用方法:教师解释不同阅读策略的作用,强调其使用方法。④学生练习,教师观察。⑤教师反馈:结合学生练习,举正反案例说明。⑥重教困难生:对困难学生进行强化训练。⑦迁移运用:学生通过新的文本进行练习,只有能迁移运用才是真正掌握。

对于上面的教学模式,广大一线教师接受度很高,但在具体的实施过程中其实还会碰到不少问题。比如教师虽然按照流程开展了教学,却很少了解或关心学生是否能在自主阅读活动中进行运用,关于学生对该阅读策略的掌握程度,还需要后续的持续关注与指导,由此才能确保学生习得技能。

《课程标准》在实施意见中指出:"阅读是运用语言文字获取信息、认识世界、发展思维、获得审美体验的重要途径。"但是,只有有策略地开展阅读活动,才能让阅读成为提升学生、发展学生的重要途径。因此,在组织语文阅读策略教学活动的时候,教师要正确理解阅读策略,把握教材的编排特点,有目的地引导学生学习策略、学会阅读,使学生在理解文本的过程中,掌握阅读策略,提升能力。教师要在这一过程中,将阅读的主动权还给学生,使其在自主阅读和实践运用的过程中,真正地学会阅读。

第二节　预测单元的解读与教学建议

第一目　预测策略单元的编排及思考

三年级上册第四单元是统编教材首次以阅读策略为主线组织的单元。本单元围绕"预测"进行编排,旨在引导学生学习并掌握这个策略,在阅读过程中能不断主动地进行预测。预测,即学生根据一定的线索,有依据地对文本的情节发展、人物命运、作者观点等方面进行自主假设,并寻找文本信息,验证已有的假设,如此反复,不断推进阅读。

预测是一种自然的阅读心理。教材将这种无意识的阅读心理转化成一种有意识的阅读策略,有利于激发学生阅读的初始期待,并调动先备经验,促使学生积极主动地思考,提高学生在阅读中的参与度,促进其对文本的理解。预测之后的验证,会让学生体会到阅读的趣味和快乐。在这一过程中,学生既是阅读的积极参与者,又是阅读过程中的发现者和创造者。

教材对预测的学习做了有层次、有梯度的编排。整个单元安排了三篇课文,一篇精读课文《总也倒不了的老屋》和两篇略读课文《胡萝卜先生的长胡子》《小狗学叫》。《总也倒不了的老屋》通过旁批提示学生可以根据题目、插图、文章内容里的一些线索进行预测,课后练习呈现了预测的思维过程,提示了预测要有依据,意在培养学生预测的意识,提升其预测的能力。后两篇略读课文是两篇不完整的故事,留给学生更大的预测空间,学习提示引导学生边阅读边预测故事的发展。在研读教材过程中,我们需要思考以下几个问题:

一、站在编者的视角思考:为什么本单元编排一篇精读课文、两篇略读课文?

三年级上册是第一次出现略读课文这一课型。略读课文的定位旨在引导学生运用精读课文中所学到的方法技能,在略读课文中开展自主学习,是学生学习方法和能力迁移的有效平台,也是学生主动将"知"向"行"转化的最好训练场。纵观从三年级开始的各册教材,每个单元均安排了略读课文,但常规的单元编排通常是三篇课文中安排两篇精读课文、一篇略读课文。有时是四篇课文中,安排三篇或两篇精读课文,一篇或两篇略读课文。唯独"预测"这一单元,教材安排了一篇精读课文、两篇略读课文,略读课文的数量超过精读课文。为什么这样编排呢? 编者是否出于以下两个原因:

1. 基于学生的起点

学生具备初步的预测能力。笔者认为,"预测"对于三年级的学生来说并不是一个非常陌生的策略。在进入三年级之前,家长或教师在给孩子讲故事或者一起阅读时,也许不经意间就用上了预测这一策略和孩子一起读故事、交流故事。在这样的阅读过程中,学生已经对预测建立起初步的认知,掌握了一些基本的预测方法。但是,毕竟没有进行过有意识的专项训练,学生对预测方法的运用比较单一,只会根据故事情节,凭语感和想象进行预测,预测时的思维纯属线性推进。

也许是基于这样的学情起点,本单元的第一篇精读课文《总也倒不了的老屋》,在编写时主要通过批注的呈现,示范多角度开展预测的方法,如从题目、插图、情节反复的结构形式等开展预测。通过课后学习伙伴的交流,进一步揭示预测的方法,并强调了预测要有依据,无对错。

通过这篇课文的学习,学生习得了更多的预测方法,拓展了预测的角度,打开了阅读的思维。此时学生的预测活动与之前相比,有了质的飞跃。当然,也正是有了之前的阅读体验和预测经验,在学习时,学生能更快速地习得方法,掌握技能,明晰预测的路径。经过教学后,学生的预测,更具方法性、科学性、有效性。

2. 基于学习的规律

实践是掌握策略的重要途径。策略的习得只有通过有效方法的反复运用才得以实现,没有实践运用,策略只能是空中楼阁,形同虚设。因此,本单元的教学要达到习得策略、提升学生思维之目的,开展实践运用是关键。也许是基于这样的思考,编者希望孩子能在教师的引导下开展更多的预测实践,因此编排了两篇略读课文,在实践中推进学生对预测的认识和理解,以获得更科学的预测能力。因此,本单元的第二篇课文便编排了略读课文。

再看本单元的第一篇略读课文——《胡萝卜先生的长胡子》。文本呈现并不完整,编者隐藏了故事结尾。课题下面的自学提示明确提出了学生自主学习的内容——边读边想:接下来可能会发生什么事情? 这样的要求,凸显出对学生运用前一课所习得的"边读边预测"的方法的强调。本课课后同样编排了"学习伙伴交流",通过学习伙伴的语言提供了学生交流预测时的语言表达范式,如在哪里预测,依据什么预测,预测的内容是什么,引导学生清楚表达自己的预测。在前一课学习的基础上,进一步强调预测的方法和要有依据地进行预测。同时,通过学习伙伴的对话,延伸出预测时要及时开展"自我监控"这一要求:在阅读过程中,自己的预测和故事的实际内容不同时,要及时修正自己的想法,接着猜测后面可能发生的内容。这是阅读中"自我监控"策略的使用,从中可以读出教材编写对于策略训练要求逐级推进的编排思想:

第一篇课文学习,打开预测的思维,找到预测的支点。

第二篇课文实践,在原基础上,及时对比、监控,调整自我阅读或者及时肯定自我阅读思考。

再看本单元的第三篇课文,还是一篇略读课文。文本不但隐藏了结尾,还提示了三种不同的结尾的预测方向。显然,到这篇课文时,编者对学生的预测实践活动要求更综合、更立体了,引导学生开展更具开放性、多元化的自主预测实践,进一步感受预测给阅读带来的情趣。

基于以上整体观照单元编排,我们能感受到编者对学生预测能力训练的梯度和层次,在三篇文本阅读要求的次第铺展中,学生的能力训练得以科学推进。

二、站在教师的视角思考:在引导学生开展预测时,究竟把预测点放在哪里比较合适呢?

笔者认为对学生进行预测训练时,预测点的选择很重要,好的预测点能有效帮助学生打开思维,让预测呈现多样化。以第三篇略读课文《小狗学叫》为例,文本的学习提示要求是读故事,一边读一边预测后面的内容。想一想:故事的结局可能是什么? 在这一要求中,并没有提出具体的预测点,只是强调了边读边预测,以及预测故事的结局。在听一位教师执教本课时,教师在学生自主预测的基础上,有意识地进行引导,执教教师设计了两个预测点:

预测点1:小狗遇到公鸡后学鸡叫,并努力练习。有一天,它在树林里练习喔喔叫,会发生什么事情呢?

预测点2:小狗因叫声被狐狸嘲笑后,感到了委屈,含着泪水默默走开了。之后,会发生什么事情呢?

课后笔者与执教老师交流,问其为什么选择这两个预测点,老师说不出具体的原因,只是觉得放在这里比较好,至于为什么好,不得而知。由此可见,教师对预测点的设计,凭的是语感。笔者也觉得老师这两个预测点选择得挺好,因为这两个点,恰恰是故事情节得以推进的两个不同维度的内容。

预测点1:基于人物对象而预测。有了前面文本中"遇到公鸡学鸡叫"的情节铺垫,该预测点自然会集中在"遇到另一对象"上,遇到不同的对象,就会因为角色的性格特点等,影响后面故事的情节。

预测点2:基于主要人物的心情而预测。文本中的小狗此时"遭遇到嘲笑",此处阅读的焦点自然集中在小狗本身的感受和它的内心。主人公的心情是高兴的,还是伤心的,是难过的,还是郁闷的……不同的心情也决定着故事的发展。

教师设计的两个预测点,一个指向外界(遇到谁),一个聚焦自身(内心感受),但这两个维度都是故事得以发展、情节得以推进的重要内容。

因此,教师在学生预测活动开展之后,可以通过语言的提炼,让学生初步感知到,故事中的人物、心情等因素,都会直接影响故事的发生发展。如此,进一步打开学生的思维,让学生认识到根据不同维度的不同内容展开预测,能引发出各种不一样的故事。

当我们思考到这些内容时,其实已经将预测策略的学习与写作表达联系起来了。

预测是一种阅读策略,所有策略的背后都是思维的体现,而语言是思维的外衣。我们将两者联系起来,也是符合阅读能力训练的科学性的。同时,对于预测而言,比预测结果更为重要的是预测思维,只有开展有效的思考,预测的结论对学生才有意义。因此,基于故事架构的角度,引导学生开展预测,也是对学生本单元习作《续写故事》的指导渗透。

三、站在作者的视角思考:为什么对于最后一篇略读课文《小狗学叫》,作者要设计三种不同的结尾呢?

这篇课文最大的特色在于不仅隐藏了结尾,还提供了三个不同结尾的前半部分内容,引导学生预测后面会是一个怎样的结尾。

为什么会呈现这样三个结局呢?

这三个结局的设置究竟有什么不一样呢?

作者究竟是怎么思考的呢?

……

当然,我们不可能直接找到作者进行交流,但是我们可以试图站在作者的角度解读教材,寻找一个属于自己的意义建构。

第一个结尾提示:小狗跑呀跑,遇到了一头小母牛……

第二个结尾提示:小狗跑呀跑,遇到了一个农民……

第三个结尾提示:小狗跑呀跑,听到一种奇怪的叫声"汪汪,汪汪……"……

显然,第一个结尾是作者根据童话故事的结构特点而设计的。学生很容易联系文本前面出现的小狗遇上公鸡、狐狸、杜鹃鸟等情节,在惯性思维引导下,小狗遇到另一个小动物,于是又发生了类似前面的情节。这个结尾的预测,难度是最低的。

第二个结尾同样也是遇到了新的对象,只是这个对象有别于之前的动物,变成了人类。人类的出现,对学生原先预测中总是出现动物的惯性思维造成了冲击。

这就好像我们原先生活中接触的都是人类,突然有一天遇到了外星人,他和我们不在同一维度,有着和我们不一样的特点,我们和他之间发生的故事就会很不一样。因此,基于故事中的人类,教师要引导学生结合人类的特点来预测故事的结局。这一对象转变,让学生意识到在预测时,可以跳出原来的思维框架,跳出原先的人物设定层面,换一个层面的人物进行预测,故事就会与原先的文本完全不同。

前两个结尾的提示尽管遇到的对象不在同一层面,但还是有相同之处的,即小狗遇到的都是其他对象,两种结局都是站在主人公的角度,指向外部的思维模式。

第三个结局——小狗听到了"汪汪……"的声音,文中的小狗"搞不清这是什么动物在叫"。读者读到这里,自然都明白了,小狗遇到了另一只小狗,遇到了同类。这一对象的出现,对学生原先的预测惯性,又造成了另一波冲击。遇上另一个自己,会发生怎样的故事呢?这一内容的预测,也是一件非常有趣的事情。

执教教师在本课教学的最后板块,做了比较细致的引导。在学生充分预测之后,教师呈现了文本原来的结尾,让学生在验证对比中感受预测的乐趣。在此基础上,教师还要引导学生交流最喜欢哪个结局。这个交流,并没有正确或固定的答案,而是引导学生在思考中进一步感受故事内容及人物形象。最后,教师呈现了作者的观点:

作者贾尼·罗大里评价:"我坚决支持第三种结局。找到真正的老师是十分重要的,这比成为马戏团的明星或者每天有现成的一碗浓汤喝来得更重要。"

从作者的评价中,我们可以想到之前他所设计的遇到同类,就是遇到"自己"的呈现,传递的不仅是"找到真正的老师是十分重要的",这应该也是作者写作哲学的流露,在故事最后要指向对自我的、对内心的思考:做自己最好。其实,在很多的童话故事中都有这样的人生思考,如《小猪变形记》等。

语文是学习汉语言运用的学科,不管何时均应该具有语用的性质。学生所有的预测,都是他们基于阅读思考而生发出的语言的建构与实践。阅读与写作是吸收和表达的关系,我们在对学生进行阅读策略指导的过程中,可以巧妙无痕地进行写作指导的渗透,努力践行叶圣陶先生所提出的对语文的定位:口头为语,书面为文。

当然,对于这些思考,并不要求老师们都传递给学生,这自然是不合理的。

但是,只有老师进行全面立体深入的思考,才有可能在教学中,将最合适的内容,设计成最合理的教学活动,让学生感受和体会。多维解读教材,深度思考教学内容,是开展好教学活动的核心要素,更是有效教学得以落实的重要抓手,大家都要重视起来。

第二目　预测单元课文教学设计案例

《胡萝卜先生的长胡子》第1课时

一、教材分析

《胡萝先生的长胡子》选自统编版小学语文教材三年级上册第四单元第二篇课文。本单元是阅读策略单元,是本套教材首次以阅读策略为主线组织的单元内容,它围绕"预测"这一阅读策略进行编排。编排的目的是引导学生将这种无意识的阅读心理,转变为一种有意识的阅读策略,并在阅读过程中不断主动地进行预测。

《胡萝卜先生的长胡子》是本单元的一篇童话,主要写了胡萝卜先生的一根胡子得到了果酱的营养后不断变长,后来给小男孩做风筝线、给鸟太太当晾尿布的绳子的故事。它是一篇不完整的故事,结尾的省略号留给学生更多预测的空间。文前的学习提示,引导学生使用前一篇课文学习到的预习策略边阅读边预测故事的发展。课后习题中第一题用伙伴交流的形式告诉学生了解预测的方法,不仅要预测后面可能会发生什么事情,还要注重"这样想"的原因,明确预测需要一定的依据。学生可以根据文章的题目、插图和内容,结合生活经验和常识等进行合理的预测,并在阅读过程中不断修正自己的预测。

二、教学目标

知识与技能:运用学习单自学"沾、晾",读好"萝、卜"的读音,了解"愁"的含义。

过程与方法:能借助一定的依据预测故事内容并及时修正自己的想法。

情感态度价值观:初步感受边读边预测的好处和乐趣,并对预测的故事产生继续阅读的兴趣。

三、教学准备

教师:PPT、板贴。

学生:课前预测单,学习生字,完成多次预测。

预习单

一、我会把加点字读正确:

luó bo　chóu
胡萝卜　发愁

zhān　liàng
沾到　晾晒

我用(　　　)方法记住了(　　　　　)字。

二、我读《胡萝卜先生的长胡子》的时候,在很多地方做了预测:

当我读到(　　　　　　　)时,就猜到(　　　　　　　　　　　　)。

当我读到(　　　　　　　)时,又猜到(　　　　　　　　　　　　)。

四、教学过程

(一)课前谈话——聊书、猜书

(1)小朋友们,你们平时喜欢读课外书吗? 那你们都读过哪些课外书呢?

(2)那这些书,你读过吗?(教师课件出示书名《躲猫猫大王》《团圆》《夏洛的网》《柔软的阳光》《小灵通漫游未来》《帽子的秘密》)

(3)请你在没读过的书名中,选一本最想读的,猜一猜里面可能会写些什么故事?

设计意图:巧用猜一猜书本内容,活跃课堂氛围,并引导学生根据题目,预测文章或书中可能出现的内容,进一步提高学生的预测能力,为在课堂教学时学生的主动预测做好预热。

1.认识主角,回顾预测方法

(1)这节课,老师带来了一个很有意思的故事,咱们先来看看故事的题目,谁能读好它?(出示课题,读好"萝卜"轻声)

（2）第一次读到这个题目的时候，你猜故事里面可能会写些什么呢？

（3）这节课，我们要继续用《总也倒不了的老屋》中学到的预测来读这个故事。你还记得怎么预测故事发展吗？

（板贴：根据生活经验和常识；根据插图；根据文章中的一些线索；根据文章的题目。）

设计意图：引导学生根据题目进行预测，并回顾上一节课学到的预测方法，为课堂中运用预测做好铺垫。

2.初读课文，反馈预习单

（1）这节课的故事，要从胡萝卜先生的长胡子说起。（课件出示：胡萝卜先生常常为胡子发愁，因为他长着浓密的胡子，必须每天刮。）谁来读读这句话？

（2）教学生字：愁。

①"发愁"的"愁"是个生字（板书：发愁），上面是个秋，下面是个心字。你猜，愁为什么是心字底呢？

②所以"愁"的意思就是？（内心感伤、忧虑）

③用上"愁"字，还可以怎么说？PPT出示：（　　）的胡萝卜先生（忧愁、愁眉苦脸……）请你带上愁的表情来说一说。

（3）汇报预测单上的预测。仔细听别人的汇报，同一处的预测有不同想法的，可以补充。随机进行下列教学：

①引导学生说说预测的理由。

②胡子会长到什么程度呢？引导学生展开想象并描述出来。

创设情境，引导学生描述胡子的长：咱们一起来演一演吧。起立！你们就是胡萝卜先生了，跟着老师走起来哦！（音乐：轻松活泼的轻音乐）胡萝卜先生吃着果酱面包走啊走！你瞧，他走过小巷，胡子就……胡萝卜先生跨过小桥，胡子……胡萝卜先生爬过小山，胡子……

教师小结：这胡子真是太长了！（边说边给黑板上贴着的胡萝卜先生画上很长很长的胡子，直到黑板的边沿。）

③学生汇报预测，教师随机在黑板上贴故事关键词。（漏刮胡子—胡子沾上面包酱—胡子越来越长—胡子做成风筝线—鸟太太晾尿布）

（4）根据故事的情节，请你们给故事关键处排排序。（学生排序并朗读。）

看来,大家已经读明白这个故事了。

设计意图:三年级学生已有一定的自学生字的能力,且本课生字较少,教师通过预习单引导生字词学习可提高课堂效率。预测汇报时引导学生找到预测依据,并用胡须图和关键词梳理课文主要故事线,使故事主要内容更加清晰。

3. 续编故事,补充预测方法

(1)前后对比,知方法

①研读省略号。眼尖的小朋友已经发现了,这个故事跟我们平时读到的故事有一些不一样,结尾是个省略号。刚才我们已经对这个省略号做了简单预测,大家都认为鸟太太会用胡子做成晾衣绳(贴小标题:胡子做成晾衣绳)。

②如果我们要把这部分故事也来具体地讲一讲,你有什么好方法吗?(可以仿照"胡子做成风筝线"这部分的故事)

③对比前后两个小故事:PPT出示"胡子做成风筝线"故事内容。

a. 你发现这两个小故事,在写法上,有什么相似的地方吗?

b. 调整故事呈现的段落,现在你有什么发现了吗?

胡萝卜先生还在继续走,长胡子被风吹到了身体后面,他完全不知道。在很远的街口,有一个男孩正在放风筝,线实在太短了,他的风筝只能飞过屋顶。	胡萝卜先生继续往前走,当他走过鸟太太家的树底下,鸟太太正在找绳子晾小鸟的尿布。
胡萝卜先生的胡子刚好在风里飘动着。	胡萝卜先生的胡子刚好在风里飘动着。
"这绳子够长了,就是不知道够不够牢固。"小男孩说完就扯了扯胡子,他确定绳子够牢固了,就剪了一段用来放风筝。	……

c. 鸟太太的故事,缺的就是胡子的作用。我们先来看小男孩的这部分。这里有两句话,请两个小朋友来读。想一想:这一部分内容,作者是怎么写的呀?(语言+动作)

d. 现在,你会编鸟太太剩下的故事了吗?谁来试试。

④出示作者的这部分故事,检查预测是否正确。有时候故事内容和我们预测的不一样,就要及时修正自己的想法。

教师小结:根据故事中的线索来预测故事,是读故事的好方法!

（2）情境引路,编故事

①小朋友们,鸟太太的故事结束了,胡萝卜先生的长胡子的故事也结束了吗？说说预测的理由。

②创设情境续编故事:故事确实没有结束。(课件出示省略号)你瞧,胡萝卜先生继续往前走……这根长胡子说不定会来到艾丽莎身边,她正在找更多的线给她的天鹅哥哥们编织衣服呢;说不定会来到喜羊羊的身边,他正在研究捕狼神器呢;说不定胡萝卜先生自己刚好遇到什么麻烦,需要胡子派上用场呢！打开你想象的大门,按照自己的想法,编一段你的故事吧。先自己思考一下,四人小组交流故事。

③班级交流讲故事。

a. 一生讲述故事。

b. 学生提出修改故事的建议。

c. 引导学生二次编故事:你觉得大家的建议好吗？接受了大家的建议之后,你的故事会怎么编呢？再来试着编故事。

（3）反复情节,找规律

①每个小朋友心里都有了一个非常有趣的故事。这么多故事,是不是都得写进故事里呢？我们来预测一下,作者会接着写几次呢？咱们不急着下结论,先来回忆几篇以前学过的故事:《小蝌蚪找妈妈》《小壁虎借尾巴》。

②PPT展示:小蝌蚪三次找妈妈的图片、小壁虎三次借尾巴的图片。

教师小结:像这样故事情节反复出现三次的,我们本册语文书中也有,比如《去年的树》中,小鸟三次问别人,《那一定会很好》中,大树变了三次。

③此时,你有什么新的想法吗？

教师小结:差不多的故事情节反复出现三次,这是编童话故事经常会用到的一种方法。胡萝卜先生的胡子还会有很多有趣的经历,如果模仿这种写法,那么再接着写一次就可以了。这是我们根据阅读经验预测的故事。(板贴:结合阅读经验。)

（4）阅读原作,取标题

①到底我们预测得对不对呢？咱们来看看作者是怎么编的吧！(PPT出示作者的故事)

②你瞧,作者往下接着编了几个小故事?跟我们预测得一模一样。给它取个小标题吧!(板贴:胡子变成眼镜绳)

③现在的胡萝卜先生还会为自己的胡子发愁吗?现在胡萝卜先生的心情如何?请用一个词来形容。(板书:喜悦)

(5)小结课堂,趣阅读

同学们,这节课我们跟着胡萝卜先生的长胡子做了一次非常有意思的预测之旅。平时在阅读中,用上预测,会让我们的阅读更有趣味。

设计意图:通过"前后对比,知方法""情境引路,编故事""反复情节,找规律"等环节,层层递进,引导学生借助一定的依据预测故事内容并及时修正自己的想法,运用预测的方法续编故事,感受童话阅读的乐趣。在续编的过程中,找到童话编写的规律,为本单元的习作做好铺垫。

五、板书设计

《胡萝卜先生的长胡子》板书如图1所示。

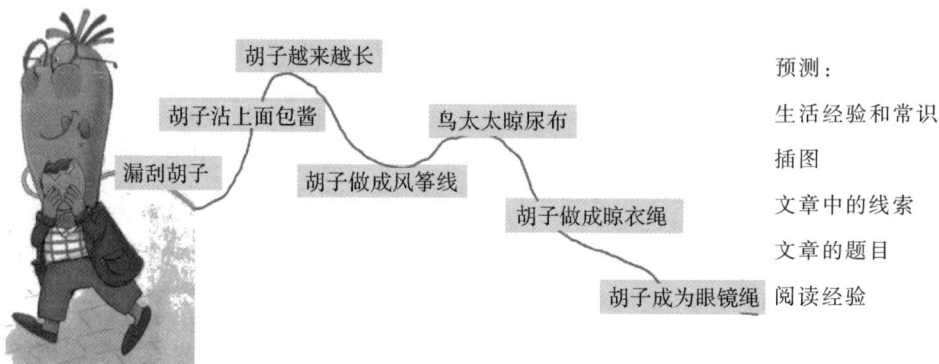

发愁—喜悦

胡子越来越长
胡子沾上面包酱
鸟太太晾尿布
漏刮胡子
胡子做成风筝线
胡子做成晾衣绳
胡子成为眼镜绳

预测:
生活经验和常识
插图
文章中的线索
文章的题目
阅读经验

图1 《胡萝卜先生的长胡子》板书设计

第三节 提问单元的解读与教学建议

第一目 提问策略单元的编排及思考

统编教材四年级上册第二单元为阅读策略单元。导读以宋代陆九渊的"为学患无疑,疑则有进"提示本单元的教学内容——提问策略,引导学生阅读时尝试从不同角度去思考,提出自己的问题。

提问,对于学生来说,并不陌生。校园里的任何一个学生,如果问他:你向别人提过问题吗?你会提问吗?相信学生一定会给予肯定的回答。从幼儿时期,孩子就会不断地向父母提出各种各样的问题。很多低年级的教师在一篇新课文学习开启之时,也会问学生:读了本文,你有什么问题吗?学生也会根据自己的理解,提出各种问题。那么,既然学生会问问题,为什么还要专门学习"提问"这一策略呢?

我们不妨回顾一下身边的孩子所提的问题,就会发现,孩子的问题大多数都是指向对事物的探究与好奇。如果从一篇课文学习的角度来说,学生所提的问题大多指向对课文内容的了解。学生提问维度单一,恰恰说明了他们的思维欠丰富立体,对事物深度的探究意识也不够强,还没有真正建立起"提问"的思维。

目前,我国学生的问题意识亟待培养,其实相当多的学生都缺乏问题意识,缺少提问能力。虽然学生自小会提问,但随着年级的升高,我们会发现学生在课堂上主动提出问题、回答问题的积极性越来越低。《课程标准》积极倡导自主、合作、探究的学习方式,明确提出:学生是学习的主体。语文课程必须根据学生身心发展和语文学习的特点,爱护学生的好奇心、求知欲,鼓励自主阅读、自由表达,充分激发他们的问题意识和进取精神……培养学生问题意识,提高问题能力,无疑是培养学生探究、创新能力的有力举措。

教材编排"提问策略",不是只要求学生阅读时提出问题,而是在教师引导下,学生能多角度地提出问题,自己整理各类问题,自己思考文本,自己理解是解决问题,在学习过程中,自己不断探索习得阅读策略。学生有了强烈的问题意识,思维才有了动力,才能促使学生去发现问题、解决问题,感受提问的魅力,让学生的思维更活跃!

一、提问策略单元的整体编排

纵观整个单元,共有四篇课文和一个语文园地,根据课后习题,可以梳理出与课文目标相关的信息,具体如表1所示。

表1　课文与目标的关系

课文	目标
《一个豆荚里的五粒豆》	学会提问,发现提问可以从不同角度来提,初步整理问题清单。
《夜间飞行的秘密》	学习提问,在文旁和文后写下问题,整理问题清单,尝试从不同角度提出问题。
《呼风唤雨的世纪》	对问题进行分类,筛选出对理解课文最有帮助的问题。
《蝴蝶的家》	学习提问再进行分类,选出最值得思考的问题并尝试解决。

根据每篇课文后面的问题梳理出的目标,得出本单元对于提问策略的落实,都是有梯度、层层递进的,以一种结构化的形式指向学生提问能力的培养,习得提问的策略。

单元语文园地的"交流平台"栏目中,通过学习伙伴的对话,复习提问的方式、方法、路径,引导学生注重多角度提问,鼓励学生养成敢于提问、善于提问的习惯。

二、单元编排中的助学体系

统编教材在编写过程中,十分注重助学系统的设计与安排。这些助学系统是师生学习过程中十分重要的教学内容,要引起充分的重视,发挥其"教材"及"学材"的作用。作为特殊的策略单元,本单元的助学系统,大致可以分为以下四类:

1. 学习任务提示

在课题的下方进行学习任务提示。在任务指示下,学生在具体的学习过程中,要知晓自己该做些什么。在执教时,教师应该抓住学习任务指示,注重落实。

2.小组问题清单

本单元为了配合策略学习,先后出现了三次"小组问题清单"。第一次清单在《一个豆荚里的五粒豆》的课后出现,旨在提供学习样本,引导交流。第二次清单出现在《夜间飞行的秘密》的课后,让学生关注清单,并谈论"受到的启发",意在从清单的罗列中找寻学习的路径,发现提问的方法。第三次清单出现在《呼风唤雨的世纪》后,编者针对清单做了批注,提示提问的三个维度。三次清单提示教师,要引导学生对问题信息进行收集与整理,这是学习语文的支架,也是学生学习能力的体现。在教学中,教师不但要关注问题清单的结果,更应关注清单罗列的思维过程。

3.随文批注

策略单元出现批注是惯例。本单元的《夜间飞行的秘密》《呼风唤雨的世纪》两篇课文,都使用了旁批和课后总批的方式。通过批注,提供了真实的学习样本,示范了多元的思维路径。不同的思维方式,让批注呈现出不同的结果,给学生带来不同的启发。同时,批注还能激励学生进行动手实践,批注自带的示范效果和模仿作用,促进学生主动进行语文实践。

4.泡泡提示语和情境对话

编者精心编写了泡泡提示语以及情境对话,特别在情境对话中用心地解读了"小组问题清单",让"看不见的思维"变得可视化。教学时,应特别关注这些很容易被忽视的泡泡提示语和情境对话,让思维可视化,让学习看得见。

三、当前学生对提问策略单元的学习现状

1.学生对提问策略的认知现状

为了了解学生在提问策略单元的学习情况,笔者曾对某校四年级的部分学生发放了调查问卷,共计发放245份,有效问卷回收239份,有效率为97.5%。调查的学生样本涵盖了不同学习成绩、不同阅读能力的学生,如表2所示。

表2　学生对提问策略单元学习任务认识情况表

题目	选项	人数	百分比
你认为第二单元最主要的学习任务是什么？	学习每篇课文的主要内容	12	9.2%
	学习每篇课文中的重难点字词	6	4.6%
	学习怎样一边阅读一边提问	101	77.1%
	学习每篇课文中优美的句子写法	12	9.1%

从表2中，可以看出四年级大部分学生在第二单元学习中能够明确学习任务为提问策略，将本单元的学习重心指向提问策略。然而，仍然有约23%的学生并不清楚本单元的学习任务，将提问策略单元和普通单元的阅读学习相混淆。此类情况需要教师更加明确学习任务，指导学生重视提问策略的学习。

其次，为了了解学生对提问策略单元所学提问策略的认知情况，调查问卷中设置了相关题目，相关数据如表3所示。

表3　学生对提问策略的认知情况表

题目	选项	人数	百分比
你认为阅读中提出自己的问题对文章的阅读有影响吗？	有影响，但不清楚有哪些影响	107	44.8%
	有影响，帮助我_____（填空）	89	37.2%
	没有影响，还会觉得麻烦	17	7.1%
	没有影响，只是老师要求	26	10.9%
你一边阅读一边提问最主要的原因是什么？	受好奇心的影响	70	29.3%
	获得更好的阅读成绩	109	45.6%
	受挑战他人心理影响	3	1.3%
	老师上课时的规定	12	5.0%
	文中前后矛盾之处	5	2.1%
	平时阅读习惯的影响	40	16.7%

调查问卷结果显示，大部分学生并不清楚提问策略对阅读的作用，其使用提

问策略的动机是为了取得更好的阅读成绩。44.8%的学生并未理解与体会到提问策略对阅读理解的帮助,甚至有18%的学生认为学习提问策略仅是教师的要求或觉得麻烦。此外,50%以上的学生使用提问策略,主要是为了获得更好的成绩以及完成教师的要求。由于自身阅读的需要,如好奇心、挑战心理、矛盾困惑等动机较少,仅占29%、1.3%、2.1%不等。可以看出,在提问策略学习中,学生并没有真正认识到提问策略、理解提问策略的作用。

为了进一步了解学生在提问策略学习和使用中对提问策略的态度和意向,设计了学生对提问策略心理倾向的调查问题,所收集到的数据信息如表4所示。

表4 学生对提问策略的学习态度情况表

题目	选项	人数	百分比
你喜欢一边阅读,一边在有疑问的地方提出问题吗?	非常喜欢	93	38.9%
	比较喜欢	94	39.3%
	不怎么喜欢	48	20.1%
	讨厌	4	1.7%

由表4数据可以得出,大部分的学生对提问策略持积极主动的态度。超过70%的学生都比较喜欢或非常喜欢在阅读中提出自己的问题。学生对提问策略的积极态度有利于学生主动学习提问策略,提高阅读中使用提问策略的可能性。同时,数据表明还存在约22%的学生不喜欢甚至讨厌在阅读中使用提问策略,侧面反映出部分学生存在消极的学习态度和较低的学习积极性。

2. 学生对提问策略的学习运用现状

学生提问策略单元的学习运用现状调查,包括学生提问策略单元的学习与学生提问策略的迁移运用两个维度,涉及的题目类型既有单选题,也有开放的多选题。

围绕了解学生在提问策略单元方面的学习现状,设置了关于学生提问策略的学习状况、学习过程、学习困难三个方面的问题,如表5所示。

表5　学生提问策略的学习总体状况表

问题	选项	人数	百分比
在预习(本单元)课文中,你能提出几个问题?	没有什么想提出的问题	14	5.8%
	1—2个	172	72.0%
	3个以上	48	20.1%
	老师没有提问要求	0	0%
在(本单元)阅读学习中,提出问题后,你最常用的解决办法是什么?	联系生活实际	41	17.2%
	反复阅读文章	75	31.4%
	查阅相关资料	60	25.1%
	询问家长	11	4.6%
	与同学讨论	42	17.6%
	等待老师解答	10	4.1%
在(本单元)阅读中,你会从哪些角度提出问题?(多选题)	针对部分内容提问	200	83.7%
	针对全文内容提问	176	73.6%
	针对写法提问	156	65.3%
	针对启示提问	185	77.4%
	其他_____(写出来)	10	4.2%

　　表5的数据显示,目前大部分学生能够在阅读中提出问题,也会通过反复阅读文章寻求问题的解决办法。但这些数据也反映出了学生学习的不足之处。从提问数量可以看出,学生的提问意识还有待增强。超过90%的学生能够提出1个及以上的问题,然而值得注意的是提问数量在3个以上的学生人数较少,仅占20.1%。从提问角度的调查可以看出,针对写法和全文内容提问对于学生而言较为困难,目前绝大部分学生掌握的提问角度仅限于提问策略单元所学。

　　学生的学习状态必然与教师的教学有着密不可分的关系。于是,笔者围绕教师教学的情况,对学生进行了调查了解,具体如表6所示。

表6 学生提问策略单元学习过程情况表

问题	选项	人数	百分比
在(本单元)阅读学习的课堂上,老师会给你充足的时间让你提问吗?	每次都会	46	30.5%
	经常会	115	48.1%
	偶尔会	73	19.3%
	从来不会	5	2.1%
在课外阅读中,老师会要求你一边阅读,一边提问吗?	每次都要求	67	28.0%
	经常要求	99	41.4%
	偶尔要求	53	22.2%
	几乎不要求	20	8.4%
在(本单元)阅读学习中,老师采取哪些教学方式帮助你学习在阅读中提问?(多选题)	教师示范如何提问	120	50.2%
	小组合作共同提问	202	84.5%
	个人独立思考提问	128	53.6%
	各种提问比赛活动	43	18.0%
	各种各样的提问表格	85	35.6%
	很少有提问类活动	13	5.4%
	其他方式_____(写出来)	1	0.4%

根据表6可以看出,在学习提问策略方面,大部分学生认为在课堂上有充足的时间提问,在课外也有进行一定的提问策略练习,课堂上主要以小组合作提问为主。但是,结合与老师的交流,很多老师反馈,他们平时对学生的阅读有提出积极提问的要求,但仅限于口头布置,并无检查反馈。从中可以看出,教师在教授提问策略时,使用的教师示范、提供提问表格等方式较少,教学方式单一,由此学生的学习方式也较为单一。

四、对提问策略单元的教学建议

提问策略单元中,教师对这个单元教学的教学目标能达到多少难以确定,而提问策略的教学能够影响学生的阅读行为和阅读能力的程度也难以确定。部分四年级教师认为教学目标几乎没有达到,也有的教师谈及教学目标是否实现时,觉得很模糊。

的确,对于刚步入四年级的小学生来说,使用提问阅读策略来提高阅读质量与阅读能力是具有挑战性的。结合之前对学生学习情况的调查和提问策略单元平时上课状况的观察与分析,学生在提问策略学习上的问题主要体现在四个方面:难于提真实问题,难于提深层问题,难于有意识地提问以及难于迁移提问。这些问题的背后,实则是教师教学方面的缺失或训练时间的不足。

根据平时的教学调研及观察,可以发现在进行本单元教学时,还是教师讲解得多,学生独立思考、观察发现、自主或小组实践得少。因此教师教学时,要关注以下几点:

1. 利用问题清单,培养问题意识

首先,引导学生在阅读课文的基础上,读懂课文后面的"学习清单"。教师在教学中,要给学生留出阅读清单、讨论清单和交流清单的时间,让学生在与教材交流、小组交流、全班交流的过程中,掌握提问的形式,为自己提问打好基础。

其次,利用建立"个人问题清单"的方式,鼓励学生记录下自己阅读中的问题。提出问题是这个单元的核心教学目标,教师要以提问来引导学生在阅读过程中积极思考,发展思维并贯穿本单元学习的始终。

最后,小组交流,形成"小组问题清单"。目的是通过小组交流,让每个学生都能够与别人交流自己的问题,了解别人提出的问题,在积极开放的学习活动中,拓展学生提问题的思路,强化问题意识,促进学生进行积极的思维活动和言语交流活动。

2. 借助问题清单,学会提问策略

策略单元的教学目标是学习策略,提问策略单元不仅要让学生敢于提问,还要善于提问,要提有价值的问题。用好个人和小组的"问题清单",往往能达到事半功倍的效果。

首先,汇总小组问题清单,形成班级问题清单。在汇总的过程中,学生完成了从个人提问、小组交流修改到全班汇总问题的过程,在这个过程中,学生不断扩大交流和思考的范围,教师得以全面地掌握学生阅读提问的情况。

其次,针对问题清单,教师要引导学生进行分类讨论。分类讨论非常重要,问题的分类可以依托课后的学习提示的提问角度来进行。分类的过程就是学生

理解和把握提问策略的过程。

最后,利用分类梳理出来的问题清单,引导学生借助提出的问题理解课文。本单元的教学不仅仅是停留在提问方法的指导上,还要进一步借助问题引导学生理解课文,让学生感受到学习本单元的目的是要运用提问策略进行阅读理解,提出问题是为了更好地理解文章。

3. 配备学习工具,引导持续实践运用

除了课堂上的学习,策略的形成更需要教师课后持续的关注指导,及时反馈交流,要引导学生在课内外的阅读活动中,坚持实践运用学习工具,从而养成良好的策略运用习惯。

(1)打上"?"。当学生准备开始阅读文本,尝试提问时,教师可建议学生在不懂的地方打上"?"。小小的"?"就如同记号,能及时保留阅读中思考的信息。

(2)即时贴。课堂教学中学生各式各样的提问要及时记录,整理问题清单的前提是有效地收集问题信息。本单元教学中,教师可以建议学生把问题写在即时贴上,一个问题写一条,这样就便于学生对问题进行梳理、归类,形成明晰的小组问题清单和班级问题清单。从即时贴的数量可以直观地发现是针对课文局部的提问多还是针对整体的提问多,让即时贴成为收集整理学生问题的工具。课外阅读过程中,也可以把想到的问题用即时贴记录好并贴在问题产生的文本附近。

(3)设计"提问板"。通过"提问板",可以让学生自主梳理已知内容。课前,可以利用"提问板"记录阅读前的问题,"提问板"的使用能够真实地反映学生的学情。教师可以通过观察学生的课前提问,发现学生提问策略学习的起点,更好地引导学生进行提问策略单元的学习。在后续教学中,教师指导学生在已知与未知中创造出新的问题情境,产生真实的问题,学习提问策略,具体如表7所示。

表7　个人提问板

姓名:		文章题目:			
时间	问题	这个问题读完解决了吗?	这个问题影响文本的理解吗?	这个问题还需要查阅新资料吗?	我还有更多的想法。
阅读前					

姓名:		文章题目:			
时间	问题	这个问题读完解决了吗?	这个问题影响文本的理解吗?	这个问题还需要查阅新资料吗?	我还有更多的想法。
阅读中					
阅读后					

（4）微课的示范。微课的使用,可以让学生更直接、清晰地明白提问策略的角度。如执教《夜间飞行的秘密》一课时,通过对问题的整理,学生发现他们从"内容"这个角度提的问题最多,而针对"写法""联系生活"的问题,好多同学没有提出来。为了突破这一教学难点,教师采用微课的方式搭建学习的梯子。

微课内容:同学们,我是学习小博士,很高兴和大家见面! 针对写法提问,其实就是问问作者:你是怎样写的? 你为什么这样写? 还记得以前学过的课文《海底世界》吗? 当读到第1自然段时,我就产生了这样的疑问:课文开头为什么要写一个问句呢? 读到"海底的动物常常在窃窃私语"这句话时,我在想:为什么要用"窃窃私语"这个词来写海底动物的声音呢? 读了整篇课文,我发现作者从五个方面写了海底世界,但为什么有的方面写得具体,有的方面写得简单呢? 像我这样去关注文章的用词、句子、段落安排,就是从写法上提问。其实,从写法上提问,还可以关注句子的修辞、文章的课题和结构等其他方面。同学们,你们明白了吗?

这些工具的使用,有助于将学生隐性的阅读思维可视化,将提问的思维过程和思维结果直观地呈现出来,让学生看到思考的成果、策略使用的实效,从而更好地激发他们策略运用的热情,并在持续运用过程中形成有助于策略阅读的思维能力。

当然,学生对自我提问阅读策略的学习和运用,也并非止步于这一个单元的集中学习。在今后的语文学习及阅读实践中,还需要他们不断学习并大量实践运用,才能使他们真正熟练掌握并自觉运用自我提问策略进行独立阅读,成为积极主动的阅读者和思考者。

第二目　提问单元课文教学设计案例

《夜间飞行的秘密》第1课时

一、教材分析

《夜间飞行的秘密》是四年级上册第二单元的精读课文,讲述了飞机能在夜间安全飞行的原理,与蝙蝠探路类似。这是一篇科普说明文,是介绍科学类知识的文章,这类文章本身包含着孩子的未知,容易激发孩子的兴趣和求知欲,是学习提问策略的好载体。

作为本单元的第二篇课文,《夜间飞行的秘密》承接了第一课,继续练习针对局部和全文提问,同时还要学习从写法、启示等不同的角度提问,并能分类整理问题,借助问题理解课文,为第三篇《呼风唤雨的世纪》学习筛选问题做铺垫。针对内容的提问符合学生已有认知,人人能问。针对写法和联系生活经验的提问稍难,但这也是学生的"生长"点,需要在老师的引导下逐步伸展。

二、教学目标

知识与技能:认识"蝙、蝠"等12个生字,读准多音字"系",会写"即、竖"等14个生字,理解"荧光屏、无线电波、超声波"等词语的意思。

过程与方法:

1. 小组合作,学会从课文内容、写法和启示等角度去思考,提出自己的问题。

2. 借助问题理解课文内容,初步了解科普说明文写法和内容表达的特点。

情感态度与价值观:通过阅读提问,进一步激发学生"学贵有疑"的兴趣,激发学生热爱科学、乐于观察和探究的兴趣。

三、教学重难点

小组合作,借助范例与微课重点学会从写法的角度去提问并尝试解决。

四、教学准备

预习单、多媒体课件、微课、相关音频及视频。

五、教学过程

(一)切"问"而入,了解策略

1. 同学们好! 今天是咱们第一次见面,老师感到特别开心,迫不及待地想要认识你们!(随机提问三位学生)来,这位同学,请问你叫什么名字? 你今年几岁了? 你有什么兴趣爱好?(生自由回答)

2. 通过刚刚的交流,老师发现咱们班的孩子多才多艺,那么有没有人想要了解了解我呀? 请你向我问一问。(生自由提问)

预设:您姓什么? 您平时有什么兴趣爱好?

3. 教师小结:同学们,我们从姓名、年龄、爱好等不同角度相互提出问题,我们学习课文也要尝试从不同角度去思考,提出自己的问题。接下来,就让我们一起走进今天的课文《夜间飞行的秘密》(板贴:不同角度 夜间飞行的秘密)

4. 齐读课题。

设计意图:上课前,在聊天式闲谈中让学生自由发问,通过对提问角度的归纳,自然无痕地引出本节课要学习的阅读策略——学会从不同角度提问。在轻松自如的交流中,学生初步明白了"不同角度"提问的意思。

(二)预习反馈,温故知新

1. 在《一个豆荚里的五粒豆》的学习中,我们知道了可以针对全文或部分内容提出问题。课前,老师也给每位同学发了预习单。下面,请几位同学上来展示一下他们的预习成果。(投影学生预习单)

6.《夜间飞行的秘密》预习单	
一、朗读课文,校音释义:课文中哪些字词是比较难读或难理解的?	
二、认真思考,按课文题目下的导学要求提出自己的问题并尝试回答。	
问题一:	答:

续 表

问题二：	答：
问题三：	答：
问题四：	答：
问题五：	答：
三、在你的问题中，哪些属于问全文，哪些属于问部分？ 请给它们分分类。	
问全文：	问部分：

预设：

6.《夜间飞行的秘密》预习单	
一、朗读课文，校音释义：课文中哪些字词是比较难读或难理解的？	
蝙蝠 即使 系着铃铛 荧光屏 横七竖八：形容杂乱无章的样子。 没头苍蝇：形容没有目标和主见。 超声波：频率超出人耳可听范围的声波。 无线电波：指在自由空间(包括空气和真空)传播的射频频段的电磁波。	
二、认真思考，按课文题目下的导学要求提出自己的问题并尝试回答。	
问题一：夜间飞行的秘密究竟是什么秘密？	答：
问题二：飞机的夜间飞行和蝙蝠有什么关系？	答：
问题三：根据课文第4—6段提问：科学家们是怎样做实验的？	答：
问题四：根据"原来是人们从蝙蝠身上得到了启示"这一句揣问：人们从蝙蝠身上得到的是什么启示？	答：
三、在你的问题中，哪些属于问全文，哪些属于问部分？ 请给它们分分类。	
问全文： 问题一、问题二	问部分： 问题三、问题四

2. 师相机教学:教学多音字"系"。

系(xì):关系、联系　　系(jì):表示动词,系鞋带、系红领巾

3. 师相机借助视频理解科学术语:无线电波、超声波、荧光屏等。(展示视频)

设计意图:对已有知识的回顾体现单元训练梯度与教学整体感,继续启发学生关注提出问题的思考过程。同时,重视课文导语这一重要助学工具的使用,利用直观形象的视频帮助学生理解科学术语。此过程把问题交流和词语理解难点的突破进行了巧妙结合。

(三)顺"问"而引,范例助推

1. 咱们班的孩子真是既聪明又爱提问呢! 同学们,你们知道吗?《夜间飞行的秘密》是一篇科普文,所谓科普文就是给咱们普及科学知识的文章,这样的文章不仅你们感兴趣,还有一些小伙伴也很感兴趣,并且也针对这篇文章提出了自己的问题,你能找到这些问题吗?

2. 生自由交流。

3. 出示课件:

(1)来自批注的提问:飞机的夜间飞行和蝙蝠有什么关系呢? 蝙蝠是怎样用嘴和耳朵配合探路的?

(2)来自课后的提问:无线电波和超声波是一样的吗? 为什么课文没有具体写后两次实验?飞蛾、萤火虫、猫头鹰,它们在夜间活动也是靠超声波的吗?……

4. 同学们都有一双锐利的眼睛,那么,你能告诉老师书本上的小伙伴们分别是从哪些角度对这篇课文进行提问的呢?

预设:内容、写法、启示。

设计意图:学生通过前几课的学习,针对课文内容提问的能力已基本具备,但针对文章的写法和启示提问可能存在一定难度。在教学中,要考虑这一点,因势利导,充分发挥文本的样本价值,用好书上的学习资源,让学生在范例的指引下,发现提问的不同角度。

(四)聚焦"写法",突破难点

1. 紧扣实验,厘清内容

(1)为了探究蝙蝠是如何在夜间飞行的,科学家们做了三次实验,那么他们是怎样做实验的?(课件出示:难道它的眼睛特别敏锐,能在漆黑的夜里看清楚所

有的东西吗?于是科学家做了实验。)

（2）三次实验准备相同,实验方式和实验结果怎样?读读课文,填写表1并交流。

表1　实验方式和实验结果填空

第几次	实验准备	实验方式	实验结果
第一次			
第二次			
第三次			

预设:具体答案如表2所示。

表2　实验方式和实验结果

第几次	实验准备	实验方式	实验结果
第一次	拉绳子系铃铛	蒙上眼睛	飞了几个钟头,铃铛没响,绳子没碰。
第二次		塞上耳朵	没头苍蝇,到处乱撞,铃铛响个不停。
第三次		封住嘴巴	

2.聚焦"写法",学习提问

（1）(课件出示4—6段)第一次实验写了整整6行,第二、三次合在一起才写了4行。作者为什么要这样写?

预设①:三次实验准备都相同,但实验方式不同,结果也就不同。第一次实验已经将实验准备写得很清楚了,后面两次就没有重复的必要。

预设②:这样写清楚地得出了这一结论:三次实验的结果证明,蝙蝠夜里飞行,靠的不是眼睛,而是靠嘴和耳朵配合起来探路的。

（2）教师小结:的确如此,作者非常注意篇章结构,而篇章结构也能给我们一些写法提问的启示。

（3）同学们,除了篇章结构之外,你还可以提出哪些写法上的问题吗?

预设①:"在漆黑的夜里,飞机怎么能安全飞行呢?原来是人们从蝙蝠身上得到了启示",这句话用了什么修辞方法?

预设②:作者为什么把蝙蝠比作无头苍蝇?

预设③:作者为什么要自问自答呢?

预设④:作者为什么只写飞机夜航,不写飞机白天飞行呢?

……

3．巧借微课，突破难点

(1)看着同学们如此滔滔不绝地提问,老师很是欣慰。文章的写法确实非常讲究,而写法上的问题往往也会带给我们很多思考。

(2)播放微课,加深理解。

微课内容:从篇章结构、修辞方法、文体角度、选材角度、立意角度等多方面展示写法角度的提问。

设计意图:写法提问相对而言较难,课堂上教师以三次实验为例进行写法的提问指导,从而总结归纳出提问要领。教师给学生行之有效的示范和指导,精准施教,让他们在模仿中扎扎实实地习得提问之法。借助微课的学习能更系统地让学生了解如何从写法上提问,为今后的学以致用打下坚实的基础,为终身学习奠基。

(五)据"问"而练,迁移运用

1．课件出示课后第3题,小组合作学习,从内容和写法的角度制作问题清单,如表3所示。

2．交流反馈。

表3 《它们是茎,还是根?》问题清单填空

内容角度提问:	写法角度提问:

预设,填写具体情况如表4所示。

表4 《它们是茎,还是根?》问题清单

内容角度提问:	写法角度提问:
1. 马铃薯和藕明明是长在泥土里的,怎么就不是根了呢?	1. 介绍变态茎时用了什么修辞方法,为什么要这样写?
2. 什么是"变态茎"?	2. 作者在写变态茎的种类时,为什么要举出具体的例子呢?
3. 马铃薯和藕躲在泥土里变了模样,它们变成了什么样?	3. 第2自然段是围绕哪句话来写的?

3. 教师小结:学了这篇科普文,我们知道了夜间飞行的秘密,清楚了蝙蝠和雷达的关系,还尝试从"内容""写法"两个角度去提问,下节课我们将继续探索启示类问题的提问方法。

设计意图:小组合作学习为学生搭建了问题交流平台,为每个孩子创造了分享学习成果的机会。小组问题清单的分类整理,再次强化了学生对多角度提问的认识,巩固本课所学。生生之间互帮互助,迁移运用就此发生,学生"好问"的习惯逐步养成。

五、板书设计

《夜间飞行的秘密》

不同角度

内容 写法 启示……

第三节 "提高阅读速度"单元的解读与教学建议

第一目 "提高阅读速度"单元的编排及思考

"提高阅读速度"这一策略的学习安排在统编教材五年级上册。《课程标准》对第三学段提出的阅读要求是"默读有一定速度,默读一般读物每分钟不少于300字",明确提出了对阅读速度的要求。五年级的学生已有了一定的阅读量和阅读经验,但大多未进行过提高阅读速度的专项训练,其阅读速度是原生态的。因此,编者在五年级安排"提高阅读速度"这一策略,是非常符合学生成长需求的。

那么,如何通过本单元的学习,将具体的策略落实到位,让学生真正习得方法,提高学生的"阅读速度"呢?

一、建立"提高阅读速度"的正确理解

所谓阅读速度,即在一定的单位时间内所能阅读的字数,或阅读一定字数需要的时间。这是百度百科提供的关于"阅读速度"的定义。但是,本单元训练的策略关注的仅仅是阅读所用的时间吗?仔细研究教材,我们发现其实并不尽然。

本单元共安排了《搭石》《将相和》《什么比猎豹的速度更快》《冀中的地道战》四篇课文,仔细研读四篇课文的课后习题,发现第一题都是"阅读计时题",即关注文本的字数及阅读的时间。而习题的另一维度检查的是学生在快速阅读之后,对课文内容的理解,包括内容梳理、人物形象感知等。

如,说说课文给你留下印象最深的画面是什么,从哪些语句中可以体会到乡亲们的美好情感?

根据下面的提示,用自己的话说说课文的主要内容。蔺相如、廉颇给你留下了怎样的印象?结合具体事例说一说。

根据课文内容,按运动速度的快慢给下面的事物排序,照样子填序号。

地道战取得成功的关键是什么?结合课文内容说一说。

北京师范大学伍新春教授在统编版教材培训时就明确指出:阅读速度=(字数/时间)×阅读理解率。所以,提高阅读速度不等于快速阅读,并不单纯关注时间概念中的"速度"。其追求的是在理解基础上的提高速度,强调的是读者在短时间之内或者在规定的时间之内,迅速理解文章中的主要信息。

教师只有建立起对"提高阅读速度"这一概念的正确理解,才能在教学中真正有效地开展策略的训练,将提升学生的阅读速度、训练阅读时大脑对信息资料的理解和记忆进行有效结合。只有这样,才能真正落实好"提高阅读速度"这一阅读策略。

二、梳理"提高阅读速度"的编排体系

(一)"上下看",梳理"提高阅读速度"的纵向联系

针对"提高阅读速度"这一策略,通过对各册教材的梳理,可以发现,编者对这一策略的训练,有一个循序渐进、层层推进的训练体系:

一年级以图文结合的方式,渗透"抓住关键语句、关键信息,读懂课文"的阅读方法。

二年级引导学生初步感知"带着问题读课文,寻找关键信息"的阅读方法,积累阅读经验。

三年级上册第八单元的语文要素是学习带着问题默读,理解课文意思。训练学生带着问题读,让阅读由无意变有意,阅读更专注,理解更高效。

三年级下册第七单元的语文要素是了解课文是从哪几个方面把事物写清楚的。训练学生了解课文的表达特点以更好地理解课文,推动阅读。

四年级上册第七单元的语文要素是关注主要人物和事件,学习把握文章的主要内容。帮助学生习得"提炼关键信息,整体感知课文内容"的阅读方法。

……

通过对教材的纵向梳理,我们可以感受到统编教材不仅在策略单元中有专门的阅读策略的训练,在其他大部分单元中也有渗透阅读策略的意识,让"提高阅读的速度"这一策略的训练逐步从单一走向综合,从基础走向提升,体现了在循序渐进中习得阅读策略,运用阅读策略。

(二)"左右看",厘清"提高阅读速度"的横向架构

1. 对比发现本单元的编排特点

阅读策略单元在编排类型上属于阅读单元,其结构与普通阅读单元相似,不同的是,阅读策略单元的3—4篇课文围绕一项策略的训练,联系紧密,作为一个整体呈现,突出训练目标的递进性与发展性。

三年级上册、四年级上册、六年级上册策略单元前面部分均会安排1—2篇精读课文,对阅读策略的使用起到示范与指导作用。后面通常会安排1—2篇略读课文,具有实践策略的性质,引导学生综合运用本单元学到的阅读策略。

不同于别的策略单元,五年级上册的策略单元没有安排略读课文,安排的四

篇课文均为精读课文,整个单元的编排是这样的:

"单元导语":引导学生明确本单元的学习重点。

"四篇课文":将具体的策略、方法学习与课文学习有机融合,互相联系又各有侧重。

"交流平台":对整个单元的策略进行梳理、总结和延伸。

小学生阅读策略是通过学习并加以练习逐渐内化而形成的,纯粹的学习而不练习是无法真正掌握阅读策略的。"提高阅读速度"整个单元学习内容的编排,正遵循了这样的学习规律。在进行单元整体教学中,要有机整合各部分内容,带学生走过一个完整的学习历程。

2. 整体构建本单元的训练体系

单元导语中点明了本单元的语文要素:学习提高阅读速度的方法。整个单元的内容都是围绕学习并运用一些提高阅读速度的基本方法来编排的,单元各项内容之间相互关联,成为一个有机的整体。

(1)在导语中明晰训练的阅读策略。本单元共安排了四篇精读课文,四篇课文均在课前提示语中给出了明确的阅读要求。其中有一项共同的阅读要求:"用较快的速度默读课文。了解课文的主要内容,记下所用的时间。"

除了共同的要求以外,在前三篇课文的导读提示中分别强调了"提高阅读速度"的不同策略。《搭石》一课要求"读的时候集中注意力,不要回读";《将相和》主要训练的是"尽量连词成句地读";《什么比猎豹的速度更快》提出"带着课文题目中提出的问题默读课文"。细节上的差异,凸显的是"提高阅读速度"的不同策略,不同的文体适用不一样的策略,但各种策略又可以有机结合使用。第四篇课文《冀中的地道战》的导读提示没有明确具体的某一策略训练,但从编排的位置上可以感受到编者有意引导我们,要将前面几课所学到的策略在本课的学习过程中进行综合运用。所以,整个单元在整体的编排上,循序渐进,逐渐提升难度,指向性明确,操作性强。

(2)在习题中明晰策略的操作方法。课后习题是学习导语的进一步细化,是对学生学习最直观的指导。本单元每篇课文的第一个课后习题都指向阅读策略的学习,四篇课文均设计了课文阅读计时题。除了第一篇课文,其他三篇课文还通过"学习伙伴"的交流,呈现了不同策略下的具体的训练方法。

《将相和》一课针对"连词成句地读"这一策略，主要训练学生"一眼所能看到内容的多少"的能力，引导学生"圈画关键词句"帮助理解，加快阅读速度。

《什么比猎豹的速度更快》一课针对"带着课文题目中所提出的问题读"这一策略，告诉学生带着问题阅读和了解课文表达上的特点，会让阅读速度更快。同时，提醒学生在阅读文章时，碰到不理解的词，如果不影响理解课文，则可以跳读。

《冀中的地道战》一课则告诉我们，"针对题目质疑，再带着问题读""理解设问句的意思"有助于快速理解文本，同时也提高了阅读的速度。

总体来看，整个单元针对"提高阅读的速读"这一策略，提出了"计时阅读法""圈画关键词句""连词成句地读""带着问题读""了解表达特点""跳读"等具体的操作方法。这些方法渗透在四篇课文中，虽各有侧重，却相互依托，共同指向学习目标的达成。

三、开展"提高阅读速度"的课堂实践

本单元四篇课文各不相同，表达特点不一样，丰富了学生的阅读体验，策略教学的侧重点也不同。教学实践中，我们要避免直接跟学生讲概念，而是要通过具体的教学活动为学生搭建支架，体会方法，学习方法。

(一)"集中注意力不回读"——在《搭石》片段中的操作

《搭石》是一篇文质兼美的散文，很多优美的语句富有画面感，可以学习导语中的提示"集中注意不回读"。然而，学生的阅读过程是个性化过程，更是隐性的过程。学生有没有回读，是否集中注意力，老师很难检测到。因此，我们可以设计一些可操作的具体方法，将其阅读行为可视化、形象化。

1. 遮盖法阅读

教师在课堂上呈现课文内容，引导学生看一行，课件就自动遮盖住一行，用遮盖已读内容来推动学生往下读，让学生清晰地感受到什么是不回读，怎样做到不回读。如图1所示。

搭石,构成了家乡的一道风景。秋凉以后,人们早早地将搭石摆放好。如果别处都有搭石,唯独这一处没有,人们会谴责这里的人懒惰(duò)。

早早地将搭石摆放好。如果别处都有搭石,唯独这一处没有,人们会谴责这里的人懒惰(duò)。

这一处没有,人们会谴责这里的人懒惰(duò)。

图1　遮盖法阅读

全部遮盖住文字之后,再让学生说说,刚才阅读的内容主要讲什么,以检查学生的阅读理解情况。由于学生不能回看前面的内容,所以学生会更专注,主动去记忆、理解文字的内容。

2."之"字形阅读

有研究表明,视点(眼球)移动能力和阅读速度密切相关,视点移动的速度快,视野宽度就会增大,看到的文字就会增多。而且,由于眼睛摄入文字资料后,大脑会立刻反应出图像资料,大脑和眼睛的反应越快,阅读理解的速度就会越快。所以,我们可以在教学中对学生进行视点横向的"之"字形移动阅读训练。

教学中,课件呈现带有"之"字形的课文片段,内容如图2所示。

●　经常到山里的人,大概都见过这样的情景:如果有两个人面对面●
●同时走到溪边,总会在第一块搭石前止步,招手示意,让对方先走,●
●等对方过了河,俩人再说上几句家常话,才相背而行。假如遇上老人●
●来走搭石,年轻人总要起伏(fú)下身子背老人过去,人们把这看成●
●理所当然的事。●

图2　"之"字形阅读

让学生按照图2所示,自主默读,要求"集中注意力不回读"。具体操作办法:(1)注意力要集中,一口气读完一整行。视点必须聚焦在黑点上,随着横向的线条迅速移动到另一个黑点,然后再顺着斜向的线条移动到下一行的黑点。

(2)在从行末的文字读到下一行文字的时候,尽量不要停顿。

(3)头保持不动,只需要眼球移动。

读完之后,说说读着这段话,眼前仿佛看到了什么画面?感受到了什么?检查学生是否能感受到"让搭石"的美好场景。

在学生初步学会"之"字形阅读方法时,让学生将"之"字形印在自己的脑海中,用这样的方法再次读一读课文的其他自然段,巩固方法,理解课文,感受"之"字形阅读对于"提高阅读速度"所产生的良好效果。

(二)"连词成句地读"——在《将相和》一课中的操作

《将相和》是个历史故事,学生对于这样的课文往往十分感兴趣。同时,课文很长,有1600多字。如何能够快速读完长文?教材告诉我们,要引导孩子连词成句地读。

连词成句地读,可以说是提高阅读速度的核心方法,每篇文章的阅读都离不开这种能力。而这种方法的核心,是学生视觉的范围能够一眼看清多少词组、句子,乃至几行文字。

如何在课堂上结合课文学习对学生进行方法训练呢?可以做这样的课堂设计:

1. 初步感受"连语成句地读"。

针对一句话,教师以三种不同的方示出示,让学生对比读,感受哪一种方式读起来更快速、更流畅。如图3所示。

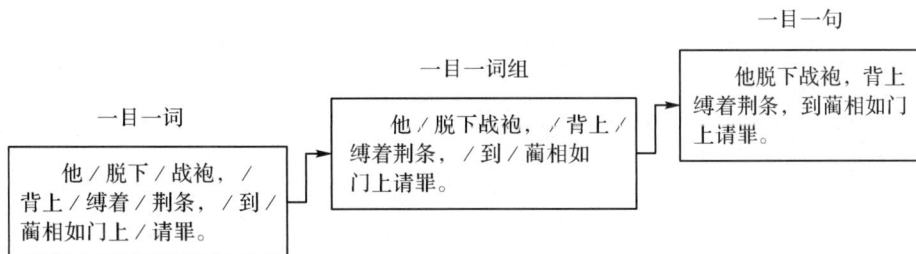

一目一词

> 他／脱下／战袍,／
> 背上／缚着／荆条,／到／
> 蔺相如门上／请罪。

一目一词组

> 他／脱下战袍,／背上／
> 缚着荆条,／到／蔺相如
> 门上请罪。

一目一句

> 他脱下战袍,背上
> 缚着荆条,到蔺相如门
> 上请罪。

图3 三种阅读方法

2. 交流讨论,通过比较,感受到"连词成句地读"就是要尽量一眼看到更多的内容,同时也理解了内容。

3. 用这样的方法,阅读课文片段,完成相关课文内容理解与感知的练习,以此达到方法巩固及检测速读成效。

(三)"带着问题读"——在《什么比猎豹的速度更快》一课中的操作

这篇说明文的题目就是一个问题,表达特点鲜明,每个自然段都惊人的相似,都讲一种事物要比另一种事物的速度快。根据这样的表达特点及策略训练的要求,教学时可以这样组织:

1. 带着课题中的问题读课文。教学中让学生带着题目中的问题读课文,脑中有问题,读中找答案,可以采用跳读的办法。根据问题,快速在文中圈画出与之有关的关键信息。

2. 找答案发现表达特点。当学生带着问题读文找答案时,自然会感受到各自然段之间的相似处,从而发现课文的表达特点。明晰了表达特点,有助于更快速地找到答案,推动阅读理解,提高阅读的速度。

3. 带着自己的提问再读课文。本文的课后习题3提出了这样的练习要求:提出自己感兴趣的或不懂的问题,带着问题再读课文,和同学交流。习题的设置是为了进一步训练学生"带着问题读"这一策略,并用上"跳读""圈画关键词"等方法。所以,教学过程中,可引导学生设计"问题板",让学生在解决了课题中的问题后,再针对课文内容提出自己想了解的问题,用上相关方法再次快速阅读。如表1所示。

表1 《什么比猎豹的速度更快》问题板

我的问题	阅读与思考
1. 为什么火箭的速度和流星体一比,就好像静止一样?	我重点读了第7自然段,发现流星体的速度非常快,每小时能达到二十五万千米,是火箭运动速度的六倍多。
2.	
3.	

这也是四年级上册"提问策略"的实践与运用,同时也为六年级上册"有目的

地阅读"打基础,通过自我提问,快速阅读,充分理解文本传递的信息,提升阅读的深度。

(四)"带着问题读"——在《冀中的地道战》一课中的进一步操作

本单元最后一篇课文《冀中的地道战》可以综合运用前几课学到的"提高阅读速度"的方法,但在课后习题中主要强化了"带着问题读"这一方法。本课和《什么比猎豹的速度更快》相比,课题不是问题,不能直接带着问题阅读。那如何用这一方法提高阅读速度呢?可以采用以下途径:

1. 课前,探究性的课题质疑。引导学生在课前针对课题进行质疑,通过质疑激发阅读兴趣,打开思维。

2. 课中,理解性的内容提问。文章篇幅较长,而文本在表达上没有明显的特点,各部分结构也不相同。因此,在阅读过程中,可以针对前面的阅读理解,进行预测、猜想、提问,继续"带着问题读"。

当遇到作为段落起始句的设问句时,只要理解了设问句,就能加快理解的进程,提高阅读的速度。

3. 课后,反思性地梳理提问。课后习题2的问题"地道战取得成功的关键是什么?"就是帮助梳理总结的问题。学生也可以提出别的针对全文的问题,进一步提升对内容的理解。

教材中的大多数课文,课题都不是问题,但还是可以运用"带着问题读"这一策略帮助学生提高阅读的速度,采用这种方式落实"带着问题读"这一策略,其具有普适性,更具推广性。

四、重视课外"提高阅读速度"的长期练习

当然,阅读速度的提高,不是一朝一夕之功,而是需要长期的培养和锻炼,需要多读多看。教师可以引导学生制作"阅读提速计划""阅读速度记录表""阅读提速评价表"等,鼓励学生在反复使用的过程中,逐步养成快速阅读的习惯,实现从"学得"到"习得"的质变,实现阅读策略的运用从"无意"到"有意",从"自发"到"自觉"的转变。要实现阅读策略单元的目标不仅仅在于方法,更在于策略的运用和意识的培养。

第二目 "提高阅读速度"单元课文教学设计案例

《将相和》第1课时

一、教材分析

《将相和》是五年级上册第二单元的课文,本课以战国时期秦、赵两国的矛盾为背景,通过三个相对独立又紧密联系的故事,写出了将相之间由"不和"到"和"的过程。赞扬了蔺相如机智勇敢、不畏强权的斗争精神和顾大局、识大体的可贵品质,也赞扬了廉颇勇于改过的精神。

本单元是阅读策略单元,学习提高阅读速度的方法。在学习了前一课《搭石》后,学生已经具备提高阅读速度的基础和起点,逐渐养成阅读时"集中注意力"的阅读习惯,学习了不回读的阅读方法。本课主要学习扩大视域的速读方法,引导学生尽可能连词成句地读文章。课后第二题是对这种方法的具体运用。本课另一项教学任务是把握课文的主要内容,体会人物形象。课后第三题要求借助小标题的提示复述文章的主要内容;课后第四题通过交流对蔺相如、廉颇的看法,把握人物形象;两个练习考查学生在连词成句地读的基础上,是否准确理解课文,并把握课文主要内容和人物形象。

二、教学目标

知识与技能:了解课文内容,厘清文章的思路。

过程与方法:

1. 学习扩视法和遮盖法的阅读方法,以实现连词成句地读,提高阅读速度。

2. 研读"完璧归赵"和"渑池会见"两个故事,抓人物语言描写,体会蔺相如不畏强权、机智过人的形象。

情感态度与价值观:从蔺相如不畏强权、勇敢机智的可贵品质中受到教育和启发。

三、教学准备

课件、词语卡片、计时器、遮盖卡片。

四、教学过程

(一)游戏激趣,引题质疑

1. 眼力比拼,训练感知

开展"比眼力"的游戏,课件以每秒一张的速度轮播中国名著封面,比一比谁记住得更多。

2. 畅谈名著,引出课题

(1)在这些名著里你看过哪一部? 喜欢里面的谁?

(2)教师小结,板书课题。我国的文学名著浩如烟海,今天,我们一起来领略汉代历史学家和文学家司马迁所撰写的《史记》中的一个故事。

3. 读题质疑,罗列问题

板贴学生的提问:

> "将"是谁?

> "相"是谁?

> 他们原来为什么不和?

> 后来又是怎么和好的?

> 他们分别是怎样的人?

设计意图:采用趣味游戏的形式激发学生的兴趣,训练阅读速度,并巧妙地引出课题。

(二)跳读课文,梳理脉络

1. 根据要求,初读课文

出示要求:

> 一 读要求:
> ◇用较快的速度默读全文,记下所用的时间。
> ◇集中注意力,遇到不理解的词语跳过去,不回读。
> ◇到文中找到这些问题的答案。

2. 分享方法,解决问题

你读这篇课文用了几分钟? 解决了哪些问题?

生:我用了5分10秒的时间读完了课文。知道了"将"指的是廉颇,"相"指的是蔺相如。

生:我在读的时候遇到不理解的词直接跳过去,没有停下来。所以我只用了4分钟就把课文读完了,而且从中知道廉颇后来知错了,就上门负荆请罪,与蔺相如和好了。

生:我也采用了上节课学过的跳读法进行阅读,而且集中注意力一行一行往下读,没有回读。知道蔺相如因为两件事情立了大功,被封为上卿,职位比廉颇高,廉颇心生妒忌就与蔺相如闹不和。

3. 标题概括,把握内容

用小标题概括这三件事情,根据学生回答板贴:

| 完璧归赵 | 渑池会见 | 负荆请罪 |

4. 完形填空,厘清脉络

根据课文内容填空。

> 《将相和》中的"将"是指_____,"相"是指_____,"和"是_____的意思。课文讲了_____、_____、_____三个小故事,写出了将相之间从_____到_____的过程。
>
> 教师小结:看来,跳读法不仅不会影响我们对课文内容的理解,还能加快我们的阅读速度。

设计意图:在初读课文过程中复习第5课所学的跳读法,借此了解课文主要内容,厘清文章脉络。

(三)扩视训练,识字解义

1. 提取词语,快速记忆

(1)回忆第一次默读中跳过的词语,用横线画出来。

(2)依次闪现学生跳读的词语卡片,进行词群阅读训练,你一眼能看到几个词?

一目二字: 召集

一目四字: 允诺 示弱

一目六字: 强逼 负荆请罪

一目八字：完好无缺　怒发冲冠

一目十字：隆重　同归于尽　同心协力

一目一句：他脱下战袍，背上绑着荆条，上门请罪。

2．交流体会，明晰方法

生：通过练习，我发现自己一眼能看到和记住的词语更多了，最后我甚至还能一眼看到一整句话，真神奇。

生：这种阅读训练不仅能让我在更短的时间里看到更多信息，还有趣。

教师小结：是呀，像这样从词语到句子，进行连读训练，可以扩展我们的视野范围。我们称之为扩视法。

设计意图："闪卡"游戏富有趣味性和挑战性，在游戏中循序渐进地扩展学生的视野，达到提高阅读速度的目的。

(四)扩视阅读，品语言，知人物

1．聚焦"就靠一张嘴"，引发质疑

在廉颇眼里，蔺相如能平步青云靠的是什么？你能在原文中找到他是怎么说的吗？

(1)课件出示关键句：我廉颇立下了那么多战功。他蔺相如就靠一张嘴，反而爬到我头上去了。

他的这张嘴厉害在哪里？让我们先聚焦第一个故事"完璧归赵"。

(2)出示阅读要求，带着问题读课文第8—9段，画出蔺相如说的话。

出示句子：

句1：这块璧有点儿小毛病，让我指给您看。

句2：我看您并不想交付十五座城。现在璧在我手里，您要是强逼我，我的脑袋就和璧一起撞碎在这柱子上！

句3：蔺相如说和氏璧是无价之宝，要举行个隆重的典礼，他才能交出来。

句4：秦国的国君历来不守信用，我怕有负赵王所托，已经让人把和氏璧送回赵国了。如果您有诚意，先把十五座城交给我国，我国马上派人把璧送来。我们怎敢为了一块璧而得罪强大的秦国呢？我知道欺骗了您是死罪，您可以杀了我，但请好好考虑我的话。

2. 聚焦句1, 示范引领

(1)用上刚才的扩视法, 你一眼看到了多少内容?(请两名学生回答, 教师根据学生一眼看到的字数在句子里画上间隔线。)

生1:我做到了一目三字。

这块璧/有点儿/小毛病,/让我/指给您/看。

生2:我能一眼看到更多的字。

这块璧有点儿小毛病,/让我指给您看。

(2)读后理解, 体会人物形象。

蔺相如说的这句话, 厉害在哪里?

预设:事实上, 和氏璧并没有毛病, 蔺相如看出秦王没有以城换璧的意思, 便找借口将璧从秦王手上要回来。可见他非常聪明。

3. 根据要求, 二读课文

出示阅读要求, 利用扩视阅读的方法, 自主读第2—4句, 理解内容, 体会人物形象。

> 二读要求:
> ◇尽量做到一目多字地读, 记下阅读所用时间。
> ◇一眼看到哪儿就用"/"画到哪儿, 争取一次比一次看得多。
> ◇边读边思考:蔺相如说的这句话妙在何处?

4. 分享阅读方法, 体会人物品质

生:我以一目六字的速度进行阅读, 读完三句话用了30秒。读了句2我知道了蔺相如以和璧同归于尽来威胁秦王, 可见他是一个不畏强权、机智勇敢的人。

生:我以一目一短句的速度进行阅读, 读完三句话用了20秒。我从句3中了解到蔺相如以举行典礼为理由拖延时间, 将和氏璧悄悄送回赵国, 真是机智过人。

生:我以一目一行的速度进行阅读, 读完三句话用了10秒。句4中蔺相如化被动为主动, 设计保和氏璧和自己的安全, 体现了他的智慧超群、谋略出众。

教师小结:看来, 我们在阅读时不能一字、一词地读, 而是要连词成句, 把一个短语, 甚至一句话作为一个认读单位, 这样阅读速度才会快, 阅读效率才会高。

设计意图:在品读人物语言的过程中反复训练扩视法, 提高阅读速度, 更好地体会人物形象。

(五)遮盖阅读,理故事,品个性

第二个故事中,蔺相如的过人之处又体现在哪儿?

1. 根据要求,三读课文

出示阅读要求,以自上而下的遮盖法阅读第11—14段,捕捉文段关键信息,理解人物形象。如图1所示。

三读要求:

◇尽量一目多字地读第11—14自然段,并将卡片从上往下移,逐渐遮盖住已经读完的句子,记下阅读所用时间。

◇待卡片完全覆盖所有内容后,回忆内容,试着口头完成"故事山"。

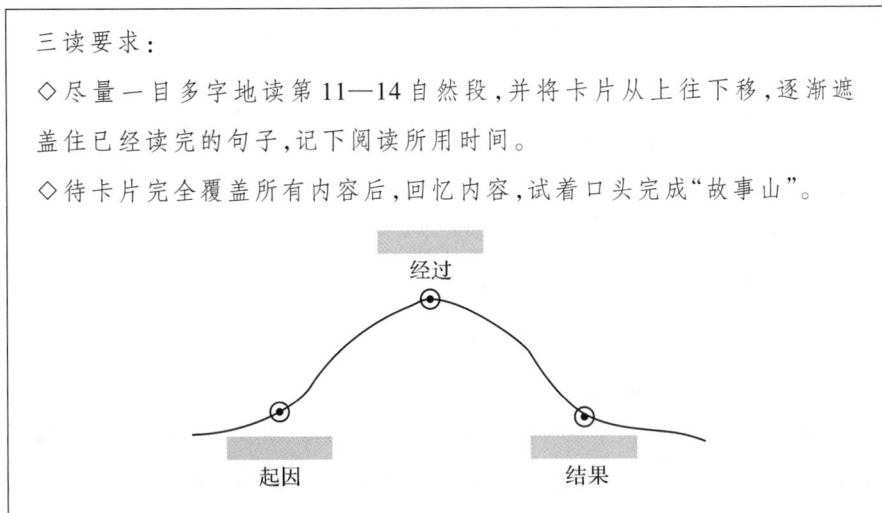

经过

起因　　　　　　　　结果

图1　"绳池会见"故事山

2. 交流分享,提炼方法

生:我用30秒读完了这四段话,这次我没有一个词一个词地读,而是将它们连起来读,这样快多了。

生:我用23秒读完了这四段话。我发现卡片移动得越快,我的阅读速度就越快,像是有人在追着我,迫使我从一目多字变成一目一句,甚至一目一行。

教师小结:看来,利用这种遮盖式的方法,也能提高我们的阅读速度,帮助我们理解课文。

3. 交流"故事山",梳理故事脉络

起因:秦王仗势欺辱赵王。

经过:蔺相如以死相逼,让秦王为赵王击缶。

结果:秦王放赵王回去,蔺相如升为上卿。

4. 抓人物语言,体会人物个性

出示句子:您现在离我只有五步远。如果您不答应,我就跟您同归于尽!

蔺相如为什么以死相逼?

预设:为了维护赵王和赵国的尊严,蔺相如把个人生死置之度外。这两句话让我们读懂了这是一个勇敢机智、视死如归的蔺相如。

5. 师生共谈,总结人物形象

(1)读到这里,你还觉得蔺相如如廉颇所说的"就靠一张嘴"吗?说说你的理由。

教师小结:蔺相如勇敢地和秦王斗争,巧妙地要回和氏璧,在渑池会见中又挽回了赵王的面子。他虽没有持刀作战,但他唇枪舌战,同样为赵国保住了尊严。

(2)蔺相如如此有能耐,廉颇还不知道呢,请你告诉他:

廉将军呀,蔺相如从一介平民走向上卿之位,靠的是_____,靠的是_____,靠的是_____……

相信廉将军要是知道这回事,他一定会有所感悟、有所行动。关于课前提出的最后一个问题:他们是怎么和好的?我们下节课再来探讨。

设计意图:以遮盖法的阅读方法训练连词成句地读,借"故事山"厘清事件的起因、经过、结果,聚焦人物语言、体会人物形象,阅读策略学习和课文内容理解相辅相成。

(六)小试牛刀,对比成效

1. 小结方法,再读全文

今天,我们利用扩视法和遮盖法训练了连词成句地读,大大提高了阅读效率。现在,请你用上这两种方法,再读全文,看看这回你用了多长时间。

2. 对比计时,检阅成效

教师小结:有效的阅读方法,不仅可以提高我们的阅读速度,还可以帮助我们更准确地理解内容。熟能生巧,希望同学们学以致用,将今天学到的阅读方法迁移运用到你今后的阅读当中去,让阅读变得高效。

设计意图:在前后阅读计时对比中,让学生感受速读方法的有效性,从而实现方法的迁移运用。

五、板书设计

《将相和》板书设计如图2所示。

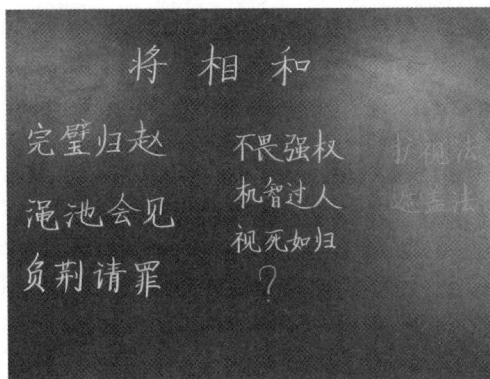

图2 《将相和》板书设计

第四节 "有目的地阅读"单元的解读与教学建议

第一目 "有目的地阅读"单元的编排及思考

有目的地阅读,相信在每个人的阅读体验中都有,这样的阅读过程也一直存在于每一个人的阅读活动之中。有目的地阅读,其实就是指根据阅读目的、学习任务或生活需要获取信息进行的阅读,包括获得作者表达的信息,筛选重要的信息,区分重要的和非重要的信息。它包含两层意思:一是要根据阅读目的,合理选择自己需要的阅读材料;二是选取阅读材料之后,运用恰当的方法进行阅读。

有目的地阅读其实也是一种阅读监控,它贯穿阅读的整个过程。阅读前,有时要根据自己的阅读目的,选择合适的阅读内容;有时又要通过分析文章的特点,选用恰当的阅读方法。阅读中,通过自我提问,加强自我监控,调整阅读速度。阅读后,要反思阅读理解达到的水平,评价自己是否达到了阅读的要求。

"有目的地阅读"这一阅读策略是一个综合性阅读策略,其实践过程是多种阅读策略同时进行的过程,有可能会用到精读、通读、跳读、略读、快速略读、复读等多种阅读方式。因此教材编写者将其放在六年级,是基于前面预测、提问、提高阅读速度等阅读策略已经习得基础上的综合性实践运用。

怎样使"有目的地阅读"策略教学在语文课堂上落地生根?

一、根据需要,明确阅读目的

每个人的阅读需求不同,阅读目的也有所不同。有国外研究者将阅读分为四类,并且分别类比成主食、美食、蔬果和甜食四种饮食,其阅读目的分别对应解决现实生存问题、丰富思想精神、辅助其他阅读和消遣娱乐。这四种阅读类型各有各的作用,满足人们不同的阅读需要。结合我们的学习生活实际来说,有时为了乐趣而阅读,有时为了搜集信息而阅读,有时为了语文学习而阅读,有时为了认识世界而阅读,有时为了体会情感而阅读……这些都是从自身需求出发的阅读目的,这些阅读目的都隐藏在我们的潜意识当中。

此外,不同的文本本身也传递着阅读目的。比如,说明文侧重于传递信息,诗歌主要向人们传递诗人的情感,小说则向读者传递着一种世界观、价值观、人生观等。除此之外,还有散文、戏剧、杂文等,不同的文体侧重不同的传播方向。反思师生的教学活动,这些不同文体的文本,在学生的学习过程中,同样也因内容不同、指向不同,间接影响了学生的阅读目的。

因此,基于不同的阅读目的,需要采取不同的方法。教师在教学过程中要根据阅读需要,唤醒学生对自身阅读目的的清晰定位,强化学生有目的地阅读的意识,让学生自觉地、有意识地运用科学合理的策略进行有效阅读,以提高阅读效率。

二、学会取舍内容,确定阅读重点

每个人阅读目的的不同,关注的内容就会不同。教师要引导学生在阅读的时候有侧重,学会取舍。

取什么?舍什么?怎么取?怎么舍?

宋朝大文学家苏轼曾说过自己读《汉书》的经验。读第一遍时,只读和治理国家有关的内容;读第二遍时,只关心书中的人物;读第三遍时,只看官制;读第四遍时,只研究兵法;读第五遍时,只分析财政。每读一遍书只针对一个主题,其他内容一概不管。苏轼的这种阅读方法可以称为"主题阅读",即明确自己的阅读需求,然后在书中挑选出和这个主题有关的部分,集中阅读,其他内容则不用管。这种阅读方法就涉及了对文本内容的"取"和"舍",有目的地阅读,就是要根据阅读目的,学会对阅读内容进行"取""舍"。下面以本单元的课文《宇宙生命之谜》为例,说明如何带着阅读目的,对文本内容进行"取"和"舍"。

课题下面的学习提示语是这样写的:多年来,人们一直在探索宇宙生命问题。我们常常有这样的疑问:宇宙中,除了地球外,其他星球上是否也有生命存在? 为了解决这个疑惑,有同学找到了这篇文章。

学习提示语明确指出,读者阅读本文的目的在于解决"宇宙中,除了地球外,其他星球上是否也有生命存在?"这一问题。

首先带着这一目的阅读全文。课文第一自然段写的是人们对天上世界的向往。这和阅读目的有关吗? 很显然没有关系,读者就可以快速地跳过,这就是"舍"。所以,"舍"并不是舍弃不读,而是快速地读、浮光掠影地读。本文的第一自然段显然不是本次阅读的重点,大致了解内容即可。

接下来看本文的第二段。快速阅读之后,在文中读到了"宇宙是无限的""但是人类至今尚未找到另外一颗存在生命的星球"。从这些语句中,可以发现这一段的内容与本次的阅读目的有关。于是,这样的内容需要细读,再读,思考着读,这就是"取"。

阅读中,进行取舍的过程,读者首先会运用到的是浏览、跳读、扫视这些提高阅读速度的方法,对阅读内容进行筛选,发现与阅读目的无关的内容要果断舍去;然后借助重要语句、关键词语,快速把握文本内容,发现与阅读目的有关的内容则留下。这样就能快速扫清阅读障碍,直奔阅读主题,同样大大提高了阅读的效率。

三、多维关注,达成阅读目的

明确了阅读目的,取舍了阅读内容,接下来该如何达成阅读目的呢?

1. 关注梯度,学练结合

统编版教材的编写非常强调单元整体编排,单元内容之间相互关联,突出训练目的的递进性和发展性,每个教学内容承载着不同的教学任务,前一篇课文的学习是后一篇课文学习的基础,教学时一般不建议打乱课序进行教学。本单元课文的整体编排如表1所示。

表1　本单元课文的整体编排

内容	主题	学习目的
精读课文	《竹节人》	学习根据不同的阅读目的,关注不同内容,采用不同的读法。
精读课文	《宇宙生命之谜》	学习并练习根据阅读目的筛选重要信息,判断信息的准确性。
略读课文	《故宫博物院》	练习根据不同的阅读目的,关注不同内容,筛选重要信息。

基于以上这样的编排,我们要秉承从"学策略"到"用策略"的原则,三篇课文的学习策略有所侧重:《竹节人》重在示范指导,让学生初步感知根据阅读目的,选内容,选读法;《宇宙生命之谜》重在学练结合,让学生既要继续学习策略,又要实践练习;《故宫博物院》这篇略读课文,就重在学生根据自己的阅读需求,独立进行实践运用。

《竹节人》这一课,课文的学习提示中提出了三个阅读目的。教学中要引导学生结合导语中的阅读目的,根据自己的阅读兴趣,自己选取阅读任务,独立进行阅读体验,师生一起交流阅读过程。在汇报交流阅读过程中,教师要及时提炼总结出相应的阅读方法。

教学中教师要基于学生原有认知,给学生充分的阅读尝试和阅读体验,在学生对阅读策略有了感知与体验的基础上,教师将阅读经验方法化,让阅读策略既来自学生又高于学生。这样的示范指导让阅读策略可触摸,可接受,可消化,可运用,可迁移。

第二课《宇宙生命之谜》则要围绕导语中的问题"除了地球外,其他星球上是否也有生命存在?"展开阅读实践的过程。这一课,是学生在跟着老师学习的基础上,自己尝试着用浏览、画上关键词、获取信息、找中心句等方法,提取信息,解决问题,充分进行学练结合的学习实践。

在学习《竹节人》《宇宙生命之谜》两篇课文之后,学生能根据不同目的,关注不同内容,初步掌握选择不同阅读方法、筛选重要信息、提取关键信息等阅读策略,第三课《故宫博物院》重在方法的迁移运用。本课提供了4份阅读材料,给了学生两个实践性任务,其中任务二为选择一两个景点,游故宫的时候为家人做讲解。以这一任务为例,如何引导学生独立开展"有目的地阅读"呢？教学时不妨设计以下三个环节:

活动一:浏览4份材料,选用适合的材料。

活动二:选定讲解景点,细读所选材料。

活动三:分组模拟讲解,观察员记录讲解要点,提出改进意见。

学习本课时,教师要给学生充分的自主阅读、合作学习、实践交流的机会,在学生言语实践的基础上,根据不同的阅读任务,指导学习迁移、运用阅读方法。

2. 关注文体,各有侧重

本单元三篇课文的编排十分用心,分别指向不同类型文本的阅读。《竹节人》是回忆性散文,语言生动形象,指向创造性阅读。课文中描述了竹节人带来的乐趣,散落在事件的细节中。教师在教学中,要引导学生用品读细节的方法,圈出包含情趣的词句,边读边想象情境,联系自身生活,体验字里行间透露出来的童真童趣。

《宇宙生命之谜》是科普文,语言准确严谨,指向探究式阅读。教师在教学中,要引导学生围绕学习提示中的问题,对课文信息进行搜索、思考、整理,从而做出自己的判断,得出自己的结论。

《故宫博物院》是非连续性文本,指向生活式阅读。课文中提供了四个材料,材料一按照方位顺序,依次介绍故宫建筑群内楼宇宫殿的布局、外观、内饰以及功用;材料二是一则故事;材料三是一则网站呈现的相关简介;材料四是一张平面示意图。教师在教学时,要引导学生开展有阅读目的地阅读,可以采用图文结合的方法,以完成相关的阅读任务。

三篇课文的文体不同、阅读方式不同,但都共同指向"有目的地阅读"这一策略的学习和运用,体现了单元编排的整体性、梯度性、实践性。

3. 关注思维,提供支架

《宇宙生命之谜》一文中,课文旁边有许多红色的批注。仔细读这些批注就会发现,它们展示的是一种思维的过程。阅读的过程是隐性的,很难准确捕捉,但这些批注引导我们,在指导学生学习有目的地阅读的过程中,应该使思维显性,帮助学生知晓、理解、运用。在教学中,我们可以借助学习单、微视频、比较对照等方式让学生将阅读思维过程展示出来,使思维具象可观。

比如,在课文的教学过程中,设计一个孩子"有目的地阅读"的微视频。在这个视频中,从学生的角度,充分展示他阅读和思考的过程,如何预测,如何锁定重点段落,如何反复细读,如何判断关键词,如何运用不同的符号(横线、波浪线、圆圈、着重号、问号、感叹号等)标出重点,如何紧扣阅读材料写下自己的所思所感、所疑所惑。这样的视频,为学生相互学习提供了直观形象的范本。这个微课,就是学生学习阅读策略的支架,能帮助学生更好地梳理自己的阅读思维。通过一系列的思维引导,培养学生捕捉并概括关键信息的能力,在复杂的事物中找出关键线索和蛛丝马迹的能力,极大地提高阅读效率。

当然,对有目的地阅读策略的学习,我们不能只始于策略单元,更不能止于策略单元。学生学习阅读策略,是为了能在阅读实践中更加灵活自如地运用这些策略,帮助自己提高阅读能力,丰富阅读经验,提升阅读效率和品质。所以阅读策略的运用不能仅停留在课堂阅读学习上,更要服务于生活中的阅读。老师们要在教学中有意识地将阅读策略的运用迁移到整本书阅读、生活常态阅读中,让学生在阅读实践中体会阅读策略的价值。

第二目 "有目的地阅读"单元课文教学设计案例

《竹节人》第1课时

一、教材分析

《竹节人》是统编教材六年级上册第三单元的第一篇课文。本单元是阅读策略单元,以"有目的地阅读"为主线,编排了三篇课文,本文为第一篇。课文的学习提示给学生提出了三个阅读任务,或偏重实用,或偏重体验,或偏重叙事,引导学生从不同角度去阅读这篇课文。同时在课后练习中围绕"带着不同的任务应该怎样阅读这篇课文"展开话题,给出了三种阅读方法的示例,旨在引导学生初步感受怎样带着不同的目的阅读同一篇文章,懂得阅读目的不同,选择的阅读内容不一样,使用的阅读方法也会不一样。

二、教学目标

知识与技能:会写"凛、棍"等14个字,会读"威风凛凛、疙瘩"等17个词语。

过程与方法:通过快速读课文,借助学习单、自主探究读、小组合作学等方式初步学习根据不同的阅读任务,选择不同的阅读内容,使用不同的阅读方法。

情感态度与价值观:感受童年游戏的乐趣和童年时代的美好。

三、教学准备

教师准备:阅读学习单、教学PPT。

四、教学过程

(一)课前交流,建立联结

1. 杨绛先生曾经说过,读书好比串门儿——隐身的串门儿。你是怎么理解这句话的?(学生畅所欲言)读书思接千载,神游八荒,足不出户,便知天下事,读书,果然就是串门儿呀。

2. 能说说你是怎么读书的吗?(学生交流)

刚才听同学们交流了这么多的读书方法,老师也有很多收获。

3. 的确,阅读是有策略的,当我们拿到一本新书的时候,会不会先猜测书的内容呢?——预测。当我们看着书名的时候,或者随着阅读的深入,脑海里会产生很多问题,这就是?——提问。昨天,老师还跟同学们一起感受了另一种阅读策略——提高阅读速度。

4. 我们学习了这些策略,就能更好地感受语言的精彩,领会文章的精妙,这多好呀!今天的课堂上,我们就要来学习一种新的阅读策略,同学们,准备好学习新本领了吗?

设计意图:从单元篇章页杨绛的名言入手,聊读书,聊阅读,聊方法,聊策略。不知不觉中拉近了学生和文本的距离,唤醒了学生存储的记忆,联结起过往的阅读体验,为新课的学习做了有效的铺垫。

(二)质疑导入,明确任务

1. 同学们,今天,我们要一起去串个门儿,这个门儿呢,叫《竹节人》。(板书课

题)作者是范锡林爷爷。来读一读课题吧！读着课题,你有什么想知道的吗?(学生质疑,板书学生问题的关键词)

2. 这些问题,就是你们想从文中了解的内容。我们带上这些问题去阅读课文、捕捉信息,这样的阅读过程,就是有目的地阅读。(板书:有目的地阅读)

3. 请同学们带着这些问题快速浏览课文,并思考课文围绕竹节人写了哪些内容?(学生自主阅读思考)

4. 交流反馈:

(1)课文围绕竹节人写了哪些内容?(①竹节人的制作过程;②竹节人带来的乐趣;③老师和竹节人的故事)

(2)刚才同学们提出的问题,哪些是已经解决了的?(学生交流,擦去解决的问题)

5. 读课前导语,明确阅读目的:

刚才同学们带着自己的问题、自己的阅读目的,读了课文。如果给你一些新的阅读任务,你又会怎么读《竹节人》这篇文章?(学生读课前学习提示)

交流阅读任务:①写玩具制作指南,并教别人玩这种玩具;②体会传统玩具给人们带来的乐趣;③讲一个有关老师的故事。

设计意图:有目的地阅读,虽是本单元所提出的阅读策略,但学生在以往的阅读实践中都曾无意识地运用过。课始,通过质疑课题,形成阅读需要,再尝试运用已有的阅读经验初步进行有目的地阅读,使这一概念的理解,以及阅读策略的进一步学习,变得亲切、自然、无痕。

(三)自主探究,感悟方法

同一篇文章,阅读的目的不同,关注的内容、采用的阅读方法也会有所不同。今天,我们就带着不同的目的,用不同的方法来学习这篇课文。

▶阅读目的一:学玩教玩竹节人

阅读小提示:快速读全文,找到制作竹节人和玩竹节人的相关内容,再仔细读,用"_____"画出竹节人的制作方法,用"～～～～"画出竹节人的玩法,完成表1。

表1　竹节人制作指南

材料	1. _____ 2. 鞋线
工具	1. _____ 2. 钻孔工具
制作步骤	1. 锯寸把长的一截 2. _____ 3. _____ 4. _____

1. 学生汇报,完成表2。

表2　竹节人玩法指南

操作台	
玩法	1. 嵌入……拉紧……一松一紧 2. _____ 3. _____ 4. _____

2. 回顾阅读方法,小组交流,聚焦内容:做竹节人、玩竹节人。(学生小组交流)

出示交流范例:

*我关注的内容是(　　　　)竹节人,最感兴趣的是第(　　　　)自然段(读有关句子),我体会到的乐趣是(　　　　)。

*对这个内容,我要补充! 我体会到的乐趣是(　　　　)。

3. 小结:我们在完成阅读目的时,采用的阅读方法:快速读全文,关注第3—7自然段,提取关键信息,再仔细阅读,画出制作竹节人和玩竹节人的句子,并组织语言完成表格。

▶阅读目的二——体会玩具之趣

阅读小提示:浏览课文,竹节人给人们带来的乐趣远不止刚才交流的,请找出相应句段,边读边批注,并想象当时的画面。

汇报交流:竹节人带给我们的乐趣,如图1所示。

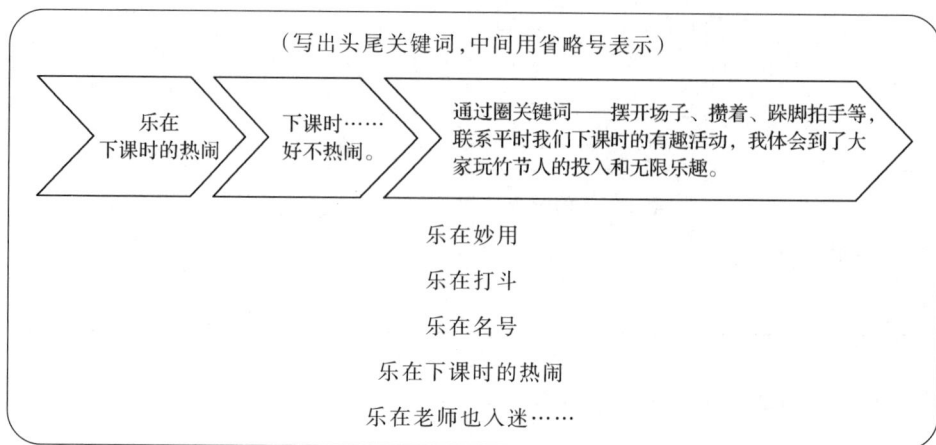

（写出头尾关键词,中间用省略号表示）

乐在
下课时的热闹

下课时……
好不热闹。

通过圈关键词——摆开场子、攒着、跺脚拍手等,
联系平时我们下课时的有趣活动,我体会到了大
家玩竹节人的投入和无限乐趣。

乐在妙用

乐在打斗

乐在名号

乐在下课时的热闹

乐在老师也入迷……

图1 《竹节人》带给我们的乐趣

1. 把穿着九个竹节的线绳嵌入课桌裂缝里……跟现今健美比赛中那脖子老粗、浑身疙瘩肉的小伙子差不多。

（感受把竹节人和健美比赛中的小伙子做对比的过程中,体现出的孩子们对竹节人的喜爱之情。）

2. 将线绳一松一紧,那竹节人就手舞之、身摆之地动起来……没头没脑地对打着,不知疲倦,也永不会倒下。

（抓住"没头没脑""不知疲倦""永不会倒下",品读乐趣。）

3. 竹节人手上系一根冰棍棒,就变成了手握金箍棒的孙悟空,号称"齐天小圣",四个字歪歪斜斜刻在竹节人背上,神气!

预设:孙悟空都穿越时空来了;手握金箍棒,多神气! 竹节人还可以打扮成什么样子?(生汇报)竹节人的玩法可真多! 简直比现在的变形金刚还好玩! 把你的感受带入文中读一读。(生朗读)

4. 还有同学别出心裁……那粘上的脑袋连盔甲被他自己手里的大刀磕飞,于是对方大呼胜利。

预设:听你这么一说,我的眼前浮现出竹节人把自己的脑袋和盔甲磕飞了的滑稽场面,有趣极了!

5. 下课时,教室里摆开场子,吸引了一圈黑脑袋,攒着观战,还跺脚拍手,咋咋呼呼,好不热闹。常要等老师进来,才知道已经上课,便一哄作鸟兽散。

（1）这段话中哪些词语最能表现玩竹节人的乐趣?

（"一圈黑脑袋""攒着观战",看的人真多;看到竹节人打斗紧张时,围观的人都激动得不得了,"跺脚拍手,咋咋呼呼",好不热闹!"常要等老师进来,才知道已经上课",玩得入迷,都没听到上课铃声,竹节人给孩子们带来了无穷的乐趣。）

（2）老师读这段话,同学们闭上眼睛,想象当时大家玩竹节人的热闹场景。

6.只见老师在他自己的办公桌上,玩着刚才收去的那竹节人。双手在抽屉里扯着线,嘴里念念有词,全神贯注,忘乎所以,一点儿也没注意到我们在偷看。

（抓住"念念有词、全神贯注、忘乎所以"等词语体会。）

预设:老师竟然也玩得那么入迷,竹节人确实给人们带来了无限的乐趣,大人和小孩子都喜欢。

7.学习用同样的方式完成自己最喜欢的场景,交流汇报。

8.小结:浏览课文,抓关键词句,想象当时大家玩竹节人的热闹场景。

▶阅读目的三——讲述老师的故事

阅读小提示:浏览课文,找出描写老师没收玩具、玩玩具的相关内容,再仔细阅读,梳理故事的起因、经过、结果。（生汇报）

1.说说故事的起因、经过和结果。

（起因:我和同桌上课时玩竹节人被老师发现,老师没收了竹节人。）

（经过:下课后我们发现老师在办公桌上玩竹节人入了迷。）

（结果:我们的怨恨和沮丧化为乌有。）

2.复述老师的故事。

3.小结:完成阅读目的三时,我们采用的阅读方法:浏览课文,找出描写老师没收玩具、玩玩具的相关内容,再仔细阅读,梳理故事的起因、经过、结果,抓住关键词讲述故事。

设计意图:教材在学习提示中给学生提出了三个阅读任务,要求学生从不同角度,选择不同方法去阅读这篇课文,这对初次接触这一阅读策略的学生来说,是不易把握的。这一环节中,通过"制作指南""随文批注""梳理脉络"三个不同侧重点的"阅读小提示"的设计,将如何根据不同的阅读目的,采用不同的阅读方法这一策略,直观地呈现在学生面前,学有所引,学有所法,学有所得。

(四)归纳梳理,总结方法

1.真正会读书的人,都是带着目的去读书的。这节课我们带着三个阅读目的,了解了竹节人这种传统玩具的制作方法和玩法,竹节人带给人们的乐趣以及老师和竹节人的故事。为了完成这三个目的,我们采用了什么阅读方法呢?(生汇报)

2.总结:完成阅读目的一时,我们采用的阅读方法是重点关注课文第3—7自然段,提取关键信息。完成阅读目的二时,我们采用的阅读方法是找到故事的起因、经过、结果,运用复述的方法讲述故事。完成阅读目的三时,我们采用的阅读方法是抓住关键词句,展开想象,还原当时大家玩竹节人的热闹场景。

真正的阅读也应该是像这样,带着目的去进行的。阅读的目的不同,选用的阅读方法也就不同,今后的阅读中,我们要不断地进行探索,寻找合适的阅读方法。

设计意图:在学生习得方法、实践体验的基础上,将阅读方法再次进行回顾、梳理、提炼,使模糊的概念清晰化,零散的思维序列化,有助于学生将所学内化于心。

(五)课后延伸,关注语用

1. 竹节人给孩子们带来了无限的乐趣,他们忘记了时间,忘记了上课。生活中,你曾经对什么玩具入过迷,试着和同桌说一说。

2. 学生交流,课后完成。

设计意图:竹节人给作者的童年带来无穷的乐趣。引导学生迁移回忆,述说自己儿时的玩具,在关注语用的同时,更唤起了内心美好的情感。

五、板书设计

《竹节人》板书设计如图2所示。

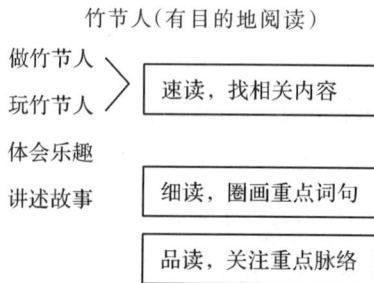

竹节人(有目的地阅读)

做竹节人
玩竹节人 —— 速读,找相关内容

体会乐趣
讲述故事 —— 细读,圈画重点词句

品读,关注重点脉络

图2 《竹节人》板书设计

第三章

关注"语文要素"中隐性策略是"生长"的保障

第一节　统编教材中隐性阅读策略的编排

阅读策略的习得与运用是一个循序渐进的过程。事实上,统编教材并不只是策略单元才强调学生学策略,在普通单元及各年级的"快乐读书吧"导读中都会渗透阅读策略的意识,或多或少地隐藏着对阅读策略的关注与指导,同样强调学生学习策略。

一、从"快乐读书吧"中梳理阅读策略

"快乐读书吧"的教学目标其实非常明确,就是纯粹地指导学生如何开展自主性课外阅读,这是指导学生运用策略进行阅读的主要载体,也是教师引导学生运用阅读策略自主阅读的主阵地。

统编教材共安排了12次"快乐读书吧",各年级"快乐读书吧"编排体例结构基本一致,大致分为四个部分:鲜明的阅读主题、生动的阅读导语、细致的"你读过吗"、丰富的"相信你可以读更多"。除了一、二年级因为考虑学生所处的年龄特点外,其他年级在这四个栏目当中都有明确的阅读目标,根据对阅读目标和阅读内容的梳理,可以明确相对应的阅读策略。如表1所示。

表1　对阅读目标和阅读内容的梳理

册次	阅读主题	阅读类型	阅读目标	典型阅读策略
三年级上册	在奇妙的王国里	童话	用想象的方法阅读童话,领略童话的魅力。	想象
三年级下册	小故事大道理	寓言	读寓言先读懂故事内容,再体会故事道理,后联系生活,深入理解。	联结
四年级上册	很久很久以前	神话故事	发挥想象,感受神话故事的神奇。	想象
四年级下册	十万个为什么	科普读物	通过查资料、联系上下文、结合生活经验等阅读科普读物,并在阅读之后学会思考是否有道理等。	联结、提问

册次	阅读主题	阅读类型	阅读目标	典型阅读策略
五年级上册	从前有座山	民间故事	感受民间故事固定的类型和重复的结构,体会其中的美好与正义。	提取信息复述
五年级下册	读古典名著,品百味人生	中国名著	猜读章回体小说的"回目",体会古典名著的精彩隽永。	预测、猜读
六年级上册	笑与泪,经历与成长	小说	厘清小说中的人物关系,感受小说的生动情节和性格各异的人物。	综合信息
六年级下册	漫步世界名著花园	外国名著	通过了解写作背景、画人物图谱、做读书笔记、写读后感等方法阅读难读的世界名著。	图像化批注

经过梳理,可以发现每一册"快乐读书吧"均给出了不同的阅读策略。但是,这些阅读策略并不是独立于某一个年级的:有的可以在之前的年级提前渗透,层层递进;有的可以在之后的年级继续强化,自主使用;有的可以分解成若干个子策略分散在不同年级进行训练,细化指导。这些都是构建阅读策略支架的依据。

如,六年级上册的"快乐读书吧"要求通过图像化策略来厘清人物关系,了解性格各异的人物。其实在指导二、三年级阅读童话故事时,就可以初步引导学生使用"给人物贴标签"这样形象化的概括策略来关注人物。四年级阅读神话故事时,可以引导学生抓住主要人物来概括故事内容。再到五年级阅读《中国民间故事》时,可以引导学生用思维导图画人物关系这样可视化的支架,对故事中的人物进行梳理和思考。最后到六年级,学生就能比较好地通过厘清人物关系,掌握图像化这个阅读策略了。如图1所示。

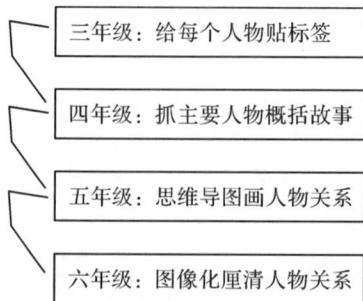

三年级:给每个人物贴标签

四年级:抓主要人物概括故事

五年级:思维导图画人物关系

六年级:图像化厘清人物关系

图1　不同年级的阅读策略

又如:四年级上册的"快乐读书吧"是通过发挥想象这个策略来体会神话的神奇的。发挥想象是一个比较笼统的大策略,根据学生的认知原理,可以分为联结想象和想象画面两个子策略。在想象画面这个子策略下面,又可以具体分为许多的小策略,根据难易程度,分别在不同的年级建构,进行具体的指导。如图2所示。

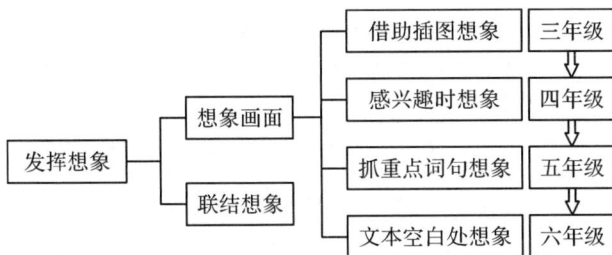

图2 发挥想象策略分解图

二、从语文要素中梳理阅读策略

语文要素是统编小学语文教科书的一个核心概念。全国小语会理事长陈先云认为,语文要素包括必需的语文知识、基本的语文能力、适当的学习策略和学习习惯等。纵观十二册教材的语文要素,当中涉及了相当一部分的阅读策略,在实际阅读中,往往表现为多种策略的交叉、融合,梯度推进。

小学语文统编教材总共94个单元,除了四个策略单元,其他每个单元几乎都承载着相关的语文要素,其中也包含为数不少的阅读策略训练。虽然在编排时指向某单元的阅读训练,但大多数都可以融合运用到课外的整本书阅读中,这也是阅读策略的重要内容。

比如,关于"综合信息"这一策略,统编教材的第一册引导学生带着问题边读边圈圈画画,从课文中寻找明显信息;到了第二册,引导学生通过默读,提取课文中的信息,做简单推断等;到高年级阅读时,要求学生梳理信息,把握内容要点,体现了教材对阅读策略的训练由易到难的梯度推进。

又如,低年级教材中,引导学生一边读一边想画面,这就是图像化策略的一种体现。三年级到五年级有序编排了详细复述、简要复述和创造性复述,复述也是一种重要的学习策略。四年级下册第七单元的语文要素就是"学习用批注的方法阅读",同样也是举单元之力进行专门学习。除了以上列举的策略,像概括、综合、监控理解、联想等阅读策略,即使在普通单元都有体现。

综合祝新华、赵镜中及王林等专家、学者提出的关于阅读策略的种类,根据自身对策略的理解,笔者尝试着对统编教材单元语文要素中的阅读策略进行了梳理,如表2所示。

表2　统编教材单元语文要素中的阅读策略

阅读策略	册次	单元	阅读要素
联结	一上	第七单元	联系生活实际,理解课文内容。
	一下	第四单元	根据信息简单推断并联系生活实际进行表达。
	一下	第六单元	联系生活实际了解词语的意思。
	二上	第四单元	联系上下文和生活经验,了解词句的意思。
	三上	第二单元	运用多种方法理解难懂的词语。
	三下	第六单元	运用多种方法理解难懂的句子。
推理	一下	第四单元	根据信息简单推断并联系生活实际进行表达。
	一下	第七单元	根据信息进行简单推断。
整合信息	一上	第八单元	寻找明显信息。
	一下	第二单元	找出明显信息。
	二下	第六单元	提取主要信息,了解课文内容。
	四下	第三单元	根据需要收集资料,初步学习整理资料的方法。
	五下	第三单元	学习搜集资料的基本方法。
	五上	第八单元	根据要求梳理信息,把握内容要点。
	六下	第六单元	运用学过的方法整理资料。
图像化	一下	第八单元	借助图画阅读课文。
	二上	第七单元	展开想象,获得初步的情感体验。
	二下	第二单元	读句子,想象画面。
	二下	第四单元	运用学到的词语把想象的内容写下来。
	二下	第八单元	根据课文内容展开想象。

续　表

阅读策略	册次	单元	阅读要素
图像化	三上	第三单元	感受童话丰富的想象力。
	三下	第一单元	试着一边读一边想象画面。
	三下	第五单元	走进想象的世界,感受想象的神奇。
	四上	第一单元	边读边想象画面,感受自然之美。
	六上	第一单元	阅读时能从所读的内容想开去。
	六上	第七单元	借助语言文字展开想象,体会艺术之美。
找出主旨及重点	二上	第六单元	借助词句,了解课文内容。
	二下	第六单元	提取主要信息,了解课文内容。
	三上	第六单元	借助关键语句理解一段话的意思。
	三下	第四单元	借助关键语句概括一段话的大意。
	四上	第四单元	了解故事的起因、经过、结果,学习把握文章的主要内容。
	四上	第七单元	关注主要人物和事件,学习把握文章的主要内容。
	四下	第六单元	学习把握长文章的主要内容。
	五上	第八单元	根据要求梳理信息,把握内容要点。
	六下	第二单元	借助作品梗概,了解名著的主要内容。
复述	二上	第八单元	借助提示,复述课文。
	二下	第七单元	借助提示讲故事。
	三下	第八单元	了解故事的主要内容,复述故事。
	四上	第八单元	了解故事情节,简要复述课文。
	五上	第三单元	了解课文内容,创造性地复述故事。
监控理解	一上	第七单元	联系生活实际,理解课文内容。
	一下	第二单元	找出明显信息,培养阅读理解能力。
	二上	第五单元	初步体会课文讲述的道理。
	三上	第八单元	学习带着问题默读,理解课文的意思。

续　表

阅读策略	册次	单元	阅读要素
监控理解	三下	第二单元	读寓言故事,明白其中的道理。
	五下	第六单元	了解人物的思维过程,加深对课文内容的理解。
	六上	第八单元	借助相关资料,理解课文主要内容。
	六下	第四单元	查阅相关资料,加深对课文的理解。
提问	四上	第二单元（提问单元）	阅读时尝试从不同角度去思考,提出自己的问题。
	四下	第二单元	阅读时能提出不懂的问题,并试着解决。
批注	四上	第六单元	学习用批注的方法阅读。
作者的观点	六上	第六单元	抓住关键句,把握文章的主要观点。

从表2中可以进一步感受到,统编教材对学生阅读策略指导的重视。在普通单元中,这些策略都是以隐性的方式呈现的,不像策略单元以显性的方式直接呈现,但仍然要引起全体教师的关注,对这些策略的学习与运用不仅要在单元学习中加以呈现,更要延伸到学生的课外阅读活动实践中。

如果说"策略单元"中的阅读策略是一颗颗独立的钻石,那么散落在各个年段、各个单元的阅读策略就是一条连贯的项链。它们是根据年段的提升呈螺旋上升、层层递进的,延伸到各年级的阅读指导中,使阅读指导更符合学生的年龄特点和阅读能力。因此,关注教材"语文要素"中隐性的策略,指导学生落实好阅读策略,是"快乐读书吧"阅读活动开展过程中的重要保障。

第二节　"创造性复述"单元的解读与教学建议

第一目　"创造性复述"单元的编排及思考

统编教材按双线组合的特点编排教材内容,其中五年级上册第三单元以"民间故事"为人文主题,"了解课文内容,创造性地复述故事"是本单元的语文要素。

"创造性复述"是"复述"这一阅读策略的其中一种,因此这个单元也可以说是一个指向阅读策略训练的单元。整个单元主题明确,训练有序,双线在并行中又彼此交汇,相互咬合,形成整体。

一、同比"双线"特点,解读结合编排意图

统编教材依据儿童语言能力发展的特点,循序渐进地引导儿童练习复述。二年级教材安排借助图片等讲故事,三年级安排详细复述,四年级安排简要复述。所有的复述训练主要基于故事类题材进行。教材在五年级安排了"民间故事"主题单元,单元篇章页明确提出"民间故事,口耳相传的经典,老百姓智慧的结晶"。依托"民间故事"进行"创造性复述"的训练,是在学生原有复述能力的基础上,对整体感知文章内容和发展思维能力提出的更高层次的要求,体现出教材对复述训练目标的层次性、连续性和发展性要求。

为什么将"民间故事"与"创造性复述"双线结合呢? 因为这两者的特点有着密切的联系。

(一)用丰富的想象推动创造性复述

毫无疑问,儿童是最富于幻想性的。鲁迅先生曾说过:"孩子是可以敬服的,他常常想到星月以上的境界,想到地面下的情形,想到花卉的用处,想到昆虫的语文;他想飞上天空,他想潜入蚁穴……"而这种幻想在民间故事中有着最广泛的表现,比如人类可与下凡的仙女成亲,动物会变成人形报恩,鸟兽能吐人言……总之,这是个无所不能、无奇不有的世界。这份神奇能进一步滋养儿童的想象力,激发他们的童心童趣,放飞儿童之想象,丰富儿童之感受。而这份想象、这份童心则是创造性复述时所需要的源点。因此,民间故事是孕育创造性复述之花绽开的肥沃土壤。

(二)用共同的思维发展创造性复述

对于儿童来说,外部世界非黑即白,他们往往用二元对立的思维方式看待外物,一切事物都处于好与坏、善与恶的两个极端。民间故事的逻辑结构与儿童思维相似,它里面的角色设定也位于好坏、美丑对立的两极。如《牛郎织女》中牛郎和他的兄嫂,织女与王母娘娘,他们之间形成了鲜明的正反对照。正是这样一种共同的思维逻辑,才能顺利地推进儿童开展创造性复述,使得创造出来的情节内

容与故事的结构、情感等保持一致。

民间故事还积淀着历代民众传承的人生态度、情感方式和道德观念等深层的民族文化心理,用它来引导学生开展"创造性复述",则是以一种潜移默化的方式影响并塑造着儿童的认知模式和价值观念,帮助他们成为文化的继承者。

二、统观内容编排,注重单元整体关照

创造性复述是学生对语言材料进行吸收、存储、内化和表达的过程,它重在"创造"。它不是对课文内容进行简单的复述,而是要在理解基础上,发挥想象,进行具体生动的叙述。叙述时,可以进一步发展故事的情节,或者刻画人物的具体形象,等等。整个单元围绕"民间故事"这一人文主题及"创造性复述"这一语文要素,做了如表1的安排。

表1 "民间故事"人文主题的安排与要求

板块内容		目标要求
精读课文	《猎人海力布》	初步感受民间故事特点,选择合适的复述点,初次练习创造性复述。
	《牛郎织女(一)》	感受民间故事的不可思议,根据课文情节,用表演的方式开展创造性复述练习。
略读课文	《牛郎织女(二)》	用前面所学的"提高阅读速度"的策略读课文,了解整个故事。给完整的故事绘制连环画,并配上文字。
口语交际	讲民间故事	可以适当丰富故事的细节,配上相应的动作和表情讲故事。
习作	缩写故事	用上摘录、删减、改写、概括等方法缩写民间故事。
语文园地	交流平台	梳理创造性复述的方法:以故事中的人物口吻讲述故事;大胆想象,为故事增加合理情节;变换情节顺序讲故事。
	词句段训练	照样子,通过合理想象、添加情节等方法把牛郎织女初次见面的情节说得更具体。
快乐读书吧	读中外民间故事	读中外民间故事,领略情节、认识人物,感知民间故事的特点。

教材在编排上突出单元主题整体性学习,注重单元之间的语言训练点的相互关联,每个单元内部板块的联系也相当紧密。每部分内容都围绕人文主题和阅读要素开展,体现了由认知理解到实践运用,再到梳理总结又再次实践运用的

语文学习规律。

单元编排的整体性,意味着在教学中需加强环节的内在联结,决定了教学中要从单元关照的角度落实要素,不断提高学生对民间故事的认知和审美能力,打开创造性复述的思维,帮助他们学习应用,并构建起自己对创造性复述训练的认知体系。在整个单元的教学过程中,教师可以根据教学的实际情况及学生的学情,灵活调整教学的顺序。

如可以在学习两篇精读课文之后,将习作内容前置,发现"缩写"与"创造性复述"之间的联系和区别。

又如可以在教学《牛郎织女(一)》的过程中,将语文园地中的"词句段训练"内容与本课的创造性复述有机融合。通过园地中提供的例子,进一步理解创造性复述的方法,并通过练习加以实践。

……

教师要有强烈的单元整体关照的意识,科学整合教学内容,从整体出发,立体架构,前后联结,搭建一个能力训练的支架,盘整创造性复述的思维路径,并在运用中提升学生的复述能力。

三、善用精巧设计,激活思维落实训练

20世纪70年代鲁姆哈特对阅读提出了"相互作用模式",他认为阅读时信息的汇总,有视觉的处理与认知的处理,两者相互作用,一旦两者吻合,就会产生令人满意的阅读理解。视觉处理需要视觉信息即文字;认知处理需要读者背景知识,包括各种知识和生活体验等在内的积累。认知处理是阅读理解的关键。

创造性复述是一种高级的阅读理解能力,它需要儿童对文本进行消化、简化、序化,进而再活化,最后语言化,实现带有自己内心感觉和思想的创造性表达。基于鲁姆哈特的阅读理解相互作用模式,在引导学生开展创造性复述练习时,教师一方面要让学生理解民间故事内容,另一方面要唤醒学生的各种知识及生活积累,帮助学生从对文本内容的感受、理解走向有创造性思维体现的语言表达。教学中,教师要敏于思考、善于设计,通过创设情境、唤醒记忆、搭设阶梯、打开思维等方法,让学生对文字的视觉处理与自身的认知处理相吻合,实现创造性复述的有效练习。

（一）选准"空白点"，触发创造性复述

民间故事生动有趣、通俗易懂，是老百姓口口相传的精神文化财富，它虽然篇幅长，但有的情节在课文中却又写得很简单。所以在复述时，可以选择一些听者、读者感兴趣，而故事中却没有具体讲述的"空白点"进行创造性复述。

如《牛郎织女》这个故事，虽然由两篇课文组成，但课文内容只保留了故事的主要框架，精简了不少内容。《牛郎织女（一）》一课，当学生读到"牛郎常常把看见的、听见的事告诉老牛"这个句子时，不由得产生了疑问：

牛郎究竟把哪些看见的、听见的事告诉老牛了呢？

牛郎在和老牛说话的时候，是开心的还是伤心的呢？

老牛听得懂牛郎说的话吗？老牛会有什么反应呢？

……

又如《猎人海力布》一文中，提到"海力布有了这颗宝石，打猎方便多了"。故事中只提到"他把宝石含在嘴里，能听懂飞禽走兽的语言，能知道哪座山上有哪些动物"。但这些究竟给海力布带来哪些方便呢？海力布是个善良的人，他会捕猎哪些动物呢？他除了利用宝石，帮助自己打猎，会不会也能帮助一些动物呢？故事中没有其他具体介绍，而这些情节却是一些读者想要了解的，添加了这些情节，对海力布这个人物形象一定会有更丰满的认识和理解。

……

像这样的"点"，既是故事中的空白点，又是学生的兴趣点。阅读过程中，学生基于对文本的兴趣、好奇、探索欲，自主创设了一个阅读的问题情境，想要更多地了解故事，补充故事。此时的想象创作这一学习要求已经转化为学生自身的学习需要，形成了思维发展的动力。因此，教学时应引导学生抓住这些空白点，激发想象，对故事情节加以扩充、发挥，进行创造性复述，让故事通过再创作，使情节更具张力，人物形象更有活力。在这样的创造性复述过程中，自我语言的建构与运用都在语言实践中得以共生。

（二）展开"情节面"，推动创造性复述

为了使文章内容更加丰富、生动，在复述课文时可以根据课文的主要情节或课文的结构，大胆想象，为故事增加合理的情节。同时，"创造"的情节应与课文的中心紧密联系。

　　《牛郎织女(一)》课后习题第2题就有这样的练习:课文中有些情节写得很简略,发挥想象把下面的情节说得更具体,再和同学演一演。

　　情节一:牛郎常常把看见的、听见的事告诉老牛。

　　如何把这个情节说得更具体,更有效地推进创造性复述呢？儿童心理学家皮亚杰的认知理论告诉我们,只要从学生现有的思维水平出发,不断提出新的学习内容和要求,激发学生新的学习要求与原有思维水平之间的矛盾,就能推动学生思维不断向前发展。因此,教学中,教师要有意识地唤起学生原有思维结构中的有用部分,让学生充分利用已有的知识结构和思维状态来吸收新的信息。于是,针对上面这个简单的情节,教学时我们不妨这样设计:

　　1. 通过故事所介绍的牛郎与老牛的相处情况,感受牛郎与老牛之间深厚的情感、两者之间相依为命的深情。

　　2. 引导学生结合自己的生活经历,回忆与好朋友之间的交流,再结合课文的故事背景,想象牛郎会对老牛说些什么。

　　3. 教师结合课文内容,提供一个图表范例,帮助学生展开想象,激发创造性思维。

　　选择你想象到的一个情节,仿照例子,发挥想象,口头完成表2。

表2　根据情节发挥想象

人物情节	牛郎(语言)	老牛(表情或动作)
兄嫂对他冷嘲热讽。	老牛啊,今天中午吃饭的时候,我多夹了两口菜,嫂子骂我活不会干,菜还吃那么多,哥哥却一声不吭。	老牛低下头,用鼻子蹭蹭牛郎的脸,大眼睛望着他,哞哞地叫着。

　　4. 利用图表支架,将创造出来的情节,连起来说一说,努力做到吸引听者。

　　从以上教学过程中可以发现,教师唤醒了学生的生活记忆,结合对故事的理解,从两个维度的认知背景展开创造性想象。一项项学习要求,统一在一个故事情境中,学生自然地将生活经验与故事情节创造进行了融合。这样的想象和故事的整体基调一致,情感"合情",情节"合理"。更重要的是,学生对情节中人物的语言、动作、表情等细节也展开了想象,这些细节就是故事情节的"枝叶",也是情节发展的"油醋",即从一个情节"点"扩展成一个情节"面",故事变得生动具体、可听性更强。

(三)搭建"支架梯",帮助创造性复述

从二年级开始,学生就已经学习了借助图片、关键词语、关键句子、示意图或者根据表格内容等支架练习讲故事、复述课文,这些都为创造性复述打好了基础,做好了铺垫。尽管如此,在教学过程中,我们还是要结合实际,搭建一个个"脚手架",使学生在有支撑与帮扶的情况下,完成学习目标。这些无形的学习支架,让学生内隐的思维过程外显,从而让创造性复述攀梯而上。

如《猎人海力布》一课教学过程中,我们可以设置以下几个支架。

1. 读全文,利用"情节山"梳理故事内容,感知情节变化,如图1所示。

读课文,想一想,课文写了海力布的哪几件事情。

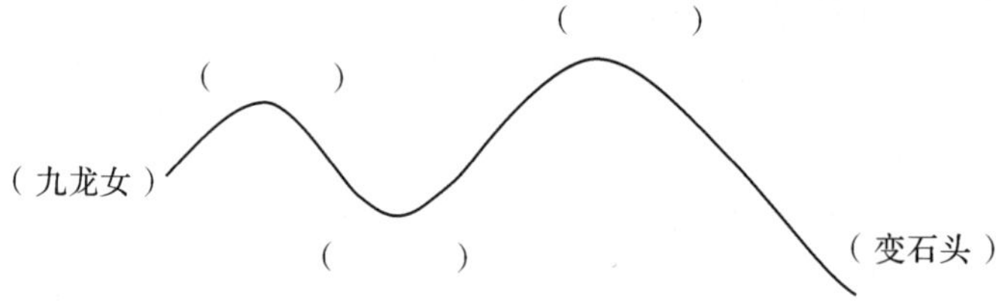

图1 《猎人海力布》情节山

2. 读片段,紧扣"心情线",想象故事情节。

在课文第八自然段的教学过程中,可以设计以下几个教学环节:

(1)读一读,圈出海力布心情变化的词语。

(2)选一选,从海力布的心情变化中可以感受到(　　　　)

A. 面对灾难,海力布心里非常害怕。

B. 当时情况非常危急,海力布担心乡亲们的安危。

C. 大家都不相信他,海力布非常伤心。

(3)用"＿＿＿"画出海力布催促乡亲们搬家的句子。想一想,海力布还会劝说哪些人?请写一写他们之间的对话。

海力布(　　　　)地说:"＿＿＿＿＿＿＿＿＿＿＿＿＿＿＿＿＿＿＿＿＿＿"

(　　　　)对海力布说:"＿＿＿＿＿＿＿＿＿＿＿＿＿＿＿＿＿＿＿＿＿＿"

3. 拓想象,依托"情境架",走进人物内心。

根据课文内容,想象海力布的心理活动,说一说。

尽管海力布焦急地催促乡亲们,可是谁也不相信。此时,海力布想:说清楚吧,_____;不说清楚吧,_____。生死关头,海力布毅然_____,海力布真是一个_____的人。

4. 结合课文内容,发挥想象,用自己的话介绍那块叫"海力布"石头的来历,尽量做到情节生动、语言感人。

以上每一个教学环节,都可以说是一个"阶梯"。从整体感知掌握故事情节,再到细节关注体会心情变化,最后通过情境想象,创造符合人物形象的语言,体会人物心理。通过一个个"支架"搭建一座"学习梯",学生在一个个台阶中,构建了创造性复述语言的内部关系。

又如《牛郎织女(二)》,课文阅读提示要求:如果给《牛郎织女》的故事绘制连环画,你打算画哪些内容,每幅画配什么文字。这其实是提示教师在教学中运用"图视化"支架,引导学生将创造性思维通过图文外显,并以此图文为梯,开展复述。教学中,我们提供了这样的图,如图2所示。

根据本课和《牛郎织女(一)》的内容,把下面的连环画补充完整,并试着配上简短的文字。

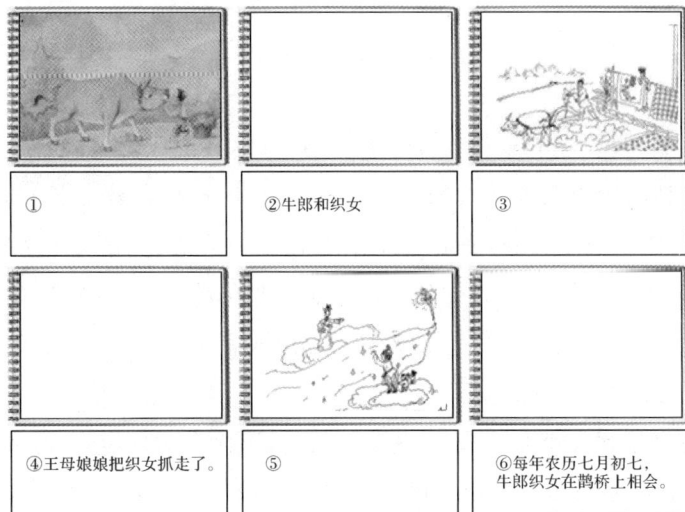

图2 《牛郎织女》连环画

在这个过程中,学生要梳理出故事的重要情节,再精简成画或浓缩成简短的语言。在完成整组连环画的同时,在脑海中构建出一个创造性复述。这样的教学环节,既提升了学生的语言概括能力,又推动了学生逻辑思维能力的发展。

(四)变换"身份角色",促进创造性复述

本单元的"交流平台"提示了创造性复述故事的方法:"民间故事流传很广,你想讲的故事别人可能听过了。为了让故事更有新鲜感,你可以来点儿小创作。可以换一种人称讲,如讲《猎人海力布》,用海力布的口吻来讲,会让人有身临其境的感觉……"所以,为学生创设多样的复述情境,通过角色扮演体验来复述课文,可以让故事"3D"化,将创造性复述转变成创造性演绎。

如语文园地的"词句段运用",要求仿照例子,把牛郎织女初次见面的情节说得更具体。为了激发学生创造性复述的兴趣,打开思路,拓展思维,我们可以将这一练习设计成"课本剧创编"的形式,引导学生选择自己感兴趣的角色,走进角色内心,走进故事中,先创编剧本,然后表演剧本。

时间:初次见面

地点:湖边

人物:牛郎、织女

织女:(羞涩地)_____

牛郎:(   )_____

织女:(   )_____

……

他们俩手拉着手,穿过树林,翻过山头,回到草房。

具体的情境可以唤起学生相应的情感,这样的剧本容易将学生带入故事情境,通过多人共同想象、共同创造、共同演绎故事中的情节,有效地促进了学生的情感体验,达到"情动而辞发"的效果。学生在模仿故事中人物的动作和表情的同时,说出人物会说的语言,你说我接,你问我答,于一来一往之间形成碰撞,让创造性复述得以有效落实。

创造性复述课文就是在复述中寻找创新,于无声时闻有声,于细节处见大义。这样的复述不仅丰富了原文内容,而且拓展了学生思维空间,培养了学生思维的广阔性、深远性、创新性。我们要钻研教材,细读文本,通过多种方法、活动,展开创造性复述练习,最终实现语言文字的有效积累。

第二目 "创造性复述"单元课文教学设计案例

《牛郎织女(二)》第1课时

一、教材分析

《牛郎织女》是我国四大民间故事之一。本课是《牛郎织女》这个故事的后半部分,讲述了牛郎织女在王母娘娘的干预下,被天河隔开,从此天各一方,但牛郎织女不忍离别,隔河相望化作星辰。王母娘娘拗不过他们,允许他们每年七夕相会。故事歌颂了劳动人民反对压迫、争取自由幸福的精神,反映了他们对美好生活的向往、追求。

本课以织女活动为主线进行叙述,在内容上,上一课和本课连起来是一个完整的故事,但两段故事却各有侧重。课文中有不少内容充满了神奇的想象,鲜明地体现了民间文学的特点。课文根据情节发展绘制了牛郎织女鹊桥相会的插图,揭示了故事结局。

二、教学目标

知识与能力:能根据故事主要情节设计连环画,并给连环画配上相应的文字。

过程与方法:用上一单元学到的"提高阅读速度"的方法默读课文,了解故事的主要内容。

情感态度价值观:能创造性地讲《牛郎织女》的故事,感悟反对压迫、争取自由幸福的精神,体会劳动人民对美好生活的向往、追求。

三、教学准备

教师准备:教学PPT、学习单。

四、教学过程

(一)承接前文,导入新课

1. 大家还记得上一课《牛郎织女(一)》中,讲了牛郎和织女的哪些事吗?谁来说一说?

学生回顾前一课的故事。

2. 牛郎和织女后来怎样了呢?这节课我们继续学习《牛郎织女(二)》,请大家先读一读阅读提示,其中都提出了哪些要求?

3. 学生自由读阅读提示并汇报:

①用上一单元学到的阅读方法,尽可能快地默读课文,了解牛郎织女故事的结局。

②联系上一篇课文,说说如果给《牛郎织女》的故事绘制连环画,你打算画哪些内容,每幅图画配什么文字。

4. 回顾一下,在上个单元中,大家学到了哪些快速默读的方法?

预设:跳读法、连词成句地读、抓关键词读、带着问题读。

5. 请你用上这些方法,快速默读课文,了解完整的《牛郎织女》的故事。

设计意图:阅读提示指明了阅读目标,课前让学生明确学习目标,能提高教学效率和学生学习质量。每一篇课文不是单独的个体,教师应有整体思维。本环节沿用上一单元所学的速读法,并承接上一课进行教学,顺水推舟的同时又有效巩固了已学知识。

(二)速读课文,了解课文内容

1. 你在快速默读时跳过了哪些词语呢?请用横线画出来,并请教边上的同学,如果还有不会读的词语,请你举手,全班一起来解决。

学生间互相帮助、交流后,全班交流难读的词语。

2. 通过快速默读,大家对这个故事了解清楚了吗?出示学习单,引导:请大家再次默读课文,用"人物+事件"的方法,把故事线补充完成。如图1所示。

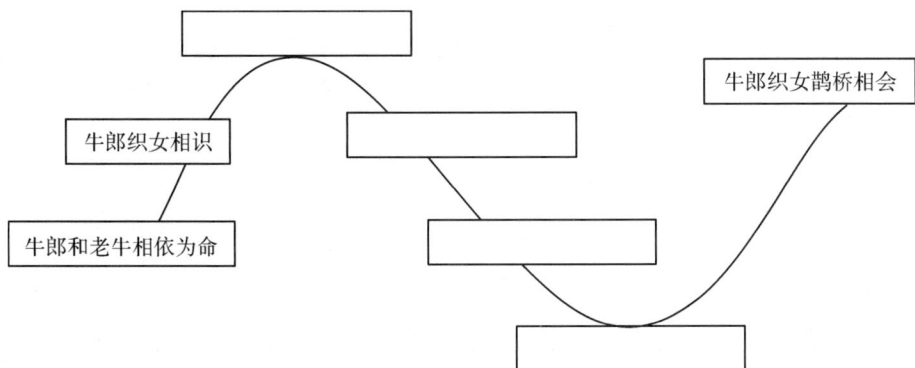

图1 完成《牛郎织女》故事线

3. 学生默读后填写学习单,并交流汇报。

4. 你能看着故事线简单地介绍《牛郎织女》的故事吗?

指名学生说一说《牛郎织女》的主要内容。

设计意图:复述课文需要为学生搭建一个支架,帮助学生厘清脉络,感知整体,建构创造性复述语言的内部关系。本环节用"人物+事件"的方法梳理故事线,为创造性地讲故事做好铺垫。

(三)解析插图,学习创新复述

1. 阅读提示中还有一个学习任务:联系上一篇课文,说说如果给《牛郎织女》的故事绘制连环画,你打算画哪些内容,每幅图画配什么文字。

2. 大家知道什么是连环画吗?

(1)学生自由交流。

(2)出示《猎人海力布》的连环画,并小结:连环画是一种古老的中国传统艺术,以连续的图画刻画人物、讲故事,深受人们喜欢。

3. 本课的阅读提示提出让我们绘制《牛郎织女》的连环画,我们要画什么,怎么画呢?课文中有画好的一幅图,请看课文插图。思考:这幅图对应故事的哪一个部分?图中都画了些什么?

4.教师引导学生观察绘图,并完成表1。

表1 观察绘图填空

绘图	情节	画面内容	人物的表情、动作	想象人物的心情、语言

（1）交流绘图表现的故事情节：这幅图表现的是"牛郎织女"鹊桥相会。

（2）引导观察画面内容：

织女：织女身体微屈向前，双手伸向牛郎和孩子们。

牛郎：拉着孩子向织女走去。

孩子们：挥着手跑向织女。

（3）引导思考：为什么画面中要画这些动作呢？

指名学生反馈交流，得出结论：文中结尾介绍，每年到这一天，牛郎和织女在桥上会面。一年难得见一次，他们都很开心，心情急切、激动，想早一点见到对方，所以便会有这样的动作。

（4）讨论交流：一年了，他们终于可以见面了，每个人都很急切地想着和亲人见面，他们心里可能在想些什么呢？你和爸爸或妈妈长时间分离过吗？当你们重聚时，你会说些什么？爸爸、妈妈呢？

（5）学生回忆交流，久别重逢后亲人见面时的对话。

（6）你和爸爸妈妈只是几天、几个星期未见就这样想念，可织女和牛郎、孩子们足足一年没见呢。想一想，当他们见面时会说些什么呢？表情会是怎样的呢？

（7）通过交流引导，师生合作完成表2。

表2 观察绘图完成的表格

绘图	情节	画面内容	人物的表情、动作	想象人物的心情、语言
	牛郎织女鹊桥相会	牛郎、织女、两个孩子、鹊桥	织女身体微屈向前，双眉微蹙，双眸噙着盈盈泪光。牛郎紧紧拽着两个孩子的手，双唇微张，双眼含情脉脉地看着织女。孩子们喜笑颜开，挥着手向母亲奔去。	织女(急切、喜悦、哀伤交融)：牛郎、孩子们，你们在人间过得好吗？牛郎(激动、兴奋)：织女，你在天上可觉得孤独？我们每天都往天上看，总希望能看见你。孩子们(高兴)：妈妈，我们好想你啊！

5. 试着把我们从这幅图中读到的、想到的信息连起来说一说。

课件出示复述小提示：每年的七月初七，成群的喜鹊来到天河边_____

_____搭起了鹊桥。织女_____。牛

郎_____。两个孩子_____。

6.教师小结：我们借着插图，通过观察人物的表情、动作，猜测人物的心情、语言，把"牛郎织女鹊桥相会"的情节讲得更生动了。

设计意图：图示化是创造性复述的有效策略之一。充分利用文本中的插图资源，让学生观察插图中人物的神态、动作，猜想人物的语言、心情，这一过程就是创新故事的过程。

(四)绘制图画，搭建复述阶梯

1. 图画可以帮助我们更好地讲故事，能否把其他情节也绘成一幅画，帮助我们复述故事呢？该怎么画呢？

预设：(1)细读文本，找出相应的文段，了解人物和事件。

(2)选择一个最能体现人物特征或推动情节发展的镜头构图。

(3)根据文本，想象人物的表情、动作绘图。

2. 以"牛郎织女天河相隔"这一情节为例，师生合作完成学习单。如表3所示。

表3 "牛郎织女天河相隔"填空

情节	画面内容	想象人物的表情、动作	绘图
牛郎织女天河相隔			

（1）选择绘图内容。

①默读课文，找到具体表现这一情节的第5、6自然段，了解其中的人物和事件。

②用"＿＿＿"画出文段中自己认为最精彩的一个镜头。

预设：王母娘娘拔下头上的玉簪往背后一划，糟了，牛郎的面前忽然出现了一条天河。天河很宽，波浪很大，牛郎飞不过去了。

③思考可以表现这一镜头的绘画内容。

（2）联系生活实际，想象人物的表情、动作。

①原本幸福的一家人，却被天河阻隔不能相见，他们的心情怎么样？

②生活中，当你和父母或好朋友离别时，你的心情怎么样？你还记得当时的场景吗？

③牛郎织女被天河阻隔，不得不离别，离别时，他们可能会是怎样的表情和动作呢？

（3）根据所选内容及想象的人物表情、动作绘图。

预设，如表4所示。

表4 "牛郎织女天河相隔"完成的表格

情节	画面内容	想象人物的表情、动作	绘图
牛郎织女天河相隔	牛郎、织女、两个孩子、天河	织女满目泪痕，张大嘴巴好像在呼喊，双臂前伸想要抓住牛郎的手。牛郎踮起脚尖，拼命向前伸开双臂，想拉回织女。孩子们迈出小脚，张着双臂，渴望妈妈的怀抱。	

3. 自选情节,创作绘画。

(1)学生自主完成学习单,如表5所示。

表5 学生自主完成学习单

情节	画面内容	想象人物的表情、动作	绘图

(2)展示绘图,补充修改。

①学生上台展示自己的绘图,并讲解绘图内容及创作理由。

②同学点评绘图。

评画标准:

☆绘图和故事内容相符。

☆画出了人物的动作和表情。

☆所画人物的动作和表情符合人物特点。

(3)其他同学针对绘图提问或做补充。

(4)根据同学提的意见,修改自己的绘图。

4. 试说图画,尝试复述创新。

(1)出示复述故事标准:

☆能把故事情节讲清楚、讲完整。

☆能恰当添加人物的语言,创造性地讲故事。

☆能想象人物的神态、动作、语言,声情并茂地讲故事。

(2)学生自由练习看图讲故事。

(3)小组内开展讲故事比赛。

(4)小组推选代表上台讲故事。

设计意图:画图的过程就是思维外化的过程,同时画图又能反作用于思维,边画边激发出新的灵感。本环节依托绘画促进学生思维创新,通过提问策略补充故事,让创造性地复述课文更具新意。

(五)连画成篇,整合故事

1. 教师把绘图贴在黑板上,并把故事线中的主要内容写在相应图画的下方,即完成了一幅连环画。

2. 教师小结:今天我们学习了用图复述故事的方法,即先从文段中找出要画的内容,再想一想人物的神态、动作,接着绘制成画,最后加上人物的语言说一说。这样在猜想中画图,又在画图中丰富想象,就把故事讲得更动听了。(板书:找一想一画一说)

3. 故事接龙。学生看着板书,以故事接龙的方式合作展示讲完整的故事,教师相机指导。

4. 布置作业:把《牛郎织女》的故事讲给家人、朋友们听。

五、板书设计

《牛郎织女(二)》板书设计如图2所示。

牛郎织女

 牛郎老牛相依为命	 牛郎织女相识	 牛郎织女幸福生活	 老牛临终遗言	 王母娘娘捉拿织女	 牛郎织女天河相隔	 牛郎织女鹊桥相会

找一想一画一说

图2 《牛郎织女(二)》板书设计

第三节 "推测人物思维"单元的解读与教学建议

第一目 "推测人物思维"单元的编排及思考

著名教育家于漪老师说过,就教育来说,小到一所学校、一名教师,确实要思考思想如何提升,思维如何转换,如何来提升学生的思维品质。这是时代的需要。统编版小学语文教科书的编写呈现出对学生思维培养的关注,阅读教学中培养学生的思维能力成为语文课堂教学的一个重要价值取向。五年级下册第六单元的人文主题是"思维的火花",单元语文要素是"了解人物的思维过程,加深对课文内容的理解"。教材编者意在阅读教学中,加强学生的思维培养,引导他们走进文本人物,通过观察、推测、判断等策略,感受人物所思所想,理解人物所言所行,实现以思维促进学习,以教学发展思维。因此,本单元语文要素的落实过程中,涉及多种阅读策略的综合运用,其中主要指向"推测"这一阅读策略的实践与运用。

一、把握教材编排,明确要点——思维进阶中"了解思维"

研读单元整组编排,从文本内容及课后习题可以感受到教材编排的层次性和策略指导。本单元第一篇课文《自相矛盾》是通过品析人物语言,了解人物的思维过程。第二篇课文《田忌赛马》是通过品析人物语言,分析故事情节,说清楚人物的思维过程。最后一篇课文《跳水》是品析船长关键时刻的言行,了解他的思维过程以及这样做好在哪里。三篇课文的教学目标既有相同之处,又略有不同。相同的是,三篇课文落实单元语文要素的重要载体均是"聚焦人物言行,关注故事情节",可见在本单元的教学过程中"品析人物言行,梳理故事情节"是课文教学的重点。不同的是,三篇课文从"了解人物思维"到"说清楚人物思维"再到"品析人物思维",体现出教材对学生思维培养的逐层推进。

布卢姆教育目标分类学把认知过程从低级到高级分为六个层次:记忆、理解、应用、分析、评价、创造。前三个层次为低水平认知层级,后三个层次是发生在较高认知水平上的心智活动,属于高阶思维。落实"了解人物思维过程,加深对课文内容的理解"这一语文要素,需要学生在特定的语境下,基于文本信息以及背景知识、经验,通过分析、判断,在一定逻辑推理活动之下创造出新的或丰富的语义信息。因此,在本单元的学习中,要关注学生思维能力从低阶向高阶发展,培育高阶思维活动,提高思维品质,这也是教学的重要内容之一。

二、研读故事内容,设计问题——聚焦关键处"了解思维"

实践证明,高阶思维的启动始于有质量的问题,思维沉潜于问题解决之中。本单元的三篇课文,故事情节性强,学生阅读兴趣浓厚。教师要根据文本的故事情节及发展特点,依据学生的认知规律,在教学时聚焦文本内容的关键处设计有思考力的问题。通过问题研讨,触发学生思维的内动力,梳理故事内容,了解人物思维。

1."靶向性"问题,想象分析人物

《自相矛盾》是一则文言寓言,寓言最大的文体特征就是将深刻的寓意隐藏在有趣的情节或人物形象之中。教师可以在故事情节的关键点,针对人物言行提出问题,引导学生在解决问题过程中,想象分析人物形象,了解人物思维。这样的问题,目标集中、精准度高、针对性强,可谓是"靶向性"问题。

教学过程中,教师可以围绕楚人"卖什么—怎么卖—结果如何"这条事情发展的线索,引导学生聚焦楚人的言行表现,串连起"誉""又誉""弗能应也"等系列词句。理解这些词句,思考其背后人物的想法,是了解人物思维,感受人物形象的关键信息。教学中,教师可以引导学生思考:根据楚人卖东西时的一系列语言、动作,你认为他是个怎样的商人呢? 以这个问题为主导,展开教学活动。

要解决这个问题,学生需经历三个学习活动。首先,依据上下文语义信息提示,借助语境,推导出"誉""又誉""弗能应也"的表面意思;接着,结合插图,联系生活,对故事场景展开想象,丰富画面;最后,再次聚焦关键词句,通过联系生活实际、想象分析等方式推导出字词背后隐含着的人物的思维信息。在解决问题的过程中,学生对这组词语展开串联理解,想象分析,从而触摸到人物的思维,判断这是一个为了卖商品而说大话、会吹嘘的商人。

2."结构化"问题,推理剖析人物

在教学活动中,一组问题都是围绕实现某个教学目标而设计的,形成一条问题链,这组问题就是"结构化"问题。学生在解决问题的过程中,对文本信息进行梳理、整理,使之条理化、纲领化,在层层剖析中,实现教学目标。

《田忌赛马》这个故事,全文共26句话,直接描写孙膑的只有6句话。田忌和齐威王及贵族们如何赛马? 孙膑何以判断大家的马脚力差不多? 他又如何想到让田忌赢的办法? 这些都属于文本的脱落信息,需要学生抓住整个事件前后的各个信息点,根据故事情境,进行联系、分析、整合,才能做出自己的判断。为了立体地构建孙膑这一人物形象,说清楚人物的思维,有教师在教学过程中,依据故事情节的发展,设计了下面这组问题。

(1)人物对比思考:为什么田忌多次与人赛马,发现不了"大家的马脚力差不多",而孙膑却能发现这一秘密呢?

（2）前后联系思考：田忌换了出马顺序,齐威王为什么不换?

（3）分析推理思考：孙膑是根据什么来排赛马的先后顺序的?

这组问题的目标指向都是感知孙膑的思维。通过结构化问题的设置,促进学生层层思考,及时捕捉关键信息,对文本前后信息进行勾联对比、分析研判。在充满张力的思维活动中,勾勒出一个善于观察、精于分析、妙识人心的孙膑形象,继而推理出故事不同阶段里人物的思维。

3."情境化"问题,解码品析人物

《跳水》这篇课文,故事发展扣人心弦,五年级的学生对此类情节跌宕起伏的小说兴趣浓厚,大部分学生读了文本之后都能明白,船长命令孩子跳水是合适的办法,但是要全面阐述船长这个办法的优势则比较困难,需要教师引导,通过创设"情境化"问题,入情入境,设身处地地思考,才能更准确地把握人物思维。

课文的倒数第二自然段,作者重点对船长的语言、动作进行了描写,语句简短、语气强烈、语意明确。一个父亲逼着自己的儿子向海里跳,他是如此坚决、果断,他到底是怎么想的呢?为了让学生感知人物思维,有教师在教学中,融合了多种教学资源,通过多种形式创设情境,提出"情境式"问题。

情境化问题一：出示课文插图。问：看着这个插图,说说当时是怎样的情况。

情境化问题二：出示视频,播放文中孩子站在船桅杆处的危险镜头。问：同学们看,当时就是这样的情景,现在把你想象成这个孩子。你的脚下是窄窄的横木,下面是硬邦邦的甲板和深不见底的大海。海风呼呼地吹过,你没有任何保护措施,摇摇晃晃地站在这里。此时,你心里在想什么,会说什么呢?

情境化问题三：当时如果你在现场,你会想什么办法救孩子呢?

前两个情境化问题,利用文本语言、插图以及视频等多种形式引导学生感悟当时处境的危急。在危急情境下,孩子和水手的表现与船长的表现形成鲜明对比。经过文中不同人物的对比,设身处地换位思考,学生对船长的言行进行分析、解码,为了解人物思维奠定基础。第三个问题激发学生结合生活经验,将自我与主人公进行对比,调动已有经验,在认知冲突中,促进高阶思维发展。在三个情境化问题的引导下,学生反观了整个事件的发展过程,通过文本内容的层层解码,感受到船长当时的独特思考方式,其冷静智慧的人物形象变得立体丰满。

三、关注学情基础,组织活动——文本互动中"了解思维"

如果说高阶思维训练始于问题,那么从问题出发,教师要根据学情,组织有效的学习活动,引导学生精于表达、深于思辩。在学习活动的进行中,学生与文本互动对话,提升表达品质,促进深度思维,实现"了解人物思维过程"的精度和效度。

1. 组织"移情式"活动,迁移"思维"

学生对现实生活中不同的人物角色都有一定的认知经验。教学时,可以利用学生原有的认知,通过"移情式"活动,把自己融入文本,与文中人物"交心"。这样的阅读,既尊重了文本,又审视了文本。

《自相矛盾》一课,教师可以引导学生联系生活思考:现实生活中的商人会怎么做生意呢? 联系生活,思考文中的楚人,他在事件的发展过程中是怎么想的呢? 通过问题,打通课堂与生活之间的联系,将文中人物与现实中人物对应起来,用生活现象审视文本中的人物。学生基于对生活中"商人"的共性特点的认知,迁移商人思维,一致认为:楚人"誉之曰",是在努力夸赞自己的商品,以吸引顾客;楚人"其人弗能应也",是他的大话被人戳破后的尴尬所致的。但是,此时楚人在想些什么呢? 学生们却有着各自不同的思考。

生1:楚人这才意识到自己刚才说的话是不对的,什么东西都无法刺破的盾与什么都能刺破的矛,是不能同时存在的,自己刚才的确是吹牛吹破了皮。

生2:他心里一定在想:下次我不能把两样东西一起卖,要一样一样卖,那样就不会被人指出毛病了。

生3:楚人虽然嘴上没说什么,但是心里可能决定要换一个地方再叫卖,这个地方已经混不下去了。

……

可见,学生对人物思维的判断与对生活的认知紧密相连,他们会将生活中的人物思维"嫁接"到文中人物身上。生2、生3所推理得出的思维,是建立在对现实生活中不良商人的了解上所提出的,教师可以做正面引导。但是,这种"移花接木"式的迁移思维的方法,对学生了解人物的思维方式确实发挥着实效性。

2. 组织"观察式"活动,聚合"思维"

语言是思维的物化,思维是语言的内核,聚焦人物言行,品味人物语言和神情,是揣摩人物思维的重要方式。教师要引导学生透过文字描述,观察人物在故事中各个阶段的言行举止,将人物分散在不同阶段的思维活动有方向、有条理地通过整理加以聚合,从而明晰人物的思维过程。

《田忌赛马》一课,最重要的人物是孙膑。全文写孙膑的六句话中,有四句是语言描写。教学时,教师可以引导学生在朗读中体会对话,透过表面文字,想象观察人物说话时的神态、语气,分析人物思维活动。如下面这个教学片段:

(1)教师出示课文第3—7自然段,引导学生自由阅读对话。

(2)结合上下文,给没有提示语的人物语言加合适的提示语,并说明理由。

③一天,孙膑(信心十足地)对田忌说:"将军,我有个办法,保证能让您在赛马时获胜。"

④田忌(疑惑地)问道:"你是说换几匹更好的马?"

⑤孙膑(肯定地)说:"一匹也不用换。"

⑥田忌有些不明白:"那怎么能有赢的把握呢?"

⑦孙膑胸有成竹地说:"将军请放心,按照我的主意办,一定能让您赢。"

(3)有感情地朗诵对话,感受孙膑的自信。

(4)结合之前孙膑观察到"大家的马脚力相差不多,能分成上、中、下三等"这一情况,思考:当时他是怎么想的? 再仔细观察他和田忌对话时的情景,思考:对话时,他心里是怎么想的呢?

(5)前后联系,观察孙膑的言行,说一说:孙膑对田忌赛马这件事情,他是怎么思考的?

上述教学过程,教师引导学生聚焦人物言行,感知、联结、分析,组合整理,在与文本的互动中聚合人物思维,让思维可视可感。学生基于对孙膑言行的观察思考,建构了一个属于自己的且客观完整的思维过程。学生很容易判断得出:孙膑说这些话时,心里早已想好让田忌赢得比赛的具体办法了,对自己的方法信心十足。

3. 组织"辨析式"活动,明晰"思维"

阅读教学中,教师要努力为学生设计输出性表达的活动,引导学生将自己阅读过程中对文本的理解、建构的意义外显出来。这种输出性表达是学生对文本内容的全面性解释以及对文本人物的评价等,可以促进学生更深入地理解内容,感受人物,是学生高阶思维的综合呈现。

如《跳水》一课的课后习题,要求学生说说:船长的办法好在哪儿? 这是对人物所作所为的解释与评价。对学生来说,这样的综合性解释与评价是有一定的难度的,需要教师在教学时充分考虑与设计,创设表达的支架,促进学生语言能力、思维能力的提升。因此,有教师在本课教学的最后阶段,创设了一个"辨析式"的话题,引发学生讨论:有人说,船长用枪指着儿子,让他跳水这种方法并不好。万一儿子不敢跳,又太紧张被船长吓得掉在甲板上,就有可能摔死。你觉得船长用枪指着儿子跳水这个办法好吗? 小组合作,表达观点,并说出依据。

这个问题是本课学习的一个焦点问题,也是学生比较感兴趣的问题,它是教学目标中"感知人物思维过程"的阅读出发点,也是文本深度学习的归宿点。学生基于自身的认知,结合对文本的理解,表达观点。有学生认为船长的方法好,有学生认为这个方法确实还存在着危险性。在"好"与"不好"的矛盾冲突中,通过自主、合作、探究的小组学习方式,学生的思维得以发散,并且和原有的经验深度融合,不断生成新的意义。这样的学习活动,充分利用学生之间的差异、矛盾等契机激发学生与文本的深度互动,让教学走向动态生成,让学习思维得以外显。这一过程,也让学生对人物思维过程的认知更充分、更理性,从而做出客观的评价。

"了解人物的思维,加深对课文内容的理解"这一语文要素背后真正指向的是学生的思维发展,是学生"推测"这一阅读策略的实践运用。教育家加涅曾提出:教育的核心问题就是教会学习者思考,学会运用理性的力量,成为一个更好的问题解决者。教师在教学中,要深入研读教材,明晰教学定位,立足"儿童视角",以"要素"为引擎,科学设计教学活动。只有遵循学生的思维规律和知识的逻辑关系开展的教学,才能实现学生高阶思维能力的培育,达成语文要素落实的目标。所以,用思维碰撞思维,以问题推动阅读,用活动促进学习,对提高学生阅读能力、提升学生思维品质大有裨益。

第二目　"推测人物思维"单元课文教学设计案例

《自相矛盾》第1课时

一、教材分析

《自相矛盾》是五年级下册第六单元第一篇课文,选自《韩非子·难一》。课文主要讲了一个楚人,先"鬻矛与盾",再"誉盾与矛",最后在围观者的质疑下"弗能应也"。结尾处"夫不可陷之盾与无不陷之矛,不可同世而立"点明中心,告诫人们说话要前后一致、实事求是,不能夸夸其谈、自相矛盾。

本单元围绕"思维的火花"为人文主题编排组织学习内容,语文要素是"了解人物的思维过程,加深对课文内容的理解"。本文既是一篇文言文,也是一则寓言故事。文章语言精练、寓意深刻,是培养学生思维能力的好材料。五年级学生的思维已从直觉思维、形象思维,逐渐转化为抽象思维,并具有一定的思维能力和思维品质。教学时,可以"读"为主线,指导学生用多种形式反复朗读课文,先把课文读正确,再借助文下注解、联系上下文、联系生活等方式理解文意,从而读出节奏,读出文言味。在理解文意后,可以通过关键语句、关键信息、想象补白、联系生活等方式,走进人物内心,探寻人物的思维过程。

二、教学目标

知识与技能:

1. 认识"吾、弗",读准多音字"夫",会写"矛、盾"等4个字。

2. 借助已知故事和学习文言文的方法,了解大意,用自己的话讲这个故事。

过程与方法:

1. 借助图片、抓住关键词句、想象补白、联系生活等方式,感受故事主要人物思维过程,了解"其人弗能应也"的原因。

2. 情感态度与价值观:联系生活进一步感悟"自相矛盾",培养学生生活中分析问题和解决问题的能力。

三、教学准备

教师准备：教学PPT、作业本。

学生准备：了解白话文《自相矛盾》故事和《作业本》第2—6题。

四、教学过程

(一)游戏导入,初感思维

1. 课件出示游戏:我做你猜。

2. 板书:察言观色!(你觉得察言观色是什么意思?)

小结:同学们为什么能了解老师的想法?(提示:言行)

设计意图:新课伊始,运用"我做你猜"的游戏方式,拉近师生间的距离。让学生初步感知"思维"这一抽象名词,感受"想"和"猜"的乐趣,为进一步学习课文做好铺垫。

(二)板书课题,初感矛盾

1. 课件出示:矛和盾的古汉字。(同学们,屏幕上的两个古汉字,你认识吗?)

2. 识记、书写生字"矛"和"盾":请同学们跟着老师写一遍,注意字的结构和笔顺,把这两个字在作业本上工整漂亮地写两遍。(板书:矛、盾)

3. 交流揭题:这两个字分别代表了一种兵器,它们长什么样子?

4. 板书课题:"自相矛盾"是个成语,也是一个寓言故事,也是我们今天要学习的这篇课文。请大家齐读课题。

设计意图:以"矛"和"盾"两个古汉字导入,引导学生聚焦课题,通过字理识记生字,既有助于学生理解字义,又能为学生根据学习经验理解课题,了解课文内容做铺垫。

(三)初读文言,把握文意

1. 检测预习。(之前布置了同学们预习课文,你知道这个寓言故事主要讲了一件什么事吗?)

2. 预习反馈。(通过预习,你觉得有哪个字或者哪句话比较难读,需要提醒同学们注意吗?)

（1）课件出示（作业本第二题）：

读句子,给加点字选择正确的读音,画上"√"。

①吾（wú　wù）矛之利,于物无不陷也。

②其人弗能应（yìng　yīng）也。

③夫（fū　fú）不可陷之盾于无不陷之矛,不可同世而立。

（2）课件出示：

读准字音,读通句子,读出节奏。

①楚人/有鬻盾与矛者。

②吾盾之坚,物/莫能陷也。

③夫/不可陷之盾/与/无不陷之矛,不可/同世而立。

（3）指名读文。

3. 多种形式读文

（1）师范读,学生评价。

（2）配合读并展示。

（3）生生配合读。

4. 出示《自相矛盾》白话文故事

过渡:这篇课文是一篇文言文,文言文之所以难读,就是因为不明白它的意思,现在老师出示这个故事的白话文,请同学们小组合作,试着说说每句话大概讲了什么。

（1）小组合作。（小组合作要求:①用自己的话说说这个故事给同桌听;②借助以前学习文言文的方法,来理解鬻、誉、立、夫、弗的意思。）

（2）学生反馈。（板书:学习文言文的方法）

5. 师生配合,再读课文。（要求:老师读课文,你说说这句话的意思;老师说意思,你来读课文。）

设计意图:学习文言文,读懂文言文是重点也是难点。学习时,让学生读准字音是为理解内容做铺垫,读出文言文的味道,可以帮助同学们更好地理解课文。五年级的学生已经积累了一定的文言文学习方法,学习的过程中要注意方法的引导和总结,这里抓住文中的关键句,借助白话文故事,让学生更好地读懂课文,知道这样读的"其然",更知道这样读的"所以然"。

(四)走进人物内心,感悟人物思维

过渡:读着读着,我们发现其实这个故事的主人公就是?(楚人)他是干什么的呢?

1. 感知楚人思维

(1)商人有什么特点?

(2)古语云:慈不带兵,善不经商。这个商人也有点狡猾,狡猾在哪里呢?

2. 演一演楚人

(1)质疑楚人的话:他这样吆喝来吆喝去,到底想告诉我们什么啊?(板书:坚、利)

(2)质疑楚人的思维(出示表1,请学生补充)。

表1　质疑楚人的思维

物品	情况	目的
矛	利	
盾	坚	

3. 感知路人思维

(1)再次出示表2,请学生补充。

表2　质疑楚人的思维(情况列举)

物品	情况一	情况二	情况三
矛	矛利		
盾		盾坚	

(2)出示句子,请学生看表格思考。

楚人曰:吾盾之坚,物莫能陷;吾矛之利,于物无不陷也。

路人1:_____

路人2:_____

路人3:_____

(3)走近读者:如果你现在就是"楚人",以后再卖矛和盾,你会想些什么?

楚人不知道怎么回答了,他满头大汗、面红耳赤地想到:_____

_____。

设计意图:五年级学生的思维已从直觉思维、形象思维,逐渐转化为抽象思维,并有一定的思维能力和思维品质,只是思维是隐性的,这个环节利用了表格和想象补白,既呈现了故事中主要人物的思维,也把学生的思维过程呈现出来,从而更好地为下一部分联系生活感悟"自相矛盾"的寓意所在做铺垫。

(五)联系生活,感悟"矛盾"

过渡:怪不得,当别人问:以子之矛陷子之盾,何如? 他不知道怎么回答了。那么"以子之矛陷子之盾,何如?"是什么意思呢?

1. 出示句子。(以子之矛陷子之盾)

2. 联系生活。(质疑:你生活中遇到过这样的人吗?)

设计意图:本环节运用联结的策略,既从思维的角度理解了"以子之矛陷子之盾"的含义,又从生活的角度,感悟了"以子之矛陷子之盾"的问题所在。为学生利用自己的思维提高生活中分析问题和解决问题的能力,埋下种子。

(六)总结提升,熟读成诵

1. 今天我们学了什么故事? 明白了什么道理?(板书:前后一致、实事求是)

2. 这么好的故事,能不能把它背下来呢?(课件出示少了人物对话的课文)

3. 希望同学们在以后的生活中,不要像这个楚人一样说话前后矛盾,从而闹出笑话,今天的课就上到这里,下课!

设计意图:梳理所学的内容,回顾书中的道理,可以提高学生的分析能力和概括能力,从而提高学生的综合阅读能力,达到学会学习的目的。

五、板书设计

《自相矛盾》板书设计如图1所示。

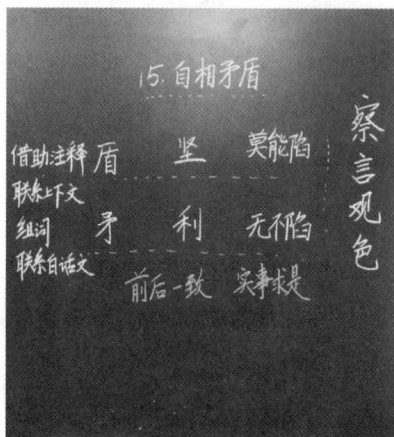

图1 《自相矛盾》板书设计

第四节 "初步学习阅读古典名著"单元的解读与教学建议

第一目 "初步学习阅读古典名著"单元的编排及思考

统编教材五年级下册第二单元的人文主题："观三国烽烟,识梁山好汉。叹取经艰难,惜红楼梦残。"寥寥数语却直接指向《三国演义》《水浒传》《西游记》《红楼梦》四大名著。单元编排的四篇课文分别是出自四大名著的《草船借箭》《景阳冈》《猴王出世》《红楼春趣》。从人文主题、选文编排可以发现编者意在引导学生走进古典名著阅读,体现了《课程标准》所提出的"认识中华文化的丰厚博大,汲取民族文化智慧……提高文化品位"的要求。

本单元的阅读要素:初步学习阅读古典名著的方法。为什么会提出这一语文要素呢?学生在阅读古典名著时会有哪些困难?需要提供哪些阅读方法呢?

一、基于学情,编排意图解读

我们组织某小学200名五年级学生进行了关于四大名著阅读情况的调查。结果发现,很多学生通过看连环画、阅读儿童版名著、观看相关影视作品等途径,对名著有不同程度的接触。其中《红楼梦》,学生的阅读经验相对较少。41.3%的学生对名著中的主要人物和关键事件有一定的熟悉程度。可见碎片式的阅读让学生对名著经典的故事情节、人物形象有了浅显的认识。

在这样的阅读背景下,我们让学生自由阅读本单元的四篇课文,并通过问卷及面对面交流了解阅读效果。从学生的反应看,大部分学生对《草船借箭》一课,都能较顺畅地阅读,能理解故事内容。对于后面三篇课文,学生理解上有一定难度,具体表现在有的词语、句子不理解,人物关系不清楚,课文内容不能准确把握。

仔细比较四篇课文,我们发现虽然它们皆出自相关的名著,但选入教材时呈现的方式略有不同。《草船借箭》根据原文改写而成,文本以通俗易懂的现代白话文形式呈现,学生读来轻松顺畅。《景阳冈》《猴王出世》及《红楼春趣》均选自原著,略有删改。这三篇课文的语言表达形式都是基本忠于原著的古白话文。

古白话文是六朝以后以北方语言为基础加工而成的书面语,以口头语为基础却夹杂着文言文的成分。调查结果显示,古白话文中某些特殊的语言表达是学生产生阅读障碍的重要原因。古典名著小说的篇幅长、故事曲折变化、人物关系复杂也给学生的阅读理解造成困难。

因此,统编教材在五年级提出了"初步学习古典名著的方法"这一语文要素,旨在引导学生根据古典小说的特点,习得简单的阅读方法,初步学会读原著,激发阅读原著的兴趣。

二、研读文本,提供方法助读

基于学情分析及古典名著的基本特点,在教学实践中,教师要努力引导学生掌握一些阅读古典名著的基本方法,理解文字、读懂文本,帮助学生初步学会阅读古典名著,实现课堂内的生长和课堂外的延展。

(一)多维猜测,不求甚解,读懂句子

五年级的学生,对于阅读已经积累了一定的方法和经验,有一个相对完整的知识、认知结构,这些知识结构能有效帮助学生开展新的阅读。本单元每篇课文的课后思考题、泡泡语、交流平台等助学系统也提示教师:利用学生的阅读经验,猜读、选读、想读、跳读等方法都是初步阅读古典名著的好方法。

1. 联系上下文猜测读

统编教材在二、三年级就推出了"联系上下文理解难懂的词语""联系上下文理解难懂的句子"等语文要素,五年级的学生也具备相应的阅读技能。因此,阅

读过程中碰到难以理解或不懂的词语时,教师可以引导学生根据自身的阅读经验,联系上下文或相关句子的意思猜着读。

如《猴王出世》一课,"盖自开辟以来,每受天真地秀,日精月华,感之既久,遂有灵通之意"这句话中的"天真地秀""灵通之意"等词学生都很陌生。但是这句话前面的内容是介绍"仙石"的样子及所处环境非同一般,后面的内容介绍"石卵"化作石猴。因此,通过联系上下文,学生便大致可以猜出这句话表达的意思就是石猴很有灵性。

2. 抓重点信息选择读

在名著阅读过程中,教师要引导学生根据文本主题、内容,相机做出关于阅读的决定。比如什么内容要读、什么内容可以不读、哪些词语一定要懂、哪些词句可以不懂,确定文本中最重要的观点和主题,排除不重要的信息。

如《红楼春趣》一课,课文第二、三自然段的主要内容是大伙儿拿风筝。内容很简单,作者却用了三百多个字进行描写。其中有不少词语都很陌生,较难理解。如:捆剪子股的、拨籰子的、院外敞地下……教学时,教师要引导学生只需要了解本段话的主要内容即可,对其他词语可以不求甚解,甚至忽略。

3. 画面浮现想象读

古典名著中很多描写细致生动,小学生又以形象思维为主。学生在阅读文本时,教师要试图让他们将新的阅读信息与自己读过、听过或者经历过的其他事件相联系,根据描写想象画面或发生的事情,形成视觉和知觉图像。阅读时,要让学生从整体上理解意思,而不必拘泥于一些不理解的字词。

如《猴王出世》中有这样一句话:跳过桥头,一个个抢盆夺碗,占灶争床,搬过来,移过去,正是猴性顽劣,再无一个宁时,只搬得力倦神疲方止。教师可以让学生边读边想象画面,说说眼前仿佛出现了什么场景。学生很容易联想到这样的画面:一只只猴子兴奋地到处抢东西玩,在床上、地上翻来滚去,直到没力气了才停下来。学生能针对句子展开合理的想象,说明他们理解了句子。所以,读句子想象画面这种图像化策略也是阅读古典名著时理解意思的好方法。

当然,猜读的方式还有很多。可以根据词语的语法(词语在句子中的功能)或者词语本身的结构分析等方法猜一猜意思;可以结合自身的理解换词读一读,猜一猜意思;可以研读重点词的意思猜整句话的意思;等等。教师要帮助学生学会在阅读中通过猜读及时构建、修正对文本的理解,将当前文本中的材料与先前的知识进行联结、比较、整合、思考,从而读懂句子、理解内容。

(二)把握文本,导图梳理,读懂故事

对文章内容进行梳理,整体感知行文线索是阅读名著的前提和基本方法之一。四大名著都是经典长篇章回体小说,每一个章节,既是整篇小说不可分割的一部分,又可以独立成一个故事。故事选入教材时,尽管进行了删改,但篇幅还是较长,这给学生把握信息、梳理内容带来了难度。教师在教学中要善于利用学生原有的阅读背景,引导学生根据文本特点,巧用思维导图,搭建学习的支架,把握课文主要内容。

1. 把握结构,搭建故事山

《草船借箭》一文,题目就旗帜鲜明地告知读者文本的主要事件,这类文本叙事特点明显。教师要引导学生把注意力放在厘清事件的整个过程上,发现故事的起因、经过、结果,整体感知故事内容。

一位教师在本课教学时,针对故事结构特点,设计了如下"故事山"内容梳理图,请学生阅读课文,填写"故事山"。如图1所示。

图1　《草船借箭》故事山

这幅图虽以船为造型,但起因、经过、结果却呈现出"山"的态势,是一幅图文并茂的"故事山"结构图。教学中利用这幅图,帮助学生按事情发展的顺序梳理课文主要内容,富有趣味。在完成图表的过程中,学生不仅厘清了本课的故事内容,同时也掌握了如何围绕事情的结构来把握内容的方法。

2. **紧扣人物,理清情节线**

《景阳冈》一课,虽然篇幅很长,但人物单一,全文按故事发展的顺序,以主人公武松为主线,推动情节发展。对于这类文本,教师可以引导学生紧扣人物在故事发展中的所作所为,理清故事的情节。如图2所示。

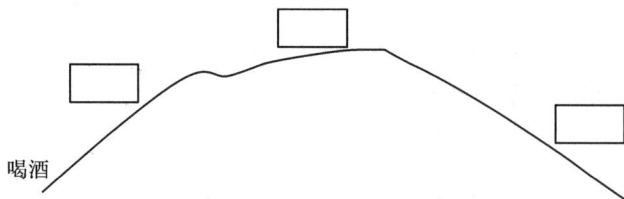

图2 《景阳冈》情节线

这样一条简单的情节线串起了整个故事的发展,有助于学生理清故事的情节。

3. **划分内容,绘制板块图**

《猴王出世》一课内容板块清晰,由"石猴出世"和"石猴称王"两大板块构成。为了帮助学生理清每一板块的内容,有教师在教学时设计了整体感知思维导图。如图3所示。

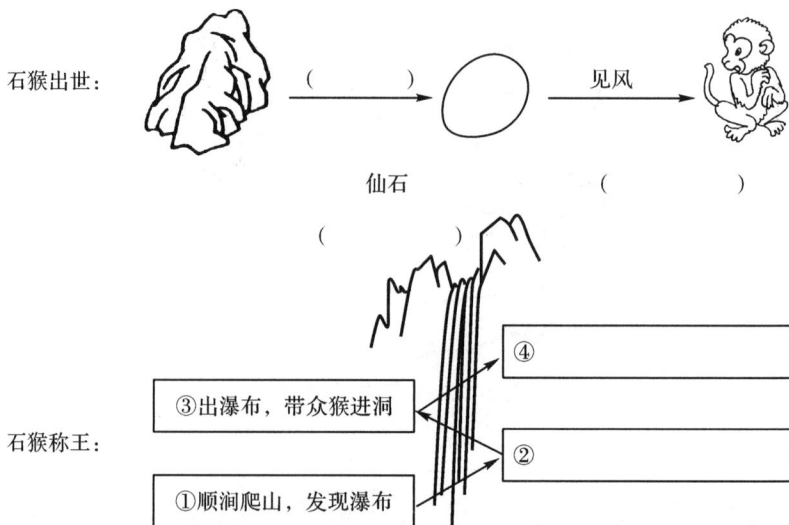

图3 《猴王出世》板块图

整个图分成两部分:第一部分按"石猴出世"的过程设计成流线图;第二部分以"瀑布"为线索,梳理"石猴称王"的经过。这个导图旨在告诉学生全文设有两个板块,但分别有各自的行文线索,两者结合在一起,才是故事的主要内容。

再如《红楼春趣》一课,初读令人费解,人物多、情节变化复杂,但学生整体阅读后,基本能判断本课主要讲"放风筝"这一事件。那么,这件事又由哪几部分组成呢? 我们也可以通过思维导图的设计,帮助学生感知故事内容。如图4所示。

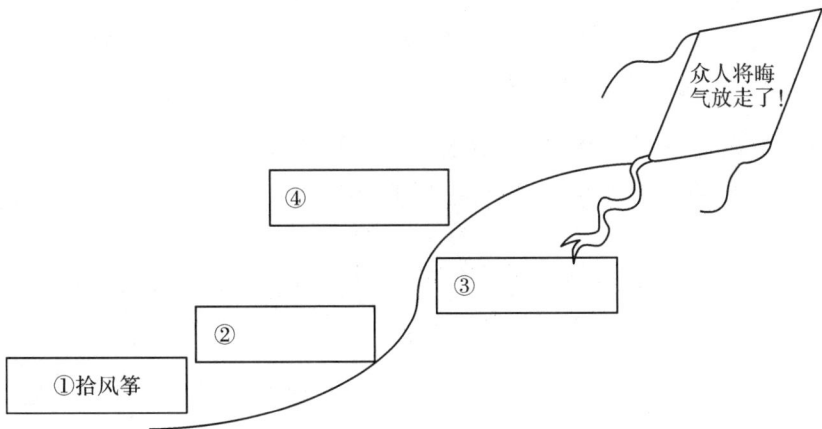

图4　《红楼春趣》板块图

如图4所示,学生可以有针对性地阅读,继而发现文章围绕"拾风筝、拿风筝、放风筝、剪风筝"四个板块展开。学生在对文本整体感知的基础上,学会发现信息、概括信息、梳理文本等阅读的方法。

由于经典名著具有晦涩难懂的表达特点,给学生的感知理解带来一定的困难,因此教师要善于结合文本特点,为学生整体把握课文内容巧妙设计图表支架。思维导图,不仅能让学生的阅读思维可视化,更为学生在今后的名著阅读活动中,对于如何整体把握文本内容,提供了思考的路径和方法。

(三)多样引读,多方联结,读懂人物

人物是串起名著故事的重要因素,把握名著中的经典人物形象,也是名著阅读的重要内容。由于选文的局限和认知能力不高,学生往往不能正确全面地认识人物特点,因此教师在教学中要通过多种方法,引导学生读懂人物,为课外自主阅读经典,做好方法上的铺垫。

1. 议读法，辩证读人物

议读法就是议论式阅读，让学生对作品中一些容易产生歧义的人物形象展开议论，引导学生多维思考，提出自己不同的见解，从而辩证地认识人物形象。如"武松打虎"的故事可谓是家喻户晓，武松豪放倔强、勇敢机智的英雄形象也是深入人心。但是学生在阅读之后，对于武松却有不一样的评价。在课后习题中，编者提出：对于课文中的武松，人们有不同的评价。你有什么看法？说说你的理由。此题旨在引导学生学会正确思辨，用科学、辩证的眼光去评价英雄人物。

有教师便在教学中引导学生辩论，发表自己的观点，在观点的碰撞中，形成对人物立体丰满的认识。在议论活动中，学生结合文本，观点纷呈。

学生观点一：武松真勇敢，"明知山有虎，偏向虎山行"。

学生观点二：武松很要面子，有些鲁莽，不听别人善意的劝告，虎口逃生只是侥幸。

学生观点三：武松是一个多疑、不领情的人，店家好意劝他，他却不领情，不识好人心。

学生观点四：我觉得武松很勇敢，面对猛虎，他单枪匹马，竟打死了它，为当地的老百姓除了一害。

……

笔者认为，谁的观点正确并不重要，只要能呈现学生的阅读思考，言之有理皆可。在这样的讨论中，学生明白了要辩证地看待人物、全面理解人物。同时，教师也要相机引导学生从选文走进整本书，通过整本书的阅读，更全面地了解人物，激发阅读兴趣。

2. 表读法，丰富立人物

学生对于名著中人物的认识，不仅发生在阅读过程中，同时也发生在阅读前、阅读后。基于此，教师可采用表读法让学生及时记录自己的认识变化，即利用表格，在不同的阅读阶段，围绕人物形象及时纠偏认识或丰富认识。具体如表1所示。

表1　围绕人物形象及时纠偏认识或丰富认识

人物	读课文前,我对他的了解	读了课文后,我有了进一步的了解	课后,我又了解了有关他的其他故事

　　教师在教学前,引导学生谈谈对文中人物的了解,联系他们已有的阅读经验,以此奠定学生对人物理解的基础。课文学习后,再让学生补充对人物新的认识。在此过程中,学生可以及时纠正自己之前阅读中产生的偏差,或者补充之前的认识。最后,教师鼓励学生开展课外阅读,引导学生通过继续阅读对人物形成更全面的理解。这样的阅读方法,可以让学生有效监测和反思自己在阅读过程中对人物形象的感知,让人物更立体。

3. 联读法,理解品人物

　　联读法,即联结阅读,针对学生对选文中人物言行等内容的不理解,教师可联结相关的文字、视频等资料提供给学生阅读观看。通过多样化的联读,帮助学生了解历史背景及相关事件,从而更加准确地揣摩人物心理、把握人物形象。

　　如《红楼春趣》中,黛玉最早放掉了风筝,接着众人都说:"林姑娘的病根儿都放了,咱们大家也都放了罢。"为什么大家要特意提"林姑娘的病根儿"呢? 在选文中并没有提及与之相关的内容。此时,教师可以提供关于黛玉的资料,从出生到失去父母,再到进贾府及后来病重等内容进行拓展阅读或者提供黛玉初进贾府的视频资料让学生观看,帮助学生了解人物背景,品析人物形象。如此一来,学生自然就加深了对文本的理解。

三、课外延伸,关注评价促读

　　课堂内的经典名著阅读,其目的在于学方法、激兴趣,要服务于学生课外用方法、读原著,有效开展自主阅读。为了更有效地让阅读向课外延伸,增强阅读实效性,教师在教学时可适当留白(吊胃口),引导学生读名著。如《景阳冈》一课,课后提供了《水浒传》好汉形象图。教师可以绘声绘色地给学生介绍其中的一两个人物的经典故事,对于其他人物故事则不再告知。学生为满足自己"胃口"而产生了阅读的欲望,如此便有效地将阅读拓展到课外。

为了增强阅读的实效性,教师可以组织学生在课外名著阅读的过程中,借助"名著欣赏记录册""名著阅读耐心表""名著阅读读书卡"等评议工具开展评议活动,定期相互交流评价。通过生生互评、小组评议、组间互评,把教师评价与同伴评价相结合,评选"阅读之星"等。这样的过程性评价,让学生课外名著阅读的"质"和"量"都能得到保证。

"授之以鱼,不如授之以渔。"在本单元的教学过程中,教师可以多维度地对学生进行古典名著阅读策略的指导与训练。教师要多站在学生的视角,基于学生的阅读起点、阅读经验,有针对性地进行经典名著阅读方法及策略的指导与传授。只有做实课内阅读指导,在日常的阅读教学过程中让学生习得并运用阅读策略,才能更好地激发学生课外与经典名著亲密交流的兴趣与热情,让课内指导的阅读策略,为课外阅读高效赋能。

第二目 "初步学习阅读古典名著"单元课文教学设计案例

《猴王出世》第1课时

《猴王出世》是五年级下册第二单元的一篇略读课文,节选自中国古典神话小说《西游记》第一回。课文主要写了一块仙石孕育出的石猴发现了水帘洞,被群猴拜为猴王的故事,表现了石猴活泼可爱、敢作敢为的特点。

本单元教材围绕"走近中国古典名著"的人文主题编排组织学习内容,语文要素是"初步学习阅读古典名著的方法"。鉴于这是小学阶段第一次集中安排古典名著的学习,再加上本文的文言色彩相对浓厚,学生理解内容会有一定难度。在教学中要充分发挥学生的主体性,引导学生抓住文前的"阅读提示"自主了解课文主要内容;鼓励学生发现语言的规律,对于不理解的词句,可以借助注释、联系上下文、想象画面等多种阅读方式进行猜读,以此降低阅读难度,培养阅读经典名著的兴趣。

一、教学目标

知识与技能:认识"芝、遂、迸"等15个生字,能用自己的话说出石猴出世的经过。

过程与方法：

1. 能根据文前"阅读提示"，自主学习课文，了解课文主要内容：石猴是怎么出世的，又是怎样成为猴王的。

2. 用联系上下文、表演读、想象读等多种学习方法进行猜读，并能继续往下读。

情感态度与价值观：感受石猴形象，领略经典名著的魅力，激发学生阅读经典名著的兴趣。

二、教学准备

1. 教师准备：教学 PPT、板贴、作业本。

2. 学生准备：课前，学生要根据"阅读提示"熟读课文。

三、教学过程

(一)了解大意，初步感受猴王形象

1. 谈话导入，揭示课题

大家对《西游记》的故事都不陌生，里面有许多人物，你最喜欢谁？能用几句简单的话来说一说你喜欢的理由吗？(学生自由发言。)

同学们，大家都很喜欢孙悟空，孙悟空是从哪来的？又是怎样成为猴王的呢？让我们一起学习《西游记》当中的第一个故事——《猴王出世》。(教师板书课题，学生齐读。)

2. 检查预习，了解起点

(1)同学们都预习过了吗？你能说说你预习的时候做了些什么吗？

(2)这篇课文的文言味儿很浓，想要读懂并非易事，遇到难理解的语句，你是怎么解决的？

(3)交流汇报：跳读、联系上下文、借助插图、借助文下注释、想象画面……

(4)小结过渡：看来同学们在之前的学习中都积累了一些阅读方法，并且还能根据自己的学习经验把它运用到学习中去，这特别好。

设计意图：这是本单元的第三课，在之前两课的学习中，学生已经初步探索学习了阅读名著的方法。学习本文时尊重学生自主选择，引导学生将自己的阅读经验进行交流，通过这样的交流来复盘阅读中的思维过程，大大地增强了学生

的阅读自信。

3. 根据提示,交流内容

不知道大家在预习的时候有没有发现,这篇文章前面有一个阅读提示,阅读提示里有这样两个问题。(课件出示:石猴是怎么出世的? 又是怎样成为猴王的?)

请同学们快速浏览课文,在关键地方画出记号。

▶问题一:石猴是怎么出世的?(板贴:出世)

(1)交流分享:谁能用文章中的话来告诉大家?

那座山正当顶上,有一块仙石。其石有三丈六尺五寸高,有二丈四尺围圆。四面更无草木遮阴,左右倒有芝兰相衬。盖子开辟以来,每受天真地秀,日精月华,感之既久,遂有灵通之意。内育仙胞,一日迸裂,产一石卵,似圆球样大。因见风,化作一个石猴。

(2)交流经验明读法。

提问:这段话里的哪些词语让你觉得很难理解?(围圆、天真地秀、日精月华、灵通……)

追问:这么多词语难理解,那这段话你还读得懂吗? 你能说一说这段话大致写了什么吗?

视频印证:出示"仙石迸裂 石猴出世"的视频。

瞧,这就是猴王出世的过程,你说对了。告诉大家,有这么多词语难以理解,你是怎么读懂的? 谁还有好的方法? 请你补充。

汇报:联系上下文读整句话,就能猜出句子大概的意思,就能知道整段话大致写了什么。

小结:是呀,其实我们阅读古典名著,尤其是文言文,有些语句想要完全弄明白有一定的困难,对于这样的语句,我们没有必要细究,只要猜出大致意思就可以了,并不影响我们继续往下读。(板贴:猜读)

(3)根据理解巧填空:你能根据自己的理解,将图1填写完整吗?

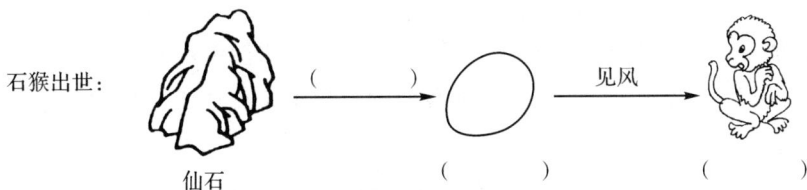

石猴出世：

仙石 （ ） 见风 （ ）

图1 石猴出世

（4）结合图1说一说：你能看着图1,用自己的话说一说石猴是怎么出世的吗？

（5）交流初步印象：了解了石猴是怎样出世的,你最大的感受是什么？

石猴与其他猴不一样,是一块饱受日月精华的顽石瞬间迸裂而生的神猴。学生体会石猴出世的神奇。

设计意图：鼓励学生通过自己的阅读实践交流读法,并结合视频加以肯定,大大降低了学生的阅读难度,提高了阅读自信。了解了石猴是怎样出世的之后,完善并借助图示有梯度地引导学生用自己的话说一说,将遥远的经典文字内化为自己平时熟悉的语言表达,有效地帮助学生建立了更为立体直观的认知印象,丰富了学生的感受。

▶问题二：石猴是怎样成为猴王的?(板贴:称王)

（1）分享交流：这只出身不凡的石猴又是怎样成为猴王的,你能用自己的话来说一说吗？

（2）指名汇报。说得真好,看来你也读懂了,你能不能也和同学们说一说,你是如何解决这些难理解的词语的呢？

（3）自主交流明读法。

分类出示,学生自主交流：

瞑目蹲身 伸头缩颈 抓耳挠腮

拖男挈女 唤弟呼兄 抢盆夺碗 占灶争床

石碣

集思广益,分享补充：

瞑目蹲身 伸头缩颈 抓耳挠腮——做(或者想象)动作来猜测

拖男挈女 唤弟呼兄 抢盆夺碗 占灶争床——联系上下文、想象画面来猜测

石碣——联系上下文猜测

小结:你瞧,对于文中的那些不易理解的语句,我们可以先归归类,再运用多种方法(板贴)进行猜读,就能够帮助我们理解句子大致是什么意思,我们就能继续往下读了。

(4)同学们,石猴敢于第一个跳进水帘洞,又能安然无恙地出来,最后他成了猴王。读完这里,此时的石猴又给你们留下了怎样的印象?(感受石猴的勇敢。)

4. 小结过渡

一蹦,蹦出一个石猴;一跳,跳出一位猴王。这猴王的形象已经活灵活现地留在了我们的脑海里。请同学们自由地放声朗读第一自然段,用心感受。

设计意图:有了前两次的阅读经验交流,再将难理解的词语进行归类整理,让学生进行自主探究学习,开启头脑风暴,给学生搭建学习支架,提供学习路径,让自主探究有迹可循。

(二)细读语言,深入感悟猴王形象

1. 细读描写"石猴出世"的语句

(1)提问:你觉得哪句话写石猴写得特别生动?

出示:

那猴在山中,却会行走跳跃,食草木,饮涧泉,采山花,觅树果;与狼虫为伴,虎豹为群,獐鹿为友,猕猿为亲;夜宿石崖之下,朝游峰洞之中。

读一读:你发现石猴的日常生活情形是怎样的?(食草木,饮涧泉,采山花,觅树果;与狼虫为伴,虎豹为群,獐鹿为友,猕猿为亲;夜宿石崖之下,朝游峰洞之中。)

边读边想象画面:你仿佛看到了一只什么样的石猴?

汇报交流:石猴非常自由、快乐。

再读,读出石猴的自由与快乐。

(2)聚焦:你发现这句话有哪些特点?

初读:句子整齐,朗朗上口。

发现:

①排比句。

②句式一样:食草木,饮涧泉,采山花,觅树果(动词+名词)。

狼虫为伴,虎豹为群,獐鹿为友,猕猿为亲(名词＋动词)。

③对仗工整:夜宿石崖之下,朝游峰洞之中(对对子)。

品读:读出句子的节奏和韵律(自由读,合作读)。

小结:这样的语言,富有节奏、韵律,读起来朗朗上口。

(3)感悟:读到这儿,你发现了这是一只怎样的石猴? 请在句子旁边,做阅读批注。(教师巡视指导)

(4)汇报板贴:自由自在、顽皮可爱。

(5)小结:你瞧,用富有节奏、活泼跳跃的语言,写活泼跳跃的石猴,让我们一下子就感受到了一只顽皮可爱、活泼跳跃的石猴,这就是经典的魅力!

设计意图:抓住重点段落进行各种方式的读是学生走进文本、感悟形象的主要方法之一。反复读的过程就是不断进行感知的过程,在此基础之上再鼓励学生通过批注写下自己对石猴形象的认知,既是对个性化阅读的一种鼓励,也是对阅读策略的再次深化。

2. 细读描写"石猴成王"的语句

(1)自主研读:让我们来聚焦第二个问题,课文又是怎样写"石猴成为猴王的",请你抓住关键的地方自主研读,用自己喜欢的符号做上记号。

(2)聚焦关键词句。

抓住动词:他瞑目蹲身,将身一纵,径跳入瀑布泉中。

指名读、齐读。

表演读、感悟。

(从"瞑""蹲""纵""跳"这些动作,感受到石猴机智勇敢、敏捷灵巧、本领高强的特点和勇敢无畏的性格特点。)

关注四"看":

①忽睁睛抬头观看　②仔细再看　③再走再看　④左右观看

想象画面:老师读,学生闭上眼睛边听边想象画面。

交流:你的眼前仿佛看见了一只怎样的石猴?

(感受到石猴动作的敏捷、观察的细致,感受到他聪明心细的性格特点。)

聚焦语言:

①"我进去! 我进去!"　②"大造化! 大造化!"

③"没水！没水！"　　　　④"都随我进来！进来！"

▲①"我进去！我进去！"

引导多种方法读：指名读、女生读、男生读——

对比读一读："我进去！我进去！"改成"我进去吧！"

思考：有什么不同体会？

交流感受：语言充满节奏；石猴勇敢、自信。

▲找一找：像这样的描写石猴的语言你还能找到吗？

汇报：②"大造化！大造化！"

③"没水！没水！"

④"都随我进来！进来！"

引导自主读：同桌配合读、动作表演读……

思考：读着读着，你又读出了一只怎样的石猴？

批注：将你的感受批注在相应的句子上。（教师巡视）

汇报交流：勇敢自信、敢作敢为……

（3）小结：多么自信勇敢的石猴，多么敢作敢为（板贴）的石猴。

设计意图：通过聚焦石猴的动作与语言，进一步感知人物形象是这个环节的重点。多种方法进行品读是重点中的重点，该环节通过表演读、想象画面读等多种方式，引导学生将自我融入作品，增强代入感，收获阅读体验，并通过对比，鼓励积极表达自己的见解，发现作者语言的魅力，体会经典的经典之处，再次激发阅读经典的兴趣。

四、总结提升，整体把握猴王形象

1. 总结：同学们，《西游记》作为中国四大古典名著之一，真的是魅力非凡。今天我们仅仅只是小读了几段，便在心中有了自己的猴王形象，他不仅仅是一只猴子，更像是一个人，他敢作敢为、智慧超群。继续走进《西游记》，你会更强烈地感受到他是一位神，因为他神通广大。

那么，这只石猴又是怎样让众猴心甘情愿拜服于他，称他为王的呢？预知后事如何，请听下回分解。

2. 作业布置：

(1)自主完成课堂作业本第3题。

(2)试着用上今天学到的阅读方法,读一读《西游记》其他章回,感受经典的魅力。

五、板书设计

《猴王出世》板书设计如图2所示。

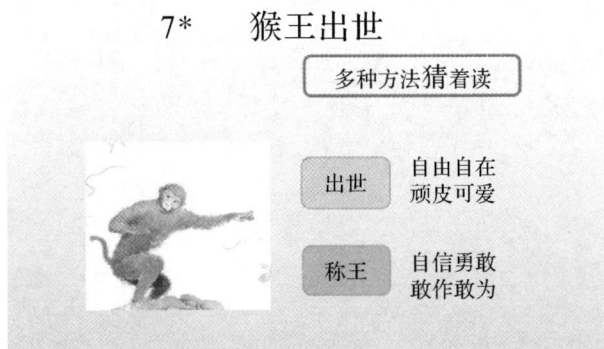

图2 《猴王出世》板书设计

第四章

搭建有"生长"的"快乐读书吧"实施路径

第一节　围绕"一个贴士"开展阅读活动

统编教材的"快乐读书吧"栏目按照篇幅和编排方式,可以划分为以下三个序列:一、二年级的短篇儿童文学作品;三到五年级的篇幅较长的汇编类作品;六年级的现代中长篇名著。针对不同的序列,教师在指导学生阅读时,所用的方法应当是有所区别的。但是,各年级的"快乐读书吧"阅读指导又存在着许多共性,因为编者的栏目编排意图是一致的,都是为了增加学生的阅读量,提升学生的阅读能力,让学生在阅读过程中获得"生长"。那么,该如何实施这一栏目的阅读指导,如何开展阅读活动,才能让学生在阅读的过程中获得"生长"呢?

统编小学语文教科书新增了"快乐读书吧"栏目,一般由"导语""你读过吗""阅读贴士"和"相信你可以读更多"四部分组成。"阅读贴士"通常为一至两条,明确指出阅读要求及阅读方法,可作为确定"快乐读书吧"教学目标的重要依据。

"快乐读书吧"栏目往往被编排在每册统编教科书靠前的位置,这一编排特点提示我们,"快乐读书吧"整本书阅读往往贯穿半个学期甚至整个学期。由于阅读跨越时间长,学生课余自主阅读时间多,教学实践中需要教师开展系列活动来推进整本书阅读,以真正落实"快乐读书吧"教学目标。阅读活动的开展基于对"快乐读书吧"栏目的正确解读,对"快乐读书吧"活动的设计及开展,可以从"阅读贴士"着手。

一、整体解读,确定阅读活动目标

笔者对统编教科书十二个"快乐读书吧"的"阅读贴士"进行了梳理,发现"阅读贴士"主要关注学生阅读兴趣、阅读习惯及阅读方法的培养。如:一年级下册"阅读贴士"提示"我喜欢你的书,我们可以换书看吗",主要指向阅读兴趣的激发;二年级上册"阅读贴士"提示"每次读完书,我都小心地把书收好,不把书弄脏",指向良好阅读习惯的培养;三年级下册"阅读贴士"提示"联系生活中的人和事,可以帮助我们更深入地理解故事(此处的故事指寓言故事)中的道理",指向阅读方法的训练。阅读兴趣、阅读习惯及阅读方法三者之间既相对独立,又相互关联,共同构建小学阶段学生课外阅读学习目标的完整体系。如图1所示。

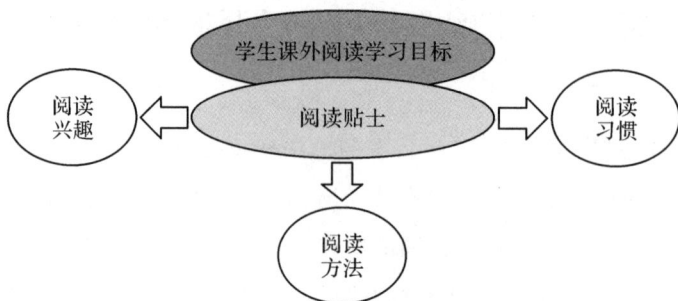

图1　小学阶段学生课外阅读学习目标的完整体系

教师只有准确解读"阅读贴士",正确定位"快乐读书吧"教学目标,才能找到阅读活动设计及开展的教学方向。

二、多维推进,开展阅读活动实践

基于对阅读小贴士的梳理,笔者以为"快乐读书吧"的阅读活动可以围绕阅读小贴士,从关注学生"阅读兴趣""阅读习惯""阅读方法"三个维度展开,以此作为"快乐读书吧"阅读活动的指南针和脚手架。

(一)全程推进,激发阅读兴趣

《课程标准》指出,要重视培养学生广泛的阅读兴趣。统编小学语文教科书中"快乐读书吧"冠以"快乐"二字,就是这一读书精神的集中体现。"快乐读书吧"的阅读过程,要从始至终关注学生阅读兴趣的培养与激发。

1. 趣味导读,以满怀期待开启阅读

导读课,旨在激发学生的阅读兴趣,引导学生满怀期待开启整本书的阅读。有的书封面或插图精美有趣,教师可以从猜读插图引入阅读;有的书故事情节曲折离奇,教师可以设置悬念吸引学生;有的书作者独具魅力,教师可以用作者的荣誉、经历、趣闻等作为导读;有的书封面上有名家推荐、媒体评价等内容,教师也可以将其作为导读的内容。教师依据每本书的不同特点,选择贴合学生年龄特征的活动方式,点燃学生的阅读热情,开启阅读之旅。

2. 丰富形式,以各种活动持续激趣

阅读过程中,教师要搭建多种平台、开展形式丰富的活动来持续激发学生的阅读兴趣,以推动全班学生整本书的阅读。若学生对阅读的书本兴趣浓厚,教师可设计活动加以推进。如三年级学生读《安徒生童话》《格林童话》时如痴如醉,教师可开展"童话故事人物秀"活动,组织学生扮演自己喜欢的童话故事人物,进一步激发学生阅读童话的兴趣。若学生觉得阅读的书有一定难度,教师要给予关注,设计活动帮助学生突破难点。如六年级学生读《童年》时,觉得一时没有办法理解故事,教师可以邀请家长参与孩子的阅读,与孩子聊一聊不同年代不同人物的成长故事。教师也可多用课余时间与孩子一起读,以多种方法激发孩子的阅读兴趣,使其坚持读完整本书。

(二)细化推进,养成阅读习惯

阅读习惯是阅读过程中重要的非认知因素,对阅读行为具有重要影响作用,良好的阅读习惯,有助于学生阅读能力的提高。笔者以为,培养学生良好的阅读习惯重在"细"字。

1. "细"订阅读计划,定期检查反馈

整本书阅读时间较长,需制订阅读计划,保障阅读如期完成。教师指导学生制订计划要细致,要指导学生填写阅读日期、阅读书名、阅读页码、阅读时长等内容。阅读计划并不是千篇一律的,教师指导学生制订计划,需要考虑学生自身的阅读能力及书本的编排特点。

教师要定期检查反馈,了解学生阅读进程,可以用个性化的方式进一步细化要求。如用"↗""↘"等符号表示学生阅读时长或阅读速度的变化。

2. "细"引小队共读,发挥互促作用

教师可以根据班级学生阅读能力的不同进行分组,组建阅读小队,拟定队名口号等,细致引导各小队开展各项阅读活动。活动中,发挥队员之间互相促进的作用,帮助学生养成良好的阅读习惯。如评选小队的"小小书虫""故事大王""读书使者"等荣誉称号,引导学生发现小队内的优秀读者,展示其阅读过程、阅读记录等,激励更多学生积极主动地阅读。若发现学生阅读中碰到困难,教师可以引导队员之间开展讨论,适当施以援手,帮助学生解决难题。阅读过程中,还可以通过评比与奖励机制开展各小队之间的阅读竞赛。

3."细"导亲子阅读,助力习惯养成

"快乐读书吧"在小学低段倡导"和大人一起读",家长在孩子的阅读中扮演着引路者与陪伴者的双重角色。教师细化对学生阅读习惯的要求,包括细化对家长的相应指导。如请家长为孩子大声朗读故事,让家长为孩子创设良好的阅读环境,邀请家长加入孩子的阅读小队,等等。在小学中高段,有协助能力的家长凭借其阅读视野、阅读经验等优势,对孩子的阅读仍有重要的影响,教师可邀请他们加入阅读活动中,让孩子阅读路上多一份引导的力量。如,笔者执教的班级曾开展"亲子读书寄语"活动,小周同学的爷爷写下这样的读书寄语:读书有两个词——广博和简约。一是要广博,各种各样的书都读一读;二是要简约,逐渐收窄阅读的面,但内容要深入一些。同时,阅读以后要多思考,把书本上的知识转变为自己的思想并有效运用。小周爷爷的这番话不仅鼓励了自家孙女,更鼓励了班里的很多同学。

(三)深度推进,学习阅读策略

"快乐读书吧"所承载的教学价值,不仅在于培养学生的阅读兴趣、拓展学生的阅读视野,更在于引导学生迁移运用课内所学的阅读方法及策略,实现阅读策略从"学得"到"习得"的转变,帮助学生成长为爱阅读、会阅读的成熟读者。笔者以为,阅读活动的设计要凸显阅读策略的学习,重视阅读思维的培养,最终提升学生的阅读能力。

1.依据不同时段,设定阅读任务

"快乐读书吧"倡导读整本书,相较于课堂学习,学生面对的阅读材料更加复杂多元,阅读过程中需要更多的方法策略来支撑。教师可在不同阅读阶段设定不同的目标任务,以任务驱动学生感性触摸读完整本书的方法。

如六年级上册"快乐读书吧"主题为"笑与泪,经历与成长",推荐学生阅读《童年》等成长小说,教师可开展以下阅读活动:阅读伊始,开展"我是预言家"活动,引导学生通过看目录、看插图等方式猜一猜故事的内容,巩固预测的方法,体会预测的乐趣。同时,通过看目录把握全书的大概布局,在阅读的开始即对整本书有个大概印象。

阅读推进过程中,引导学生制作思维导图梳理故事情节,制作"人物形象卡"形成对人物的认识及评价,引导学生认识到读小说要关注情节设置与人物形象

品读。

　　整本书基本读完之后,组织开展"读者见面会"活动,选取若干学生,模拟作者的身份与班内其余学生开展"读者见面会"活动,"读者"提问,"作者"解答。学生在活动中明白,要深入理解作品需要联系作者生平及写作背景等资料。

　　在整本书阅读的真实情境中,教师可以在不同阅读阶段设定不同的任务,引导学生灵活运用各种不同的阅读方法策略,达成不同的阅读目的,培养学生更真实的阅读能力。

　　2. 结合书本特色,创设阅读活动

　　"快乐读书吧"中高年级多推荐篇幅较长的汇编类作品,如寓言、神话、科普读物、民间故事、章回体小说等。同类汇编作品因文体相同,阅读方法也相近,因此阅读活动可以依托书本特色开展。

　　以五年级上册"快乐读书吧"为例,契合民间故事的文本特色,教师可引导学生开展以下活动。

　　活动建议一:民间故事会。

　　民间故事是口口相传的智慧,学生读完整本书之后选择一个故事,讲给小组同学或全班同学听,在此基础上推选民间故事大王。

　　活动建议二:民间故事秀。

　　学生选择自己最喜欢的故事,并与选择同一故事的同学组成小队,通过讨论、交流、编写剧本等活动,将故事表演出来。

　　活动建议三:民间故事"最美人物"评选活动。

　　民间故事往往寄托着人们美好的愿望,正义总能战胜邪恶,勤劳善良的人最终能过上幸福的生活。通过人物评选,感受故事人物形象的魅力,领会民间故事传递的价值观。

　　阅读活动与文本特色紧密结合,让学生对某一类型的文章形成结构化的认知,在主题化的阅读中巩固某类文章的阅读方法与策略,提升学生的阅读思维和品质。

　　3. 尝试阅读链接,引领思维习惯

　　"快乐读书吧"阅读活动中,笔者以为不能将一本书阅读交流的结束当作活动的终点,而应引导学生将阅读视野向更广阔的空间延伸,将精神生活向更广阔的空间延伸。因而,在学生完成整本书阅读交流之后,教师可以继续组织多维度的延续性阅读活动。

文学链接:继续阅读与"快乐读书吧"推荐书目相关的其他书。如六年级下册"快乐读书吧"《鲁滨逊漂流记》阅读完成之后,教师推荐学生继续读同样写主人公孤身在荒岛上求生经历的《蓝色海豚岛》,引导学生比较两本书的不同之处,思考背后的不同价值观。

生活链接:由作品阅读引向对生活的观察和思考,结合生活实践继续开展活动。如五年级上册"快乐读书吧"读完民间故事之后,引导学生寻访并讲述衢州本土流传的民间故事"衢州八怪""赵抃的故事"等。

影视作品链接:由作品阅读引向相关影视作品的观看,感受不同类型作品的特点与魅力。如四年级下册"快乐读书吧",由阅读《十万个为什么》引向观看相关的科学纪录片,继续激发学生对科学的探索欲。

以一本书的阅读为原点,链接其他书籍的阅读,链接更多活动的开展,能触发学生更多能力的生长,在"大语文"的范畴内培养学生思维方式与思维习惯,为学生终身学习能力的培养奠定基础。

三、凸显要点,把握阅读活动要领

由于"快乐读书吧"活动历时较长、涉及的因素较多,教师开展"快乐读书吧"活动需注意以下几点,以保障阅读活动有序有效开展。

(一)明确长效性特点,统筹开展活动

"快乐读书吧"活动需统筹实施,靠单独几节课无法完成,应打破课时的限制,打破课内与课外的界限,呈现"课前导读—课中助读—课后分享"的阅读指导全过程活动,在阅读实践中提升学生阅读能力。

(二)注重层级性特点,梯度开展活动

从教材编排意图来看,"快乐读书吧"低年级侧重于学生良好阅读习惯的养成,而中高年级侧重于学生阅读方法与策略的训练。活动开展要关注学生不同的年龄特征、阅读心理与阅读能力,有梯度地开展。

(三)彰显语文性特点,本色开展活动

"快乐读书吧"教学中,要避免为活动而活动的现象,避免过于复杂的活动形

式增加学生的负担。活动的开展要紧扣语文学科的特点,体现语文学科的"本色",服务于学生语文素养的提升。

"快乐读书吧"栏目,首次把整本书阅读纳入语文课程,弥补一篇篇课文的篇章教学所带来的弊端,使阅读教学的结构趋于合理化。教师可以根据"阅读贴士"的提示与要求,利用整本书阅读的优势开展系列活动,全面关注学生阅读兴趣、阅读习惯与阅读方法的培养,使三者之间互相促进、共同提高,最终促使学生在课外阅读实践中成长为一个积极的阅读者、思考者。

第二节 利用"四大策略"助推阅读实效

"快乐读书吧"是课内阅读的补充与延伸,其编排的内容与所在单元的主题紧密联系,教师在教学时应正确把握单元编排意图,将阅读策略渗透其中,使阅读有章可循,提高阅读的实效性,通过有效阅读促进表达,让学生在策略的融合使用中逐渐成长为积极的阅读者与思考者。

一、预测融合想象,让故事阅读更有味

"快乐读书吧"三年级上册、三年级下册、四年级上册、五年级上册的阅读内容分别是童话、寓言、神话和民间故事。这些虚构故事类的阅读文本情节生动、引人入胜,学生喜欢读,但大部分学生读了之后只是简单了解故事情节,没有感受到作者精巧的构思和丰富的想象,难以领略故事的魅力。在阅读时,教师可以引导学生使用预测策略,边读边想象,把自己的思考融入有趣的故事中,充分发挥故事类文本的阅读价值。

1. 阅读前充分预测,想象故事的内容

教材推荐的故事类阅读书目一般由一个个独立的故事组成,很多故事有精巧的题目和形象的插图。在阅读之前,教师请学生根据题目的关键词或插图、封面的某个内容进行预测,让学生充分调动自己的阅读经验,想象故事的内容,激发阅读兴趣,拉近与故事的距离。

如,四年级上册"快乐读书吧"推荐阅读的中国神话故事中有很多神话人物,

学生在之前学过的课文或影视中看过。导读课上教师可以组织学生开展"看人物,猜故事——我是预言家"的活动,激发学生的预测欲望。开课伊始,教师出示女娲、后羿、烛龙神、蚩尤等人物的图片,请学生猜一猜。学生猜测之后,教师公布答案,然后继续让学生猜测想象,这些神话人物身上会发生怎样神奇的故事呢?图片中人物奇特的形象引发了学生的好奇心,学生做出了各种各样的大胆想象。教师告诉学生,阅读《中国神话传说》这本书就能验证自己的猜测,看看自己是不是具潜力的预言家,引导学生兴趣盎然地投入阅读。

2. 阅读中持续预测,想象故事的情节

阅读过程中,学生既要在教师的指导下根据人物、线索等,想象接下来的故事情节,也要不断调整自己的预测,让阅读在"预测—验证—修正—再预测"这样的反复中开展。如此,阅读变得如侦查案件一样刺激、有趣,有助于学生在阅读中不断思考,最终达到发展想象与思维的目的。

《稻草人》是三年级上册"快乐读书吧"推荐书目,书中"稻草人"因为故事发展,心情一次次变化,是一个情节曲折的故事。教师根据"猜稻草人的心情"设计了一份持续预测的导读单,如表1所示。学生在阅读中,有时为自己猜中的情节喝彩,有时为修正自己的猜测而特别关注细节描写,有时为坚持自己和书上不一样的情节而据理力争。在这样的对比验证中,学生能更深入地理解文本内容,培养了阅读思维。

表1 持续预测的导读单

时间	预测:稻草人的心情	想象:稻草人的所见	验证:猜对画☺ 猜错画😭	是否修改预测
夜里				
小蛾飞来时				
老妇人来到时				
……				

3. 阅读后求异预测,想象不同的结局

一千个读者就有一千个哈姆雷特。学生根据自己对故事和主人公的理解,预测与书上不同的故事结局,再与书上的结局做比较,能更好地理解故事带给人的启发,同时也触发了学生丰富多样的思考和情感触点,激发了他们的求异思维。

如读完《稻草人》,教师让学生展开想象:"稻草人倒在田地中间"以后,还会发生什么事? 如果你是作者,你想改变谁的命运? 有什么样的结果? 在和故事中人物悲惨结局的比较中,学生跳出了自身的思维定式,对人物产生深切的同情。看似简单的对比预测,实则让阅读与生活自然结合,引导学生与文本人物对话,与作者对话,阅读情感得以激活,从而更立体地理解故事创作的意义。

二、提问融合思考,让科普阅读更有趣

四年级下册"快乐读书吧"的阅读主题是科普作品,这些作品读起来并不像故事那么生动形象,该如何抓住学生的阅读兴趣点呢? 阅读时,以问促思,能激发学生的好奇心和探究心理,在指导过程中,可以通过以下三个活动推动阅读。

1. 根据阅读内容,罗列问题清单

学生在阅读科普读物的过程中会产生各种各样的问题:不懂的科学术语、无法理解的科学原理……教师可以让学生把发现的科学问题及时记录在问题清单上,带着问题进一步阅读,阅读的兴趣就更浓、效率会更高。

如,阅读《十万个为什么》时,教师引导学生按照书中所介绍的"站点"顺序,边读边把不懂的问题罗列在问题清单上,如表2所示。"人为什么要喝水? 火柴为什么会燃烧? 为什么面包会变大? ……"学生会发现原来身边的事物有那么多"为什么",极大地激发了阅读的兴趣。

表2 问题清单

第一站:自来水龙头	第二站:炉子	第三站:餐桌和炉台
◎	◎	◎
◎	◎	◎
◎	◎	◎

2. 小组合作交流,整理问题清单

阅读过程中,同伴的分享与协作非常重要。学生可以自主选择学习小组,把问题清单放在一起比较和梳理。在比较中,学生发现有些问题大家提的是一样的,小伙伴之间就先交流各自的阅读理解与体验,为后续阅读厘清思考方向。有些同学提出的问题,则通过学生间的阅读差异,取长补短,通过伙伴对话共读,帮助同学解决问题。在交流碰撞中,学生的阅读思维越发清晰、开阔,阅读的热情随之高涨。最后把大家都不懂的问题进行分类整理。比如,阅读《十万个为什么》第二站时,学生发现大家所提的问题,从内容上看,可以分成"水的作用""水的变化""水的使用"等几个方面。于是小组合作对问题进行梳理,让接下来的阅读内容更聚焦、逻辑更清晰、体验更强烈。

3. 开展方案探究,解决问题清单

问题的提出只是一个开始,教师要引导学生在问题助推下开展有效解决方案的探究,真正发挥问题促进阅读的作用,引领思维向更深处追溯。例如,阅读《十万个为什么》时,学生为了解决关于"水有哪些变化"这一问题,再一次仔细阅读了书中相关的内容,明白了"水是怎么变成蒸汽"的原理,但是"水是怎么变成冰"的问题书上没有写。为了解决问题,有同学主动去寻找相关的科普书籍阅读,使一本书的阅读活动得到了延伸,阅读转变成了自发行为。

三、速读融合回目,让小说阅读更高速

速读策略,能够以较快的阅读速度迅速把握、理解阅读材料,获取需要的信息。五年级下册"快乐读书吧"的阅读书目是中国的四大古典名著,这套巨著是章回体小说,回目大多是"人物+事件"的标题,从多角度阅读回目,能获得小说中很多的信息,从而提高阅读小说的速度。

1. 串联回目,梳理主要内容

五年级下册教材"快乐读书吧"的阅读贴士里指出:"古代长篇小说多是章回体。这些作品里,一回或若干回组成一个相对完整的小故事,连起来就串成了一个长篇故事。"基于这样的提示,教师可以引导学生尝试把回目串联起来读,梳理出整本书的主要内容,具体操作如下:

选定主要人物—筛选重要信息—提取典型性事件—按"人物+事件"的方式,

按照时间或地点等顺序连接组合。

学生在梳理小说目录的过中,大致获得了对整本书的整体感知,阅读的速度随之提高。

2. 猜读回目,速读具体情节

章回体小说中,回目的表述往往体现了情节的起伏曲折。教师引导学生根据回目,猜一猜,问一问,带着问题及猜测阅读。带着阅读目的,学生会不自觉地把策略单元中学习到的跳读法、"之"字阅读法等运用到小说情节的阅读中。

如阅读《西游记》第57回"真行者落伽山诉苦,假猴王水帘洞誊文"。教师让学生根据回目猜一猜本章节的内容,引出"真假美猴王"这一争论。学生为了早点知道究竟哪个才是真的孙悟空,在阅读时,就会快速跳读文中对次要人物观音、阎罗王等的描写,快速浏览文本中的环境描写、打斗情节等,直至读完本章节得知事件真相。这样的阅读,直奔"目的",较按部就班的阅读提速明显。

3. 链接回目,感受人物特点

章回体小说的回目常用其他称呼取代具体人名,作者常常将褒贬寓于字词之中来刻画人物形象。如《西游记》中"收服红孩儿"这个故事,作者在三个章回中分别用了"婴儿、魔、红孩、猿、心猿"五个不同的称呼来称呼红孩儿。为了让学生快速了解如此称呼背后的原因,教师告知学生这些称呼都是指同一个人,请他们找到相应回目,阅读对应文段,读一读,想一想背后的原因。学生根据要求就会快速浏览对应的文本内容,了解故事内容,找到原因,理解人物。在这一过程中,学生从回目到文本,再从文本到回目,在有速度的阅读中,感受到了"红孩儿"多面的人物形象。

四、监控融合计划,让名著阅读更有质

六年级下册"快乐读书吧"的阅读主题是"漫步世界名著花园",阅读贴士中提供了阅读世界名著的一些具体方法供学生选择。学生要根据阅读目的,选择恰当的阅读方法,这就是自我监控的阅读策略。教师要帮助学生在阅读之前,根据阅读目的、自身阅读能力和不同的阅读文本,制订一个有效的阅读计划,提高名著阅读的质量。

1. 根据阅读的篇幅,计划阅读的分配时间

受名著类作品的历史背景复杂、文体结构多样、外国风俗差异、译本语言生涩等影响,学生在阅读中往往有头无尾、半途而废。为了保证学生的持续性阅读,在阅读前,教师可以引导学生根据整本书的章节,做一个阅读时间规划表,具体罗列出每天阅读的时间和数量。阅读时,学生把完成的情况填写在表格中,实行自我监督、家长检查、伙伴互查、老师抽查,以便更加科学合理地安排阅读时间。

2. 根据阅读的兴趣,计划阅读的主体内容

一部名著里面情节连贯,但也有些相对独立的板块内容。阅读之前,教师可以引导学生根据主要内容和目录,把自己最感兴趣的内容、最想了解的情节和不喜欢的部分标注出来,阅读时就有了明确的指向。

例如,在学习了课文《骑鹅旅行记》(节选)之后,学生了解了本书的目录及对应的大致内容。笔者班中一位学生特别喜欢文中有趣神奇的动物,于是,他根据本书中的目录给自己做了一个简单的阅读规划。如,在目录中圈出第二、第三、第五等章节,并标记:这些章节里都有非常有趣的动物描写,我要仔细读;圈出了第八、九、十等章节,并标记:这几个地点发生的故事,我不感兴趣,可以快速浏览。规划之后,这个孩子兴致勃勃地投入了阅读,读完之后,对书中的动物如数家珍。

3. 根据阅读的需求,计划阅读的多种方法

六年级是根据阅读目的灵活运用阅读策略的阶段。阅读名著过程中,教师可以引导学生从理解人物形象、把握情节发展、感受语言特色三个维度,采用不同的阅读方法。

(1)导图式阅读法。思维导图是思维可视化的重要载体。在名著阅读过程中引入思维导图,可以引导学生深入阅读文本,指导学生从不同的角度绘制思维导图,如人物关系的解读、人物形象的分析、故事内容的梳理,从而帮助学生梳理故事情节,认识文中人物,解读文章主旨,提高学生对故事的感知与体会。如《汤姆·索亚历险记》一书,人物关系比较复杂,教师可以引导学生通过画个人物图谱梳理内容,感知人物特点。

(2)批注式阅读法。六年级的学生已经能够掌握批注的基本方法,教师要鼓励学生边读边做圈点批注,对关键词句进行圈圈画画,对疑难问题进行符号标注,对闪现的体会和想法及时进行记录。这样,学生的思考过程就是显性的,是有迹可寻的。如《鲁滨逊漂流记》一书中有不少精彩的心理描写,教师可以引导学生用批注、摘抄等方式学习名著的语言表达。

（3）表演式阅读法。表演是学生十分喜爱的一项活动,尤其是在课堂上进行表演,更能激发起学生的创造力和学习的热情。名著虽然篇幅较长,但胜在情节丰富、人物性格鲜明,非常适合学生进行表演。如《爱丽丝漫游奇境》中就有不少学生感兴趣且有意思的篇目,通过演一演书中的人物,体验故事情节,能够帮助学生在边阅读边表演的过程中,提高把握文章主要内容的能力,提升审辨式的思维。

（4）比较式阅读法。早在统编教材三年级上册的童话单元中就提出了"比较阅读",其意义不言而喻。学生在课外阅读中,可以通过联结、比较,发现异同,寻找规律,以加深阅读理解。如在《鲁滨逊漂流记》与《汤姆·索亚历险记》两部名著的阅读过程中,可以从写作背景、人物性格、故事结构、语言风格等方面的特点进行比较,从而发现、总结冒险类小说的共同点。学生在对比阅读中,开阔了视野、激活了思维,同时也提高了阅读水平及文学的鉴赏力。

运用四大阅读策略指导"快乐读书吧"阅读,是为了增强学生的阅读兴趣,化解学生的阅读困难,引发学生的深度思考。这不是简单的技能训练,教师要根据不同的文本及学生的阅读心理,提供适切有效的操作方法,让阅读策略内化为学生的阅读本能,为其终身阅读习惯的养成奠定良好的基础。

第三节　落实"三个阶段"推进阅读开展

"快乐读书吧"栏目的教学视野从课内阅读走向课外阅读,教学目标是指向长远性的,活动设计也具有延伸性。随着教学研讨的深入,我们认为"快乐读书吧"整本书阅读一般包括三个阶段,即课前导读、课中助读和课后分享。教学时,教师要根据不同的阅读文体和阅读的不同阶段,给予学生恰当的引导。只有充分发挥教师在课外阅读中的指导作用,才能有效落实课外阅读课程化。

一、读前引导,导出兴趣,保障阅读的"量"

学生课外阅读的首要目标是培养学生广泛的阅读兴趣,促进学生形成积极的阅读态度,激发学生热爱读书的情感。因此,阅读活动之前的导读、兴趣的激发尤为重要,同时教师也要为学生有效指点阅读方法,为保证阅读效率制订计划。

(一)激趣为先

孔子说:"知之者不如好之者,好之者不如乐之者。"只有让学生喜欢阅读、爱上阅读,学生才会积极主动地阅读,使阅读变得轻松而有效。同样,学生对某一本或某一类课外书产生了兴趣,自然而然地就会积极主动地投入阅读中。

如:三年级下册"快乐读书吧"的推荐阅读内容为中外寓言故事。教师在阅读导读课上巧妙地将《伊索寓言》《克雷洛夫寓言》的大部分目录集中呈现,引导学生观察。学生通过观察,发现外国寓言想象丰富、内容奇特,还有一些相同的内容,如都有《农夫与蛇》。教师及时引导学生思考:两个故事的内容会一样吗?情节一样吗?人物是不是一样呢?寓言所揭示的道理是否一样呢?这些疑问极大地激发了学生的阅读兴趣,都想一睹为快,这样的导读,就有效地促进了学生的阅读。

(二)方法为辅

阅读前的导读课,其实是师生共读的过程,在共读中,教师指导渗透阅读的方法,为学生接下来的自主阅读做好铺垫。

如:五年级上册"快乐读书吧"中《中国民间故事》的导读,有教师就用了这样的方法。围绕五年级上册"提高阅读的速度"这一阅读策略,教师和学生一起读《田螺姑娘》一文,并运用了"找线索猜测"的方法快速读懂故事。具体方法运用如图1所示。

通过教师带读,师生合作共读,学生明晰"顺藤摸瓜"式的阅读方法,感受到这种方法既能提高阅读的速度,又让阅读充满了乐趣,为学生整本书的高效阅读提供了"拐杖"。

线索1：捡回田螺

预测1：田螺一定有魔法

线索2：老太太支招

预测2：田螺姑娘会出现

线索3：一连六天田螺姑娘没来

预测3：

线索4：

预测4：

结局：

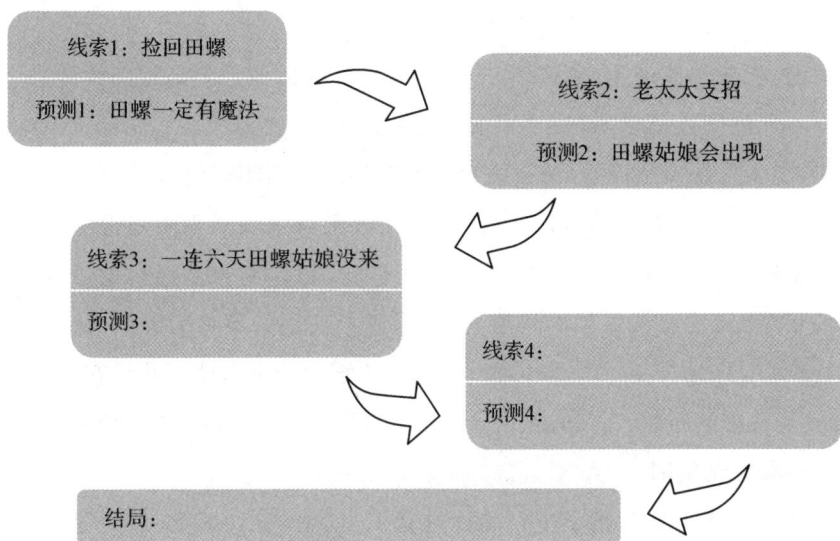

图1 "找线索猜测"的方法

(三)计划为重

阅读不是一朝一夕的事情,良好阅读习惯的养成要靠坚持。一个学期要完成多本书的阅读,需要花费较长的时间,教师要引导学生合理安排阅读时间完成阅读计划。如:师生共同确定先读哪一本,再读哪一本;共同讨论有哪些时间可开展阅读;讨论制订阅读交流分享的计划;等等。因此,在一本书阅读活动开始之初,教师一定要引导学生制订好"读书计划",思考阅读完整本书所需要的时间,设计好每天的阅读记录表,以督促自己坚持阅读。阅读计划表的种类也很多样,但主要包括阅读时间、阅读数量、阅读地点等几个方面,高年级学生也可以简单记录阅读所感。凡事预则立,不预则废。有了这样的阅读进程规划,学生在阅读的时候就有据可依,可以自行控制,教师也可以以此为据,时时监督。这样,学生阅读活动的有效开展就有了保证,阅读的数量也得到了保障。

二、读中指导,导出策略,提高阅读的"质"

有研究表明,学生要成为一个优秀的阅读者,必须要学会一些基本的阅读策略。因此,统编教材三至六年级分别安排"预测""提问""提高阅读的速度""有目的地阅读"四个策略单元组织专门训练,其目的就是让学生在课外自主阅读过程中,自觉地运用阅读策略,提高阅读质量。

教师在"快乐读书吧"阅读活动中期,既要对照阅读计划监控阅读的进度,创设丰富多彩的阅读活动,解决学生前期的阅读困惑,更要关注学生阅读策略的使用,引导学生根据阅读需要、阅读内容有针对性地使用阅读策略。

除了教材中所编排的这四个阅读策略,教师可以引导学生习得并运用更多的阅读策略,更好地成长为一个成熟的阅读者。以国际上普遍讨论达成的阅读理解的策略、实现阅读监控的策略、积极阅读者使用的策略为参照,结合汉语阅读的特点,儿童的学习心理、年龄特点,统整传统的读书方法及我们在"快乐读书吧"导读实践中的经验,在"助读"指导中可以引导学生学习以下几种常用的策略:

(一)图像化策略

图像化策略主要是指学生在阅读过程中,依据记忆、思维,借助图片、图表、图示等媒介,将感性的文字和直观的图像、图形等建立逻辑关系。小学生的思维主要以形象思维为主,因此在阅读中运用图像化策略,可以更好地帮助他们读懂内容,呈现阅读的思维过程。边读边想象画面就是一种图像化策略,帮助学生把文字转化成声音、图像、场景,促使思维视觉化,以此帮助学生理解文本。

(二)对比策略

在阅读过程中,教师可以适当对阅读内容进行延伸和拓展。如通过对比阅读策略,以一篇带多篇,以一类带一类,选取内容或形式与之相近相关的文章或书籍,进行对比式阅读,从而开阔视野,激活思维,帮助学生提高阅读水平和鉴赏力。

如:三年级下册快乐"快乐读书吧"推荐的书目是中外寓言故事,其中《克雷洛夫寓言》故事中有《守财奴》的故事,而在《伊索寓言》中也出现过"守财奴"的形象。当学生读到这一故事时,教师就可以引导学生围绕同一个主题不同的故事内容,让学生进行对比阅读,通过一个"维恩图"对比分析两种文本之间的共同点和不同点。这样的对比阅读,让学生对两本书的语言表达、结构布局、故事设置、人物特点等都进行了深入分析比较,产生新的阅读发现,生成新的阅读感悟,让阅读更丰富立体、更具有思维含量。

(三)联结策略

联结策略是一种常用的阅读策略,是学生通过阅读上下文、借助文本插图、展开想象等手段,结合已有的生活体会及语文学习经验,对文本内容进行思考、理解,产生独特阅读感受的一种阅读策略。

如:有一位教师在二年级"快乐读书吧"《一只想飞的猫》的阅读中期指导过程中,设计了下面的阅读单,如表1所示。

你觉得你最像故事中的谁? 你的朋友又像故事中的谁? 为什么呢? 你认为大家会喜欢你们吗?

表1　阅读单

对象	最像故事中的谁	相似点	受欢迎程度				
我自己			5★	4★	3★	2★	1★
我的朋友			5★	4★	3★	2★	1★

教师引导学生运用联结策略,促使学生将个人经历与文本联系起来,一边阅读一边思考,通过回忆自己与身边人,将文本里的人物联结到自己生活的世界,寻找相似点,赋予书本中的人物以生命力,更好地理解所阅读的内容。通过这样的中期阅读指导,必然会推动学生在下一步阅读中带上更多的思考,寻找更多的阅读发现。

(四)综合信息策略

当学生的阅读活动进行到一半时,他们已经捕捉了不少的信息与内容。教师要及时地在助读指导中,引导学生将阅读中所了解的信息、知识有效地综合起来进行思考,并将新信息与已有的认知结合起来,对所读内容形成初步的概念或者解释。

如五年级上册《快乐读书吧》推荐阅读的书目为中外民间故事。一位老师在《非洲民间故事》助读指导中开展了"人物形象卡"的设计活动。活动如图2所示。

跟着一个个民间故事,我们认识了傲慢的狮子、贪婪的蜘蛛、机敏的野兔⋯⋯结识了知错能改的国王、熠熠闪光的英雄、聪明的渔夫、贪嘴的夫妻⋯⋯其中一定有你喜欢的人物,请你为他设计一张人物形象卡。

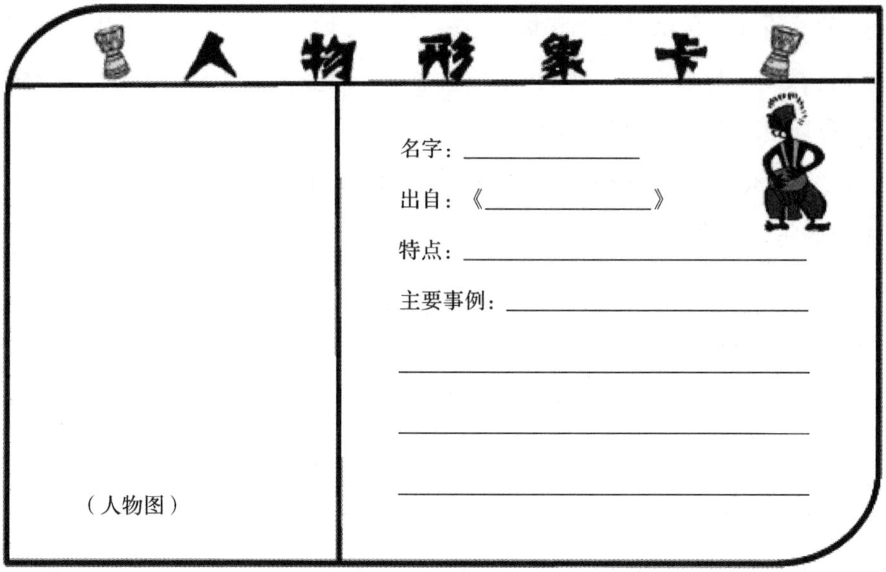

人 物 形 象 卡

（人物图）

名字：＿＿＿＿＿＿＿＿

出自：《＿＿＿＿＿＿》

特点：＿＿＿＿＿＿＿＿

主要事例：＿＿＿＿＿＿

＿＿＿＿＿＿＿＿＿＿＿＿

＿＿＿＿＿＿＿＿＿＿＿＿

＿＿＿＿＿＿＿＿＿＿＿＿

图2　人物形象卡

"人物形象卡"的活动设计看似比较简单，但以此活动为载体，却能引导学生深入思考自己所读的内容，对信息进行回顾、梳理、概括，从而生成较为丰富、完整、深刻的认识。最后呈现的"人物形象卡"体现的就是学生阅读的发现、思考，也是学生的阅读成果。

三、读后交流，分享展示，提升阅读素养

每一本书或每一次的阅读，都是为了更好地走向下一本书。因此，阅读之后的交流展示，是阅读活动的重要组成部分。教师可以为学生搭建平台，创设合作交流的机会，提供展示沟通的空间。阅读交流活动要尽量设计得活泼有趣，充分调动学生参与的积极性。

如：四年级上册"快乐读书吧"的推荐阅读书目是中外神话故事。老师在学生阅读之后，设计了如下阅读交流活动。

神话故事阅读交流展示活动方案

时间:11月6日9:00　　　　　　　地点:大成小学图书馆

主题:这些神人·那些奇事

内容:

☑人物海报画一画

选择一个你喜欢的神话人物,画一幅人物海报,纸张大小8K,彩色。

☑阅读答题做一做

每位同学设计1—3张答题卡,卡片正面设计自己出的题目,卡片反面写问题的答案,读书沙龙上可以互相考一考。可以是选择题、判断题等,题型可以创新。

□神话故事读一读

选择一个你喜欢的神话故事片段,朗读时间控制在2分钟以内,提前练习,在读书沙龙上和小伙伴们分享。

□神话人物演一演

选择一个你喜欢的神话人物,演一演,说一句人物的经典台词,或做一个人物的招牌动作,让小伙伴猜一猜你演的是谁。

备注:☑为必做项目,□为自选项目,至少选择其中一项。

这样的读后交流活动,学生参与率极高,80%的同学四项活动都参与了。在阅读展示过程中,满足了学生表达、交流的欲望,增强了阅读体验,促使学生乐于阅读、乐于分享。

阅读之后的分享交流形式还有很多,教师要灵活创新,尊重学生的兴趣,让学生站在课堂的中央。在内容上,要体现指导学生整体理解、整体回顾的特点,引导学生梳理阅读历程,呈现阅读收获,同时,获得阅读的满足感与成就感。丰富的阅读活动,能培养学生的语言能力、语文能力,全面提升阅读素养。

《安徒生童话》阅读指导

【作品分析】

《安徒生童话》是丹麦作家安徒生创作的童话集,由166篇故事组成。童话主题丰富、爱憎分明,热情歌颂劳动人民,赞美他们善良纯洁的优秀品德;无情地揭露和批判王公贵族的愚蠢、无能、贪婪和残暴。其中较为著名的故事有《小美人鱼》《丑小鸭》《卖火柴的小女孩》《拇指姑娘》等。《安徒生童话》一书已经被译为150多种语言出版发行,同时还激发了大量电影、芭蕾舞剧、舞台剧以及电影动画的制作。

苏联作家巴乌斯托夫斯基认为安徒生童话的文字"善于为人们的幸福和自己的幸福去想象,而不是为了悲哀"。学者周作人也给予了高度评价——"我相信文学的童话到了安徒生已达到理想的境地"。

安徒生童话的题材很广,在他众多的童话中,悲剧性故事占有相当分量。痛苦于世俗的人生中,完全有可能转化成种种"恶"的行径,然而在安徒生的童话世界里,它们已被悄悄悬搁或淡化,取而代之的是人物善的行为、爱的执着和无私的奉献。也正因此,对于百年后的今天,该书依然具有引领儿童追求真善美的重要作用。

【学情分析】

本单元语文要素之一是感受童话丰富的想象,即在读童话的时候,能够认识并且受到"童话丰富的想象"的影响,进而随着作者的笔触一起去想象,认识人物的人格特征和情绪变化,感受故事中"人物"经历的惊险和本领的神奇,从故事情节的变化和人物的情感思想变化中受到积极的情感感染。

孩子们天生爱幻想,对想象的事物也特别感兴趣。童话故事有较强的情节,想象丰富,比较容易获得孩子青睐,特别受女孩子欢迎。三年级学生的阅读比较偏向于无目的地、随心所欲地读,尤其对于"感受想象"缺少方法,阅读全凭个人喜好。因此,既要保留学生阅读兴趣,也要教学生阅读童话的方法,让他们更好地感受童话丰富的想象,让阅读更有效。

【阅读目标】

1. 读童话,感受童话想象的魅力。

2. 品童话,体验人物奇妙的经历。

3. 演童话,分析童话的相似性。

4. 喜爱阅读童话,激发阅读整本童话书的兴趣。

课前引导——走进童话 感受想象

一、阅读目标

1. 通过"突出影响""趣味阅读"等方法,激发学生的阅读兴趣。

2. 在活动中,潜移默化地渗透"与现实比较""借插图想象""代入角色想象"等阅读策略,让孩子在阅读中感受童话丰富的想象。

3. 让孩子养成阅读思考的习惯,让阅读与思维同步发展。

二、阅读准备

1. 课件。

2.《拇指姑娘》文本,阅读计划单。

3.《安徒生童话》书本。

三、阅读指导

板块一:知作者作品,激趣

(一)出示作家简介

老师给大家带来了一位人物的简介(以下信息逐条出示):

• 他父亲是个穷鞋匠,母亲是个洗衣工。

• 他先后在几家店铺里做学徒,没有受过正规教育。

• 他自幼酷爱文学,幻想当一名歌唱家、演员或剧作家。

• 14岁的他在皇家剧院当了一名小配角,后因嗓子失声被解雇。

(二)猜测作家

猜猜他是谁? 猜猜他后来会如何?

（三）揭晓谜底

出示安徒生人物像及童话影响力：

· 两百多年来，《安徒生童话》在广大小读者及家长心目中有着不可替代的位置，目前仍然占着"童话之王"的地位。

·《安徒生童话》伴随着全世界不同肤色的孩子们走过了整整两个世纪，缔造了几代人千百个美丽的童话梦。

· 很多游客飞往北欧丹麦，探访安徒生的童话世界。

（四）我心目中的安徒生

现在，你心目中的安徒生是一个怎样的人？

艰苦的生活之路并没有动摇他的信念，反而使他心中澎湃着更加激扬的热情。读安徒生的童话，你或多或少也会受到人生的启迪。

板块二：看封面目录，识书

过渡：今天这节课，咱们就来聊一聊安徒生的童话。

（一）看封面文字和插图

你知道了什么？（预设：了解书本的基本信息、作品的美感等）

（二）看目录

你知道了什么？（预设：人物童话、动物童话、植物童话）

（三）教师小结：阅读一本书，是从看封面和目录开始的。刚才我们通过看封面了解到了作者、出版社，看封面插画感受到了作品的美感。目录则让我们知道有哪些作品，其中有些是人物童话，有些是动物童话，还有一些是其他童话，童话世界真是丰富多彩。

板块三：赏精彩故事，得法

过渡：在近40年间，安徒生共计写了167篇童话，其中有些童话家喻户晓。

（一）童话故事导入

猜一猜，下面这首诗写的是哪个童话故事？出示顾城的诗。

多么细小、多么柔弱，

连微风都敢把你捕捉。

我赞美那永恒的自由之爱,

终于把你引进花的王国。

(二)一读《拇指姑娘》,了解梗概

1. 默读故事,了解主要内容。

2. 交流:写什么的? 你喜欢故事里的谁? 为什么?

(三)二读《拇指姑娘》,感受想象

过渡:童话离不开想象,只有通过想象,人物形象才会生动活泼,故事情节才会引人入胜。童话没有了想象,就像鸟儿没有了翅膀一样,无法飞翔。

1. 找想象丰富之处。

再读《拇指姑娘》,用"＿＿＿＿"画出你觉得想象特别丰富的地方。

2. 交流。

• 预设一:想象丰富的情景

她来到了一只田鼠的门口,就是一棵麦茬下面的一个小洞。田鼠住在那里面,又温暖,又舒服。她藏有整整一房间的麦子,她还有一间漂亮的厨房和一个饭厅。

(1)童话故事中田鼠的家与现实田鼠的窝有什么相同和不同之处?(板书:情景)

(2)田鼠家里有漂亮的厨房和饭厅,想象厨房和饭厅里会有些什么?

(3)链接:《海的女儿》场景描写部分。童话故事中,有很多情景的描写非常神奇,比如《海的女儿》中对海底世界的描写(出示),也充满了神奇的想象。读一读,想一想,故事中的海底世界与现实的有什么不一样?

(4)教师小结。我们可以边读文字边想象画面,把童话中的情景与现实情景做比较,感受想象的魅力。(板书:与现实比较)

• 预设二:想象丰富的情节

"这是一朵很美的花。"女人说,同时在那美丽的、黄而带红的花瓣上吻了一下。不过,当她正在吻的时候,花儿忽然劈啪一声,开放了。人们现在可以看出,这是一朵真正的郁金香。但是在这朵花的正中央,在那根绿色的雌蕊上面,坐着一位娇小的姑娘,她看起来又白嫩,又可爱。她还没有大拇指的一半长,因此人们就将她叫作拇指姑娘。

（1）有什么神奇之处？（板书：情节）

（2）出示插图,边看图边想象情形:你仿佛看到了什么？听到了什么？

（3）小结方法:只有拇指那么大的姑娘,坐在郁金香里,女人吻了一下,花儿就开了。这样的故事情节想象真神奇。阅读时,还可以借助边上的插图想象当时的情形。（板书:借助插图想象）

• 预设三:想象丰富的形象

老癞蛤蟆在水里向她深深地鞠了一躬,同时说:"这是我的儿子;他就是你未来的丈夫。你们俩在泥巴里将会生活得很幸福的。"

"阁!阁!呱!呱!呱!"这位少爷只会说这一句,说完又去忙活装饰房间了。

这时在水里游着的一些小鱼都伸出头来,想瞧瞧这个小小的姑娘。它们发现拇指姑娘很漂亮,要嫁给癞蛤蟆太可惜了,就决定救她离开。

它们用牙齿把叶梗咬断了,使得这片叶子顺着水,带着拇指姑娘流走了。

姑娘独自坐在绿叶上,不禁大哭起来。

（1）请学生说说想象神奇之处。

老癞蛤蟆会说话,会想给儿子娶媳妇;蛤蟆少爷只会说一句话;小鱼会思考,会想办法,多么神奇的想象。（板书:形象）

（2）假如你就是可怜的拇指姑娘,想到要和只会说一句话的癞蛤蟆一起生活,你会怎么想？

独自坐在绿叶上随着水流漂,不知漂向哪儿,你会怎样？

（3）教师小结:童话故事中有些人,会有超能力,有些动物则像人一样会说会想或者也有超能力,阅读时可以把这些神奇之处画出来,把自己想象成童话中的主人公,和故事中的人物一起欢笑,一起悲伤,你会更深刻感受到童话世界的神奇。（板书:代入角色想象）

（四）三读《拇指姑娘》,获得启示

过渡:有人说,丹麦作家安徒生的作品老少皆宜,不同的年龄段的人看,会有不一样的收获。

1. 交流启示:读了《拇指姑娘》,你获得了什么启示？

2. 教师补充阅读收获。

老师收集到一些其他人的阅读收获,一起来看一看:

- 尊重其他生命体,才能获得幸福。
- 我们应拥有属于自己的理想,并坚持不懈地去努力,走向光明与希望。
- 不管多苦多难也要坚持,做对自己有用的事情。
- 心永远向往着阳光,不向黑暗屈服。

3. 教师小结:阅读童话,我们能交到很多奇特的朋友,经历一些不可思议的事情,还能获得很多启示。读完一个童话,我们还应静下来想一想,对自己有什么启示,这样的阅读会让你更聪慧。

板块四:展阅读期望,延伸

过渡:童话故事就像是一座座巨大的宝库,漫游其中,你会惊叹作者神奇的想象,会收获最真的爱与美,会得到心灵的洗涤。一节课的时间是有限的,课后大家可以继续走进童话大花园,乘着想象的翅膀,领略其间的真善美。

(一)借板书总结阅读方法

一读了解内容;二读画出想象丰富的内容,可能是与现实不一样的情景,可能是离奇的情节,也可能是具有超能力的形象……可以联系实际比较,可以看插图想象,还可以代入角色,和故事中的主人公一起欢笑、一起悲伤;最后再想想这个故事对自己有什么启发。可以把自己的启发写在故事的后面。

(二)阅读留痕为课外蓄力

1. 制订阅读计划。

教师下发阅读计划表,鼓励学生用多种形式记录每日阅读情况。如表1所示。

表1 阅读计划表

日期	阅读页码	日期	阅读页码

2.引导阅读记录。

(1)想象袋。

在阅读过程中,发现了想象丰富之处,记一记,然后装入相应的小袋中进行收录,储备想象空间。如图1所示。

我觉得《　　　》这一童话故事
的(　　　)方面想象很丰富。

摘录：_____

_____

_____

情景　　情节　　形象

图1　想象袋(蓝茜设计)

(2)人物记录卡。

童话中有让你印象深刻的人物,为他制作一个人物记录卡。如图2所示。

人名：_____

身份：_____

喜欢理由：_____

_____

照片：

图2　人物记录卡(蓝茜设计)

期望:两个星期后,我们再带着阅读收获,畅谈所得。同学们,童话王国的大门已经开启,让我们一起走进那奇妙的童话世界吧!

【板书设计】

《安徒生童话》阅读指导板书设计1,如图3所示。

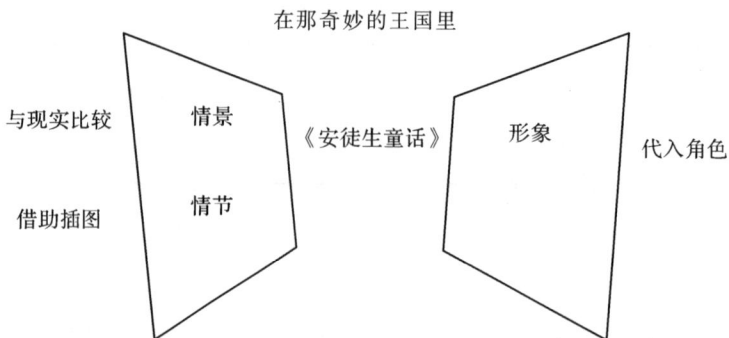

在那奇妙的王国里

与现实比较

借助插图

情景
情节

《安徒生童话》

形象

代入角色

图3　《安徒生童话》阅读指导板书设计1

课中指导——精彩共读 代入人物

一、阅读目标

1. 借助故事流程图梳理主人公经历,厘清故事脉络。

2. 代入主人公角色,紧扣动作、心理、语言进行情景演绎,想象人物所感所想,感受童话故事里丰富的想象。

3. 个性化主人公,创作人物心情图,激发阅读童话故事的兴趣,感受童话的魅力。

二、阅读准备

1. 故事流程图。

2. 素描纸、画笔。

3. 《安徒生童话》书本。

4. 阅读记录表、学生制作的"想象袋""人物记录卡"。

三、阅读指导

板块一:趣味竞猜,童话内容我知道

(一)展示阅读进度

两周时间大家的阅读进度如何? 展示自己的阅读进度表,秀一秀。

(二)童话内容猜一猜

多种形式展示《安徒生童话》内容,进行抢答,激发阅读兴趣和阅读成就感。

1. 看图猜故事:《野天鹅》《丑小鸭》。

2. 看故事文本猜题目:《小意达的花儿》。

3. 看语言或者关键词猜人物:卖火柴的小女孩、皇帝、笨汉汉斯。

板块二:交流运用,实践阅读童话方法

(一)回顾上节课阅读童话的方法

导读课中,我们学习了感受童话丰富想象的方法,你记得哪些?

预设:想象丰富的内容,可能是与现实不一样的情景,可能是离奇的情节,也可能是具有超能力的形象……可以联系实际比较,可以看插图想象,还可以代入

角色,和故事中的主人公一起欢笑、一起悲伤。

(二)分享"想象之最"

1. 小组交流。

取出自己记录的分类"想象袋",交流想象丰富之处。

2. 全班交流,互相评一评。

(三)交流喜爱的童话人物

1. 小组交流。

取出自己记录的"人物记录卡",小组交流自己最喜欢的童话人物,说说原因。

2. 全班交流,互相补充。

板块三:代入角色,感受人物所感所想

今天,一起来读其中一篇有趣的童话故事——《野天鹅》。

(一)梳理主人公的经历

这个故事有些长,你知道它讲了什么吗?

1. 人物罗列:先看看故事中都有谁。写上人物名,如图4所示。

图4 写上人物名

2. 找出主人公:

(1)你觉得谁是主人公,为什么?

(2)主人公概念:第一主要的角色,故事基本都是围绕他/她来写的。

3. 厘清主人公经历:那他/她都经历了哪些事情呢?按顺序简单写一写。绘制故事图,如图5所示。

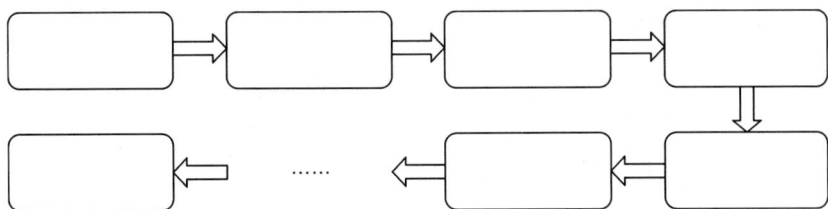

图 5 绘制故事图

4. 小组代表交流。

主人公——伊丽萨。因为整个故事的每个情节,都是围绕她来写的。

经历的事情——伊丽萨有十一位哥哥;国王娶了恶毒的王后,王后把伊丽萨送到乡下,把十一位王子变成了十一只天鹅,他们飞向了远方;伊丽萨十五岁时回到了王宫;伊丽萨被王后陷害变得很丑,被撵出了王宫;伊丽萨又变回了美丽的模样;伊丽萨遇到了十一只天鹅,发现他们就是自己的十一位哥哥变的;哥哥们带着伊丽萨来到了一座美丽的宫殿;伊丽萨用自己的真诚,从莫甘娜仙女那儿得知了解救哥哥们的办法——用坟地里的荨麻编织成十一件披甲,并且过程中不能说一句话;一位国王把伊丽萨带回王宫,但由于伊丽萨怪异的举动要判处伊丽萨以火刑;十一件披甲终于制成,哥哥们得救了,伊丽萨的误会也解除了;伊丽萨和国王从此过上了幸福的生活。

5. 再次巩固"主人公"概念:故事大多是围绕主人公来写的。

(二)进入主人公"体验馆"

想化身为主人公,去体验一番吗? 欢迎进入"人物体验馆"!

摇身一变,你已经变成了我们的主人公——伊丽萨,其他所有人都将是你的配角。化身伊丽萨,开始你的童话之旅吧!

1. 捕捉细节说感受。

(1)把故事中的"伊丽萨"一词,变成"我",代入故事中读一读,会别有一番感受。自由读。

(2)你捕捉到了哪些细节,让你有较大的感触? 先自己拿出笔画一画,并在旁边写上你的感受。提示:可以从动作、心理、语言等方面着手。标注好后小组讨论,派代表在全班进行交流。

• 预设1——动作

举例：

①"王后看到美丽的伊丽萨，又嫉妒又憎恨，于是就在伊丽萨的身上和脸上抹上难看的黑油，又把她的头发弄乱。"

从"抹、弄乱"中看出伊丽萨很可怜。

②"悲伤的伊丽萨决定去寻找哥哥们。她不停地走着，夜晚来临时，她在森林里迷了路。"

从"不停地走、迷了路"中感受到她的孤独无助和恐慌。

③"野天鹅变成十一位英俊的王子，伊丽萨扑到他们怀里，和他们拥抱在一起，又哭又笑。"

从"扑、拥抱、又哭又笑"看出伊丽萨发自内心的快乐，终于有了幸福感。

• 预设2——心理

举例：用荨麻搓成绳子，再编织成十一件披甲的过程中，伊丽萨的内心世界一定很丰富。

提问：你觉得看着喜欢的国王在眼前却不能说话，甚至被国王误会要被行刑的伊丽萨，会害怕吗？是从哪里看出来？

• 预设3——语言

文中伊丽萨的语言很少，你觉得她会在不同时候说些什么呢？

举例：被恶毒的王后欺负时，一个人走在森林时，认出十一只野天鹅就是哥哥们时……，会说些什么。

2. 情境表演促畅谈。

(1)选择感兴趣的片段演一演。注意人物的动作、心理、语言等等。

(2)采访"伊丽萨"的感受：此刻你在想些什么？想说些什么？心情是怎样的？

回座位后请将伊丽萨的心情和想说的话，记录在相应的故事片段旁。有相同感受的其他"伊丽萨"也可以进行记录。如图6所示。

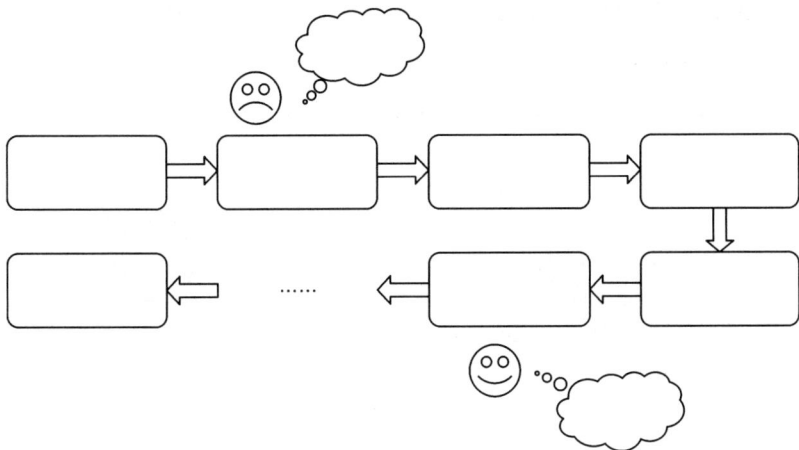

图6 情境表演

3. 你言我语议主角。

（1）你喜欢伊丽萨吗？为什么？

（2）当你在体验伊丽萨的经历时，有没有想出不同的应对方法？这将会给主人公带来怎样不同的经历呢？

（三）补充"人物记录卡"

选一个自己最喜爱的人物，梳理故事流程图。关注人物的动作、心理、语言等，感受人物心情，制成小卡片，粘贴在"人物记录卡"旁作为补充。

制作完成后与你喜欢的小伙伴一起分享吧。

板块三：演绎角色，伙伴同行沉浸阅读

（一）演绎故事

1. 交流读故事形式：还有什么方法可以继续走进故事呢？演一演。

2. 小组交流：演绎故事需要具备哪些条件呢？预设：先把故事读熟、读懂，并梳理出人物的台词、表情、动作等。

（二）自由组队

选择喜欢的小伙伴，共同演绎一个童话故事，确定组长，明确分工，约定排练时间，布置各自任务，拍摄排练照片。

这节课到此结束了，但主人公的体验之旅，仍会继续！下课后，期待各组精彩的童话演绎！课后也可以继续寻找更多丰富的想象,发现更多喜欢的人物。

【板书设计】

《安徒生童话》阅读指导板书设计2,如图7所示。

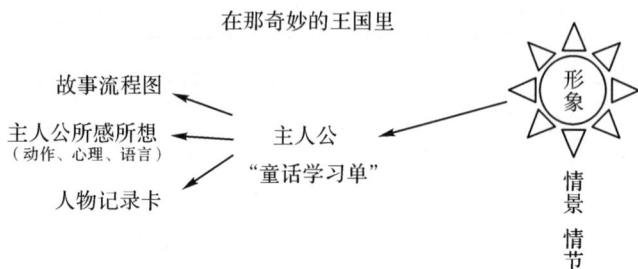

图7 《安徒生童话》阅读指导板书设计2

读后交流——演绎童话 寻找共性

一、阅读目标

1. 小组演绎,沉浸式体验童话人物的经历,感受童话丰富的想象和其中的真善美。

2. 通过阅读《安徒生童话》,分析童话的相似点。

3. 激发阅读其他童话读物的兴趣。

二、阅读准备

1. 阅读记录表、学生制作的"想象袋""人物记录卡"。

2. 大卡纸、画笔。

3.《安徒生童话》书本。

4. 小组排练照片。

三、阅读指导

板块一:童话演绎趣味浓

(一)小组展示,演绎童话

1. 小小朗读家。

表演的各小组,先请代表上台朗读故事精彩片段,大家猜一猜故事内容,并评选出最佳朗读家。

2. 小小解说家。

表演的各小组,请代表上台解说选择这个童话的原因,可以从想象丰富、人物形象等方面进行解说。

3. 小小表演家。

小组上台表演展示,共同演绎一个童话故事,并评选出"小小表演家"或"优秀表演小组"。

教师在表演过程中用拍立得记录下精彩瞬间。

4. 小小评论家。

小组表演后,全班评价,可以从人物的语言、动作等方面评价是否符合人物内心和人物经历。

(二)合而为一,制作"《安徒生童话》阅读单"

将"想象袋""人物记录卡"和表演照片整合起来,就成了"《安徒生童话》阅读单"。如图8所示。

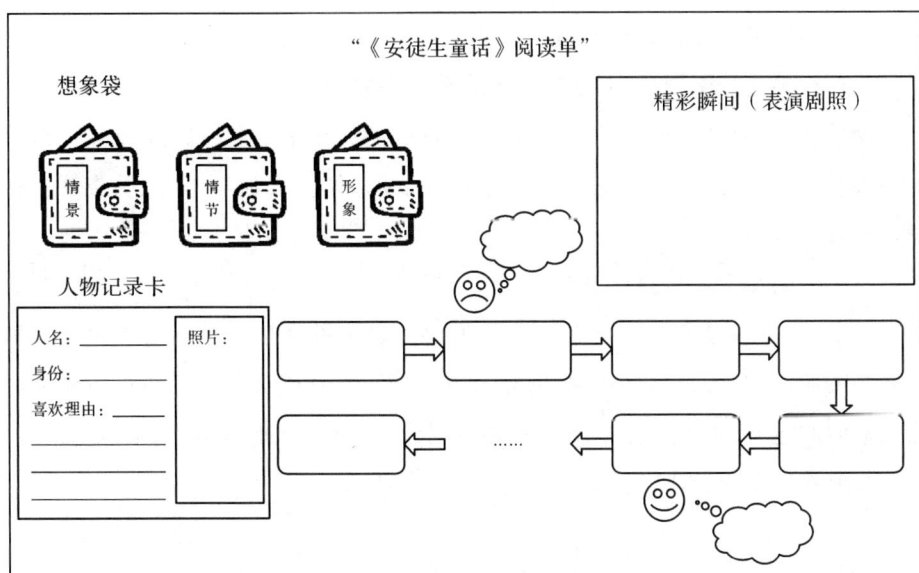

图8　《安徒生童话》阅读单(蓝茜设计)

板块二:共性分析品童话

(一)课外阅读心得再交流

上节课我们交流了想象丰富之处和感兴趣的人物,经过这两次的阅读,你还发现了新的有趣的内容吗?

全班交流补充。

(二)调动阅读经验找共性

阅读了一个月的《安徒生童话》,同学们有发现童话王国的"秘密"吗? 小组讨论后全班交流,共同梳理童话故事的相似性,感受阅读整本书的魅力。

相似性预设:故事浅显,通俗易懂;想象丰富,情景、情节和人物都天马行空,让人意想不到,与现实世界不同;但是故事又来源于生活,与现实世界具有一定的共通性;每个故事里出现的角色都很有特点,个性鲜明;语言生动活泼,适合孩子阅读;都有美好的一面,给人带来美好体验……

板块三:习得方法延伸阅读

(一)回顾阅读过程,总结方法

给自己确定好阅读计划,了解书本及作者,通览目录。

读懂故事,摘录想象丰富之处,选择感兴趣的人物来研究,思考启发,等等。

选择喜欢的方式,把自己代入角色中,沉浸式体验人物经历,感受童话王国的妙不可言。

(二)借助阅读方法,自主阅读

除了《安徒生童话》,童话王国里还有许多动人的故事。教师可以向学生推荐叶圣陶的《稻草人》、格林兄弟的《格林童话》等等,让学生借助习得的方法从中感受童话的魅力,也可以让学生尝试独立创作"《稻草人》阅读单""《格林童话》阅读单",独立演绎精彩片段,等等。

【板书设计】

《安徒生童话》阅读指导板书设计3,如图9所示。

在那奇妙的王国里

小小朗读家　　　"《安徒生童话》阅读单"　　　浅显易懂

小小解说家　　　　　　　　　　　　　　　　　想象丰富

小小表演家　　　　　　　　　　　　　　　　　人物个性鲜明

小小评论家　　　　　　　　　　　　　　　　　美好体验

……　　　　　　　　　　　　　　　　　　　　……

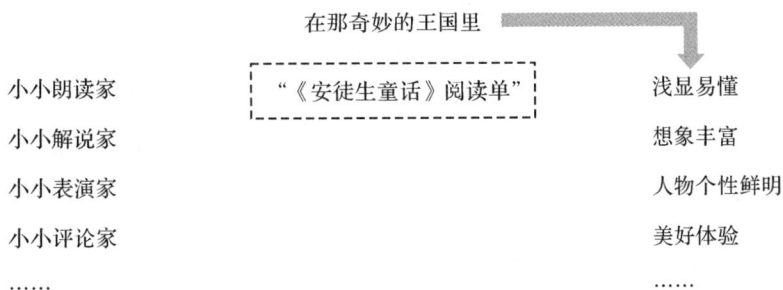

图9　《安徒生童话》阅读指导板书设计3

《中国神话传说》阅读指导

【作品分析】

《中国神话传说》一书,讲述了从宇宙和人类的起源,到神话时代的宇宙景观,再到东、西、南、北、中五方天帝的神话传说,继而延伸到帝喾、尧、舜、禹时代的神话传说,从而构建起较为完整的中国神话传说体系。全书内容丰富、深入浅出、叙述有条理、故事性强,辅以经典古籍插图和具有韵味的画作,形成了较为鲜明的风格,展现了中国古代人们对天地万物天真、朴素、真诚、美好的艺术想象,反映了人们对美好生活的向往和追求。中国神话故事通过超自然的形象和幻想的形式来表现的故事和传说,它们不仅是中华民族的文化源头,也孕育了中华民族不屈不挠、自强不息、舍己为人、仁爱善良的民族精神,是中华民族璀璨的文化瑰宝。

【学情分析】

首先,学生在二年级时已经接触过神话故事,如《羿射九日》,本单元又学习了《盘古开天地》《女娲补天》《精卫填海》等课文。其次,本单元园地"日积月累"中还安排了唐代诗人李商隐的《嫦娥》,提示学生可以把这首诗和书中《嫦娥奔月》的故事联系起来。所以,对于神话故事,四年级的学生是不陌生的。最后,《中国神话传说》中有很多出自《山海经》古代绘图本的插图,像陆吾、祝融等,这些和现代人的绘画有着截然不同的风格,是古人通过想象对神话人物的描绘,别具一格、新鲜有趣,能激发起学生的阅读兴趣。"快乐读书吧"是本册单元的拓展与延伸,目的是引导学生更全面地了解神话、感受神话。教材以小贴士的形式介绍了与神话有关的知识和阅读神话的方法。第一个小贴士旨在让学生明白神话在先民心中的地位;第二个小贴士则提示学生读神话时要注意发挥想象,感受其中的神奇。

【阅读目标】

1. 能产生阅读中国神话的兴趣,自主阅读相关作品,了解故事内容。

2. 能边读边想象,感受神话的神奇。

3. 能感受阅读神话故事的快乐,乐于与大家分享课外阅读的成果。

课前引导——精彩共读 方法引路

一、阅读目标

1. 能产生阅读中国神话的兴趣。

2. 了解故事的起因、经过、结果,借助"故事山",把握故事的主要内容。

二、阅读准备

1. 影视片段:古诗诵读之《嫦娥》视频。

2. "故事山"卡片。

3. "中国神话传说"读书记录卡。

4.《中国神话传说》书本。

三、阅读指导

板块一:初识经典

(一)趣导入,荐新书

1. (出示诵读古诗《嫦娥》的视频)跟着唱一唱。

2. 古诗中,藏着哪个神话故事呢?

3. 党中央决策实施探月工程,圆的就是中华民族自强不息的飞天揽月之梦。(出示"学习强国"平台科技史频道《回顾嫦娥五号探月之旅》)

4. 中华民族是勇于追梦的民族。从古至今,我们一直没有停下追梦的脚步。

神话故事反映的就是古代人们对美好生活的向往和追求,是通过超自然的形象和幻想的形式来表现的故事和传说。

5. 你喜欢读神话吗? 能说说你喜欢神话的理由吗?

6. 教师小结:是的,读神话的时候,我们能感受到神话中充满神奇的想象,人物形象特别鲜明,往往都具有超能力。他们都是原始人类同自然搏斗、想要征服自然的理想的化身。今天,老师给大家带来《中国神话传说》这本书。

(二)搜集情报知信息

1. 搜集封面等情报。

在正式阅读前,请亮出你的火眼金睛,仔细观察,看看你能从封面、封底、版权页等位置提取到这本书的哪些信息呢?

◎这本书是小学生名著阅读课程化丛书,是"快乐读书吧"推荐书目。

◎这本书封面画的是"后羿射日"。

◎这本书是刘敬余主编的。

◎这本书是北京教育出版社出版的。

◎这本书是2019年9月出版的。

◎这本书得到了全国知名语文特级教师周益民、张祖庆、薛法根、王文丽的联袂推荐。

……

教师小结:了解了封面、封底、版权页等信息,能快速拉近我们和新书的距离感呢!

2. 搜集目录情报。

再翻开书本看看目录,从这些故事题目中,你有什么新的发现?

小结:是的,目录里的神话故事是按照时间的顺序进行编排的,题目格式大多是神话故事人物加上他做的事。透过这些标题,我们就能大致知道这个神话故事的主要情节。所以,阅读时,我们要关注标题。因为,我们可以借助故事题目,猜猜故事的大致内容,决定先读哪个故事。

板块二:激发兴趣

(一)对比不同文本,发现异同

1. (出示教材文言文《精卫填海》)同样是《精卫填海》这一故事,《中国神话传说》中是怎样叙述的呢？借助目录,快速翻到《精卫填海》,读一读。

2. 同样是中国神话传说,你发现了这两个不同文体之间的联系或差异了吗?请在小组内交流。

3. 全班交流。

(二)对比中外神话,发现异同

1. 课文《普罗米修斯》讲述了古希腊神话中的天神普罗米修斯从宙斯处"盗"取火种带到人间,从此,人间有了火。而《中国神话传说》中《钻木取火》的故事,又是怎样讲述"火"的来源的呢?借助目录,快速翻到《钻木取火》,读一读。

2. 谁能说说《钻木取火》故事中"火"的来源呢?

3. 教师小结:对比阅读,能让我们发现更多奥秘。

板块三:绘"故事山"

(一)共读"故事山",探究秘密

1. 远古时候人们认为神话是真实而神圣的,一定要在严肃的仪式上郑重地讲出来。怎样才能讲好故事呢?

2. 对,我们得先把握好故事的情节。为了更好地把握故事情节,我们还需要一个好帮手——"故事山"。出示教材《盘古开天地》的"故事山",如图1所示,你能找找"故事山"的秘密吗?

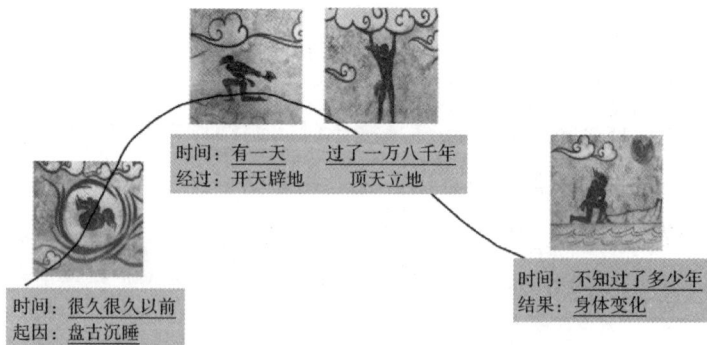

图1 《盘古开天地》的"故事山"

3. 交流"故事山"的秘密。

（1）结合故事插图、时间词和小标题，确定故事的起因、经过、结果。"故事山"的山脚两端就是故事的起因、结果部分。

（2）故事最精彩、篇幅最长、矛盾冲突最激烈的部分，就是"故事山"的峰顶。

（3）借助"故事山"，我们就能将故事中的情节起伏介绍得非常清楚。

（二）共读故事，完成"故事山"

1. 小组共读一个故事，完成"故事山"。

（1）借助目录，快速确定一个故事，组内共读。

（2）交流："故事山"的山脚两端，也就是故事的起因、结果部分分别是什么？

（3）交流："故事山"的峰顶部分是什么？

（4）小组合作，完成"故事山"。

（5）借助"故事山"，将故事的起因、经过、结果串联起来说一说。如图2所示。

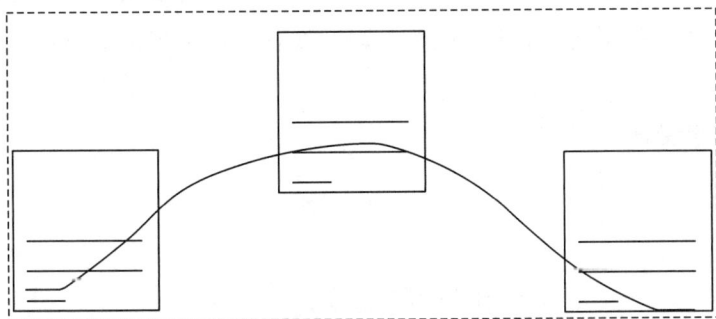

图2 完成"故事山"的内容填写

2. 集体交流，展示小组学习成果。

3. 点评：抓住"故事山"是合清楚地介绍出"故事的起因、经过、结果"进行评价。

4. 修改"故事山"。

板块四：阅读打卡

读书记录卡，如图3所示。

"中国神话传说"读书记录卡		
阅读日期	阅读故事	阅读时长
最喜欢的中国神话故事人物：(　　　　　)		
我的感想：		
我的疑问：		
神话人物(　　)的神奇之处：		

图3　"中国神话传说"读书记录卡

结语：这本书中还有很多有趣的神话故事，课后，赶紧用你喜欢的方式美美地去阅读《中国神话传说》吧。阅读过程中，我们可以采用读书记录卡这样的阅读打卡方式。

四、板书设计

很久很久以前

找出信息知新书

《中国神话传说》　　　　　　　　　　对比

阅读找异同

"故事山"理脉络

读中指导——交流分享　感知"神奇"

一、阅读目标

1. 感受神话中神奇的想象和鲜明的人物形象。

2. 乐于与大家分享课外阅读的成果。

二、阅读准备

1. "中国神话传说"读书记录卡。

2. 折页书。

3. 课件。

4.《中国神话传说》书本。

三、指导过程

板块一:畅聊收获

组内交流"中国神话故事"读书记录卡,说说自己读了哪些神话故事,最喜欢的是哪一个神话故事。

板块二:猜猜人物

(一)根据"关键词",猜"神话人物"

课件依次给出关键词,学生根据所给信息猜神话人物。

1. 破"蛋"   头顶天,脚踏地   用身体创造世界   (盘古)

2. 创世女神   炼五彩石   补天   (女娲)

3. 身体透明   医药之神   《本草经》   (炎帝)

(二)借助记录卡,交流"神奇之处"

借助"中国神话故事"读书记录卡,交流神话人物"神奇之处"。

板块三:感悟"神奇"

(一)绘制"神话英雄榜"

1. 读神话的时候,我们感受到神话中充满神奇的想象,人物形象特别鲜明,往往都具有超能力。他们都是原始人类同自然搏斗、想要征服自然的理想的化身。刚才,大家借助"中国神话传说"读书记录卡,交流神话人物的"神奇之处"。这节课,我们来绘制"英雄榜",再次感受神话人物的"神"。

2. 出示神话英雄榜·(   )及完成要求。

要求:

(1)根据自己绘制的"中国神话传说"读书记录卡中的神话人物,组内交流,评选出组内公认的英雄榜首,在榜单上填上神话英雄的名字。如图4所示。

(2)再读故事,找出描写神话人物行为的句子。

（3）细读句子，圈画出神话人物的神奇动作。

（4）读懂人物内心世界，分析人物品质。

（5）思考"上榜理由"。

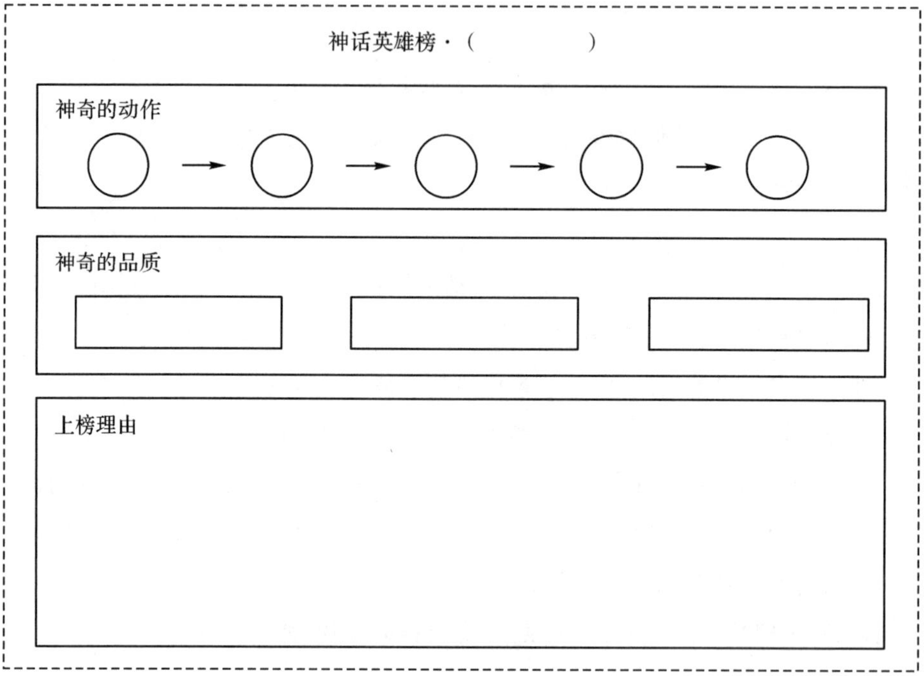

神话英雄榜·（　　　　　）

神奇的动作

◯　→　◯　→　◯　→　◯　→　◯

神奇的品质

上榜理由

图4　神话英雄榜（曹燕翔设计）

3. 组内合作，完成神话英雄榜·（　　　　　）。

（二）展神功，交流排行榜

1. 小组合作：尝试抓住神话人物的一连串动作，大胆想象，加上神话人物的语言和内心想法，把故事讲得更加生动。

2. 全班交流：借助神话英雄榜·（　　　　　），分享故事。

3. 评议自己最赞赏的神话人物，为他投票。

4. 根据投票，排出"神话英雄"排行榜。

板块四:乐享成果

(一)绘制折页书

1. 课后,每组将"故事山""英雄榜"结合在一起,贴在 16K 素描纸上,形成"神话人物悦读卡"。如图5所示。

例:

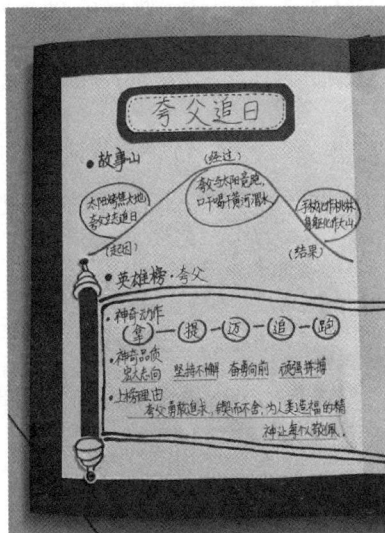

图5　神话人物悦读卡(曹燕翔设计)

2. 根据课上排出的"神话英雄"排行榜排名,依次张贴"神话人物悦读卡",形成班级《神话故事》创意悦读手册,全班共享。如图6所示。

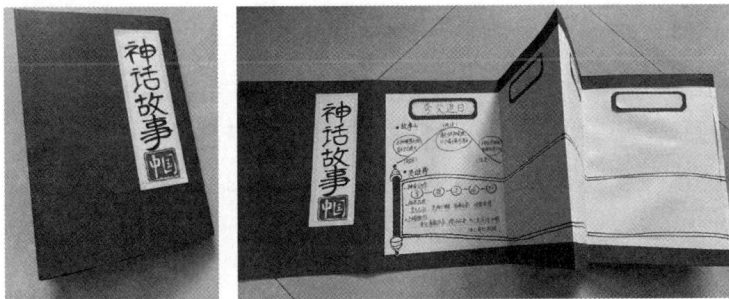

图6　《神话故事》创意悦读手册(詹一仙设计)

（二）发布班级圈

每日认真阅读,读到感兴趣的地方,可以进行"阅读批注",也可以写写"阅读心得",并在班级圈中分享。

读后交流——梳理故事　尝试创编

一、阅读目标

1. 通过思维导图、"卡牌互动"等方法梳理故事的主要内容。

2. 展示阅读成果,完成人物形象图,感受神话人物相貌之神。

3. 学习抓重点情节,感受神话人物本领之神。

4. 通过交流阅读收获,学会反复阅读,感受神话故事的丰富多彩和璀璨的历史文化。激发学生阅读神话故事的乐趣,阅读外国神话的兴趣。

二、阅读准备

1. 小组前期的阅读成果的梳理。

2. 认真做好前期阅读。

3. 影视片段:《国家宝藏》第二季新疆维吾尔自治区博物馆专题——伏羲女娲图绢画。

三、阅读指导

板块一:前期回顾

（一）回顾阅读说收获

近期我们开展了丰富多彩的阅读活动,谁能说说自己的收获?

◎我们在对比阅读中感受异同。

◎我们跟着"故事山"梳理一个个故事的起因、经过、结果。

◎我们绘制折页书,呈现"神话英雄排行榜"。

◎我们在班级圈中分享"阅读批注"和"阅读心得"。

◎我们在一个个神奇的故事中感受中国古代人们对天地万物天真、朴素、真诚、美好的艺术想象。

……

（二）走进书本，选编故事

今天，我们将举行一场招聘会！一年一度的"读书节"又要到了，我们将有机会把自己读到的故事在舞台上表演出来。让我们来看看，在《中国神话传说》这本书中，有哪些故事适合表演。

板块二：现场招聘

（一）招"编剧"——感受故事之神奇

1. 借线形图，梳理故事主要情节。如图7所示。

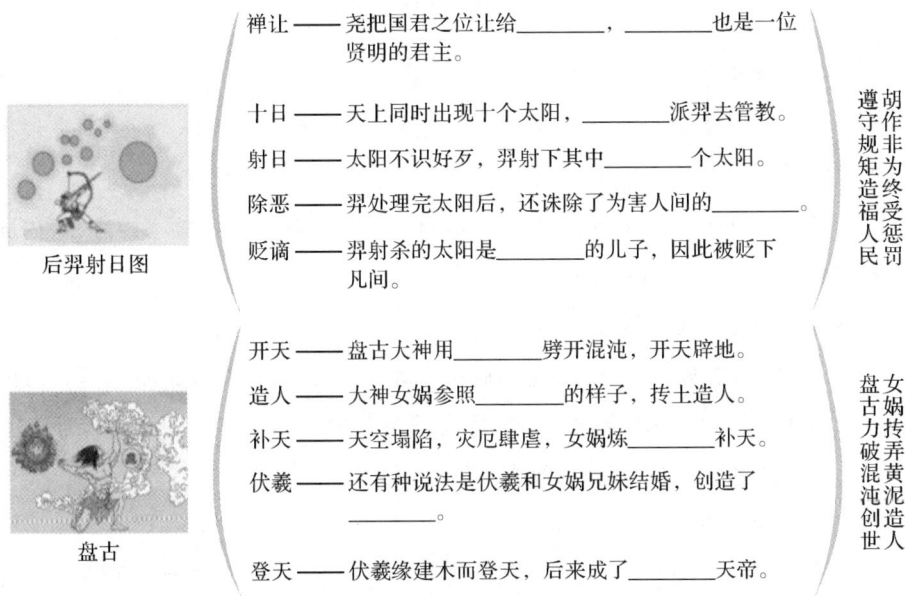

禅让 —— 尧把国君之位让给_____，_____也是一位贤明的君主。

十日 —— 天上同时出现十个太阳，_____派羿去管教。

射日 —— 太阳不识好歹，羿射下其中_____个太阳。

除恶 —— 羿处理完太阳后，还诛除了为害人间的_____。

贬谪 —— 羿射杀的太阳是_____的儿子，因此被贬下凡间。

后羿射日图

胡作非为终受惩罚　遵守规矩造福人民

开天 —— 盘古大神用_____劈开混沌，开天辟地。

造人 —— 大神女娲参照_____的样子，抟土造人。

补天 —— 天空塌陷，灾厄肆虐，女娲炼_____补天。

伏羲 —— 还有种说法是伏羲和女娲兄妹结婚，创造了_____。

登天 —— 伏羲缘建木而登天，后来成了_____天帝。

盘古

女娲抟弄黄泥造世人　盘古力破混沌创世

图7　盘古和后羿线形图

2. 借助卡牌，述说故事。

《中国神话传说》中有一个个精彩又传奇的故事，你们是否还记得这些故事的内容呢？

（1）借卡牌，说故事：请看，这是老师利用"人物+事件"制作的卡牌，这是一个环形图，中间是书名，第二圈是主人公，第三圈是主要事件，说一说大致发生了什么故事。

（2）玩转卡牌，叙说故事：谁愿意来挑战一下，玩一玩这个卡牌？ 如图8所示。

图8 卡牌

卡牌使用说明：

①一位同学拿出卡牌，转动箭头，箭头指向其中任何一个人物，请对方说出主要事件。

②另外一位同学说这件事的起因、经过、结果，回忆主要的故事内容，组内同学可以补充。

（3）指名上台，玩卡牌，说故事。

（4）教师小结：同学们，通过这样简单有趣的卡牌，可以帮助演员回顾精彩的故事。因此，要说得生动，能吸引人，才有演员和导演感兴趣。同学们课后还可以小组内自创你们的卡牌，来说故事，帮助我们阅读。

（二）招"化妆师"——感受相貌之神

1. 有了吸引人的剧本，就要开始物色合适的演员了，选演员首先要看外表符不符合人物的相貌。同学们你们觉得神话故事中的人物给你最深刻的印象是什么？（神奇、特别）

2.是啊，这些人物和我们的长相差别很大，我们又没有见过，所以要仔细读描写这些人物外貌的语句，边读边想象。神话英雄谱如表1所示。

表1 神话英雄谱

神话英雄	人物出处	充分描述

（1）组内交流。

（2）选代表上台讲述，其他组进行简要点评。

3. 现在请你当化妆师，你会怎么画这个人物形象。他们模样各异、性格鲜明，请给书中人物选择匹配的形象标签，并试着画一个你喜欢的人物。如图9所示。

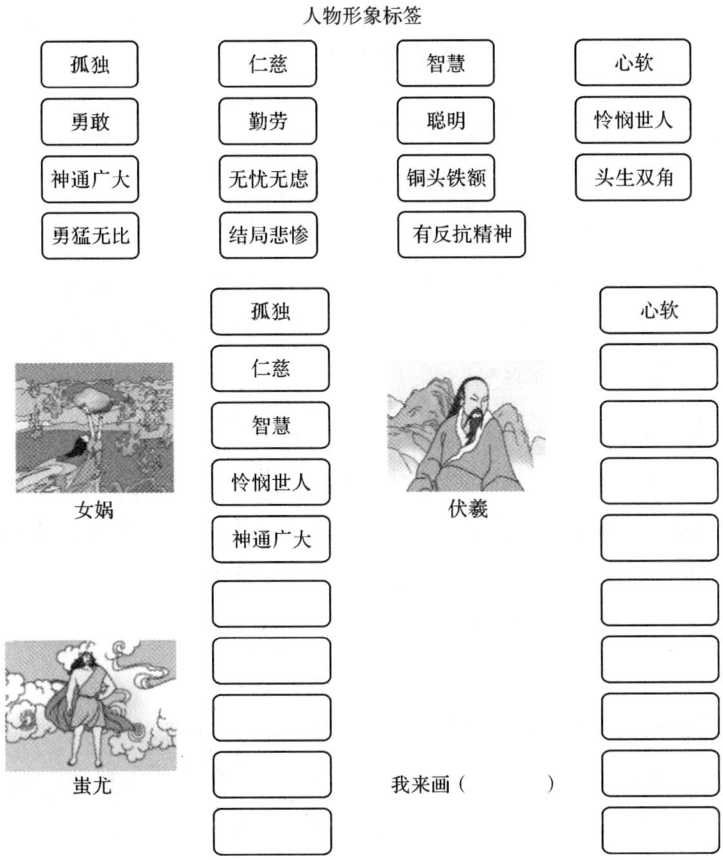

人物形象标签

孤独	仁慈	智慧	心软
勇敢	勤劳	聪明	怜悯世人
神通广大	无忧无虑	铜头铁额	头生双角
勇猛无比	结局悲惨	有反抗精神	

女娲

孤独
仁慈
智慧
怜悯世人
神通广大

伏羲

心软

蚩尤

我来画（　　　）

图9　人物形象标签

4. 请生展示自己画的人物形象，交流他/她最特别的地方。

（三）招演员——感受本领之神

1. 演员不光要外表和所要演的角色相似，还要演出角色的动作、神态、心理、性格，这才是好的演员。在故事中，找出最能表现人物神态、心理、性格的语句，自己试着演一演。如图10所示。

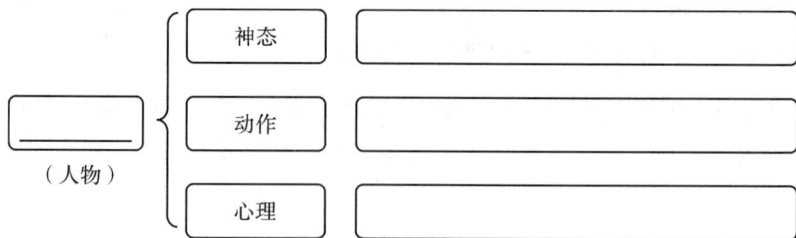

图 10   人物内容填写

2. 指名说找的是哪个情节,请他上台表演。

3. 其余评价,他是否演好了? 哪里不够到位? 哪里演得特别好?

(四)招导演——了解意义之神

1. 哇哦,你们的演技超级棒,可以拿金鸡奖了,都是影帝、影后。

2. 一部话剧演得好,跟导演也是分不开的。为什么演? 想告诉人们什么呢? 它的意义是什么? 这些都是导演的初衷。

3. 谁能答好这个问题,就能当导演。看目录分类,思考,生自由举手发言。

4. 教师小结:美国哈佛大学神学院教授大卫·查普曼,在一场讲座中,向台下近千名学生分享、解读中国神话故事,并不下十次用激情的语调总结中国神话故事的内核:中华民族的特征。

"我们的神话里,火是上帝赐予的;

希腊神话里,火是普罗米修斯偷来的;

而在中国的神话里,火是他们钻木取火坚韧不拔摩擦出来的!

这就是区别,他们用这样的故事告诫后代,与自然做斗争!"(钻木取火)

"面对末日洪水,我们在诺亚方舟里躲避,但中国人的神话里,他们的祖先战胜了洪水,看吧,仍然是斗争,与灾难做斗争!"(大禹治水)

"如果你们去读一下中国神话,你会觉得他们的故事很不可思议,抛开故事情节,找到神话里表现的文化核心,你就会发现,只有两个字:抗争!"

5. 辩题设计:这位教授说得很好,同学们说得也很有道理。有人说,神话故事是古代人民对宇宙科学的无知而衍生的文化产物,对现代生活没有多大意义。你是否同意这一观点?(将不同观点的学生进行分组;如果观点一致,则引导学生进行自主发言与补充发言交流。)

（1）出示《共工怒触不周山》和《嫦娥奔月》，问：这些神话故事和现代的哪些科学现象或科技发明有联系？

（2）视频阅读。

播放视频：《国家宝藏》第二季新疆维吾尔自治区博物馆专题——伏羲女娲图绢画。

引出话题：对中国神话故事颇有研究的袁珂先生说过："从某种意义上说，某些神话故事实在可以称为'幻想的科学'。"请结合刚才的视频，在本子上写一写你的想法。

交流想法：还有哪些神话故事在现代世界得以实现？

6. 小结：同学们，"快乐读书吧"不仅推荐了《中国神话传说》，还向我们推荐了《世界经典神话与传说故事》，课后同学们可以一读，看看是否如美国哈佛大学神学院教授大卫·查普曼所说的那样，他们的神话故事与我们很不相同呢。同学们可以从"神性"、人物的英雄感等方面与中国神话故事进行对比。

板块三：分层挑战

分层挑战作业：

一星挑战：为专场演出写一段宣传词。

二星挑战：邀请同伴合作设计一张亚洲剧目海报，并写上设计说明，进行班级展评。

三星挑战：撰写压轴剧目剧本。（教师提供剧本基本格式）

附：话剧表演宣传海报评鉴表，如表2所示。

表2 中国神话故事话剧演出海报评鉴表

画面符合演出的内容	选图具有典型的中国神话色彩	符合小学生审美趣味	其他

四、板书设计

《中国神话故事》阅读指导板书设计，如图11所示。

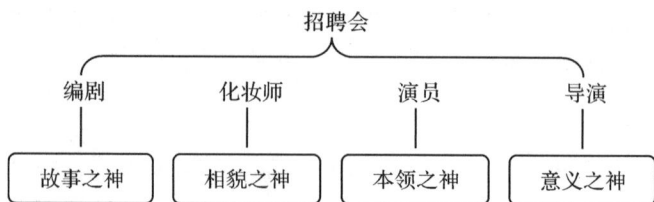

图 11 《中国神话故事》阅读指导板书设计

《西游记》整本书阅读指导

【作品分析】

《西游记》是我国古代长篇章回体小说,是我国文学史上一部最杰出的充满奇思妙想的神魔小说。它想象丰富,运用浪漫主义手法描绘了奇幻无比的世界;它情节曲折生动,语言幽默诙谐,形象鲜活感人;它写出了劳动人民反抗压迫、征服自然、用理想与命运抗争的精神。几百年来,孙悟空、猪八戒等鲜活的人物形象家喻户晓,许多经典故事人人口耳相传。

统编版五年级下册第二单元略读课文《猴王出世》就选自这部古典神话小说的第一回。"快乐读书吧"读古典名著,品百味人生,以《西游记》第六十一回的部分内容为引读,助推学生《西游记》的整本书阅读。

【学情分析】

《西游记》是一部家喻户晓的经典,每个学生都可以说出其中的几个故事,但通过学情调查发现,学生对《西游记》的了解多源于电视剧或通俗读本,读过整本《西游记》的学生寥寥无几。这造成学生对这本名著的了解过于浅显,对书中人物形象的认知固定化。又因《西游记》是一部章回体小说,章节多且语言又是白话文言,学生读起来有一定的难度。基于此,教师在教学时,既要紧扣名著的特点,又要结合学生的阅读心理,联系学生已有的阅读经验,进行有针对性的方法指导,保持学生的阅读兴趣,切实提高学生的阅读理解能力,使学生在阅读中能有自己的思考与分析。

【阅读目标】

1. 读经典,联系学生已有的阅读经验,学习名著阅读方法。

2. 品经典,紧扣名著的特点,能从不同角度阅读鉴赏。

3. 展经典,书写阅读感受,能创造性地展示阅读成果。

4. 能持续保持阅读兴趣和阅读期待,享受美妙的整本书阅读。

课前引导——回目引路　精彩共读

一、阅读目标

1. 学习运用"提取重要信息"策略,了解《西游记》,通过章回体小说的回目预测故事情节,梳理人物时间轴,厘清故事结构。

2. 通过策略的运用,增强阅读的满足感和阅读信心。

3. 敢于尝试阅读古白话文版本的小说。

二、阅读准备

PPT、回目单子、《孙悟空大战牛魔王》的片段。

三、阅读指导

板块一:回目引路,知梗概

(一)课前猜,引趣味

1. 猜一猜游戏导入。

根据图片、兵器、外貌、文字、歌曲,猜人物;根据插图猜故事。

2. 刚才我们猜的这些,都来自一本古典名著,它就是——《西游记》。这节课,就让我们一起走进《西游记》。

(二)看回目,明内容

1. 交流《西游记》初印象。

指名交流对《西游记》的了解。

2. 认识章回体小说的回目。

(1)教师出示《西游记》原著的目录,引导学生观察本书目录和平时看的书的目录有什么区别?

预设:对仗工整、一回讲一个故事。

(2)教师引导学生继续发现:有些回目是好几回讲一个故事。

预设1:学生直接能指出好几回讲一个故事

预设2:出示相关联的几个回,师生配合读,引出几回都是讲一个故事。

3. 借回目,明内容。

教师介绍:古代章回体的目录也称为"回目",《西游记》一共100回,其中第1—7回讲的是孙悟空大闹天宫,第8—12回讲的是取经的缘由,第13—100回讲的是师徒四人历经九九八十一难,取得真经的过程。瞧,通过读回目,我们知道了主要内容。如图1所示。

图1 《西游记》回目

(三)找名号,知情节

1. 在取经的过程中,最会降妖除魔的是孙悟空,如果想对孙悟空有快速的了解,我们可以借助回目里隐藏的许多巧妙提示。小组合作,从回目中圈出孙悟空不同的名号。

2. 各小组交流梳理找出的孙悟空的名号。教师PPT出示所有孙悟空名号。

孙悟空　美猴王　孙行者　弼马温　齐天大圣　石猴　斗战胜佛

3. 过渡:孙悟空是经历了各种各样的事情,才有了这些名号。一开始他是只石猴,接下来呢?请小组再次合作、讨论,排一排这些名号的顺序,如图2所示。

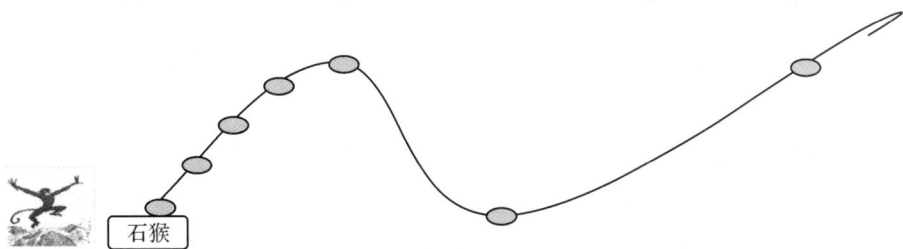

图2 名号顺序

4. 展示海报。请一小组派代表来摆一摆。

5. 其他小组有不同的意见吗? 那请你来修正并说说理由。

6. 教师小结:原来每一个名号都是有由来的,并且它们随着故事的发展而变化的。

过渡:那孙行者的名号背后又有什么有趣的故事呢?

板块二:片段共品,领奇幻

(一)跳读猜读,"啃"名著

1. 请打开阅读单,自己读一读《孙悟空大战牛魔王》这个片段,把不懂或者不明白的地方圈画出来。

原著阅读片段:

这大圣收了金箍棒,捻诀念咒,摇身一变,变作一个海东青,飕的一翅,钻在云眼里,倒飞下来,落在天鹅身上,抱住颈项嗛眼。那牛王也知孙行者变化,急忙抖抖翅,变作一只黄鹰,返来嗛海东青。行者又变作一个乌凤,专一赶黄鹰。牛王识得,又变作一只白鹤,长唳一声,向南飞去。行者立定,抖抖翎毛,又变作一只丹凤,高鸣一声。那白鹤见凤是鸟王,诸禽不敢妄动,刷的一翅,淬下山崖,将身一变,变作一只香獐,乜乜些些,在崖前吃草。行者认得,也就落下翅来,变作一只饿虎,剪尾跑蹄,要来赶獐作食。魔王慌了手脚,又变作一只金钱花斑的大豹,要伤饿虎。行者见了,迎着风,把头一幌,又变作一只金眼狻猊,声如霹雳,铁额铜头,复转身要食大豹。牛王着了急,又变作一个人熊,放开脚,就来擒那狻猊。行者打个滚,就变作一只赖象,鼻似长蛇,牙如竹笋,撒开鼻子,要去卷那人熊。

——选自明代吴承恩的《西游记》第六十一回

2. 名著中不懂或者不明白的地方,我们可以怎么解决?

预设1:对理解没有特别大影响的,可以直接跳过去,这种读书方法叫跳读。

预设2:没关系的,大致了解也是可以的。

3. 这个词语是什么意思呢? 你来猜一猜,师总结这种读书方法叫猜读。

(二)带着感受,品名读

1. 我们用跳读和猜读的方法阅读了文本内容。那这个片段中,孙行者是如何一步步降服牛魔王的呢?完成阅读单,汇报交流。如图3所示。

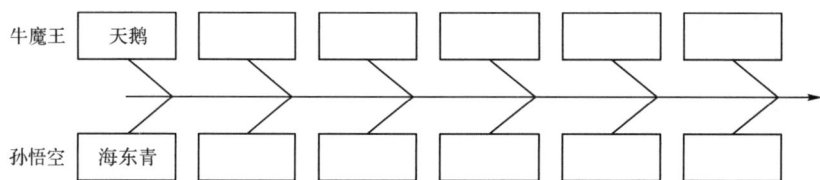

图3 牛魔王和孙悟空的鱼骨图

2. 孙行者给你留下了怎样的印象?

3. 让我们带着自己的感受,同桌合作,一人读孙行者的部分,一人读牛魔王的部分,通过朗读来感受激烈的打斗场面。

(三)不同版本,对比读

1. 关于这一场激烈的打斗,电视中是如何呈现的呢? 出示电视片段。

2. 电视内容和原著有什么不同?

3. 老师这里还有青少年版的《西游记》,在这个版本中这一段是如何描述的呢? 一起来看一看。

青少年版阅读片段:

牛魔王知道扇子被骗走了,连忙去追孙悟空。他变成八戒的样子,又从悟空那儿骗回扇子,还给铁扇公主。

悟空跟牛魔王打得惊天地泣鬼神。八戒、大力金刚、哪吒等都来助战,将牛魔王给抓住了。铁扇公主见夫君被抓了,连忙把扇子给送了出来。

教师小结:你看这么激烈的画面,青少年版用一句话就把过程讲完了,看来要想了解更多的精彩的画面、奇幻的情节、更丰满的人物形象,我们还得读原著。这也是原著独有的魅力。

板块三:阅读计划来坚持

有计划,坚持读。

1. 关于原著,你有怎样的阅读计划来坚持读完它呢？说说你的想法。

2. 有一些小伙伴也想和大家来分享,去看看吧。

微课1——阅读计划分享:学生分享自己接下来的阅读计划。

我们组采用打卡的形式来坚持阅读,每看完一回,就记录下来,好像陪着唐僧师徒一起西天取经;我们组可以跟随唐僧一路西去的脚步将西天取经的路线图画下来;我发现带着问题去读也很有趣……

教师总结:这么多的方法,在你的阅读过程中可以选择喜欢的试一试。同学们,回顾这节课,我们通过读回目,找出人物的名号,梳理故事背后的情节,学习用跳读和猜读读原著,最后制订自己喜欢的读书计划。这个方法不止适合孙悟空,读本书的其他人物也适用,甚至其他名著中的经典人物,也可以用上这个方法！带着你喜欢的方式,开启奇妙有趣的名著之旅吧。

【板书设计】

《西游记》阅读指导板书设计,如图4所示。

图4 《西游记》阅读指导板书设计

读中指导——以点带面 持续阅读

一、阅读目标

1. 通过了解阅读进度,分享阅读体会,有针对性地解决学生实际阅读中所遇到的难点。

2. 聚焦西游人物与西游故事情节,尝试运用思维导图、图片分享、思维激发等方式进行主题阅读,在阅读中学会归类和提炼。

3. 拓宽西游主题阅读的角度,保持阅读期待,激发阅读兴趣。

二、阅读准备

PPT、微课、西游单、《三打白骨精》皮影戏片段。

三、阅读指导

(一)课前游戏,唱西游

1. 播放《敢问路在何方》,师生跟着唱一唱。

2. 这首歌来自四大名著之一的《西游记》,听说你们最近在看这本书,那我们今天就来聊一聊西游。板贴"聊西游"。

板块一:聊西游知识,知学情

(一)学情初探,聊西游。

1. 你们已经读了西游部分内容了,今天我们围绕书中的部分内容,来玩个闯关游戏。

第一关:教师呈现书中人物语言,让学生猜他是谁。

▽"悟空,休得无礼。""八戒,休得无礼。"

▽"二师兄,你就听大师兄的吧。"

第二关:教师出示《西游记》当中的三个法宝图——芭蕉扇、紫金铃铛、紫金红葫芦,学生介绍其中一个法器的名号、功能。

第三关:教师出示西游邮票,学生猜这分别是《西游记》中的哪个故事。如图5所示。

图5 《西游记》邮票

(二)方法交流,说一说

2. 没想到你们对《西游记》真的有了解。随机采访学生:你读到第几回了?

3. 我认识的一位小朋友也和你们一样在读《西游记》,不过最近他遇到了一点问题。播放微课,谁来帮帮他。

微课1——读名著困惑:我最近在看《西游记》,可是书里的很多字词都不认识,有些字词也不理解。面对这个困惑,我都想放弃了。

4. 生回顾交流,阅读名著的方法。

预设1:遇到有些难读的或不认识的生字词可以跳过去。

预设2:遇到有些不认识的字词还可以根据上下文的意思猜一猜。

预设3:还可以根据偏旁猜一猜。

预设4:还可以查字典、上网、借助工具书去解决难理解的字词……

5. 谢谢你们,你们很有办法哦,回去我要把这个办法告诉他。那么这段时间读《西游记》,书里的哪些地方吸引了你?

板块二:聊西游人物,论身世

(一)各显神通,多种方法去介绍

1. 聊了那么久的西游,我发现你们对西游人物很感兴趣。提起西游人物,你的大脑中冒出了谁? 生自由交流《西游记》中人物。

2. 你们说了这么多的西游人物,如果把这些人物分一分阵营,你会怎么分?

预设:妖魔天团、神仙天团和取经天团。

3. 西游这三类人之间有什么关系呢?

预设:取经天团一路降妖除魔,关键时候神仙天团出手相助,共同演绎了一百回西游故事。

4. 是的,《西游记》中这三类人物紧密联系。那你知道《西游记》中的妖怪一共有多少吗? 指名学生猜测。

5. 来听听你有没有猜对:《西游记》中大妖怪有135个,小妖怪数不胜数,再加上各路神仙。于是,有同学有这样的困惑。(微课播放学生困惑)

微课2——人物众多困惑:《西游记》中人物众多,我经常看了这个,忘了那个,有时还张冠李戴。你们有什么办法能清楚明白地介绍西游人物?

6. 生讨论交流:可以制作西游人物图谱、西游人物关系图、西游人物档案袋、西游人物评价卡……师随生交流板贴。

(二)人物名片,多个方面去梳理

1. 这节课我们尝试梳理人物名片。以《西游记》中的妖怪为例,我们可以从哪些方面去梳理? 随生交流出示,如图6所示。

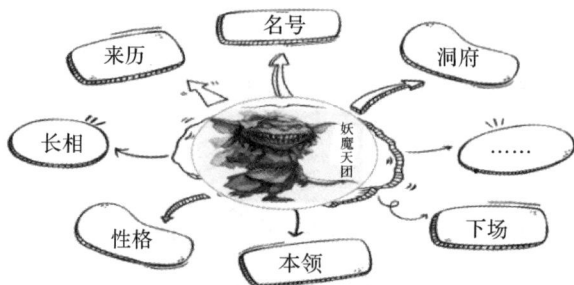

图6 梳理《西游记》人物名片

2. 同学们,接下来试着从这些角度去梳理读到的一个妖怪。如图7所示。

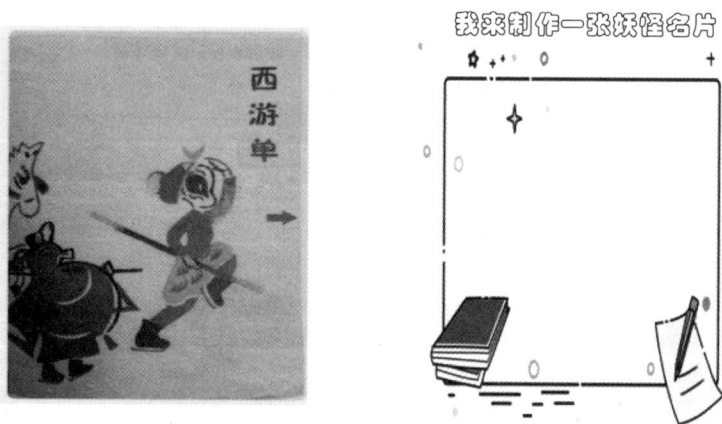

图7 制作《西游记》妖怪名片(姚晓雲设计)

3. 请生展示梳理的妖怪名片,向同学们介绍《西游记》中的一个妖怪。

4. 师总结:我们还可以制作妖怪图谱,当你读书的时候还可以制作西游人物卡牌、妖怪档案袋、人物评价卡等,同学们课后可以边阅读边整理。当整本书读完时,我们还可以举办一场西游人物秀。

板块三:聊西游情节,说精彩

正是这些西游妖怪,给我们带来了一个个精彩有趣的西游故事,你最喜欢的西游故事是哪个? 指名说。

教师引导:课前我在咱们班里做了个小调查,发现《三打白骨精》呼声最高。那就让我们再一次回顾这部分内容。

(一)借思维图,抓住精彩

1. 一起走进这个故事。出示第27回:尸魔三戏唐三藏,圣僧怒逐美猴王。读一读这个章节。

2. 这个故事很长,你觉得这个故事最精彩的部分是什么?

预设:三变三打。

3. 是的,你说到了点子上,这个故事之所以吸引我们,在于他们不断亮招、接招,斗智斗勇。白骨精连出三招,是什么? 具体如图8所示。

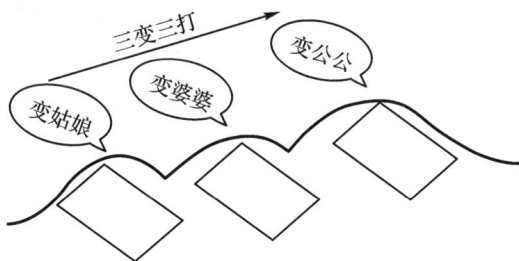

图8 三变三打变化图填写

预设:变姑娘、变婆婆、变公公。

4. 此时书中悟空是怎样接招的? 请你快速找到孙悟空打斗部分用文中的词来说一说。

预设:生说第一处的时候说得很长,师提示:能再说得短点吗?

5. 我发现你是通过提炼文中重要的信息来说的。请读孙悟空两处接招的部分,用简洁的语言来说。

6. 你们发现了吗? 最精彩的部分恰好是整件事的经过。故事的起因和结果又是如何的呢? 出示图9:

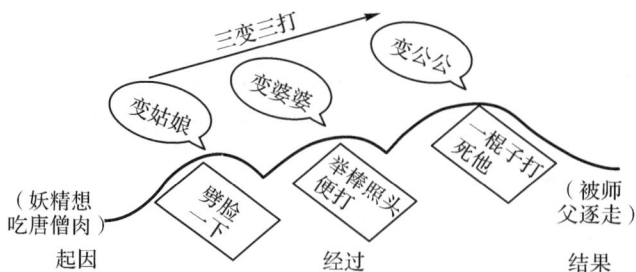

图9 三变三打完整变化图

7. 现在谁能看着这个山形图,来为我们说说这个故事。

评价1:你把故事说得简短,但不简单。

评价2:虽然说得不长,但故事在你嘴里依然生动有趣。

8. 看来利用思维图,抓住故事的精彩部分,不仅能把长长的故事说短,还能说得精彩,说得有趣。这样的思维图有很多呢。请看我班同学的展示。

微课3——丰富多样的思维图:我们在读故事的时候常常借助多样的思维图来梳理故事的情节。有像这样的山形图,有像台阶一样的阶梯图,有像鱼架一样的鱼骨图……还有很多很多,利用思维图,可以帮助我们提炼故事中的重要信息,厘清整个故事的内容。借助思维图,我们就能把故事讲清楚、讲明白。

微课出示抓住《三打白骨精》精彩情节的各种思维导图,如图10所示。

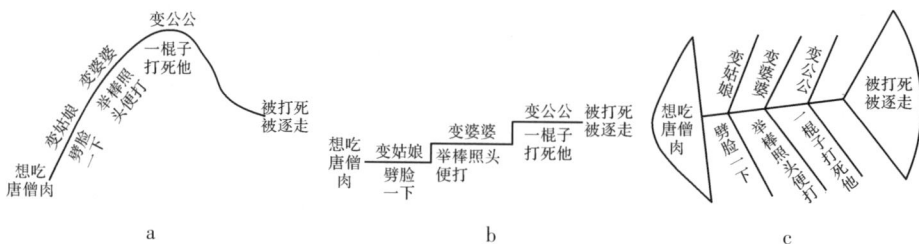

图10 《三打白骨精》精彩情节的各种思维导图

(二)用思维导图,留下精彩

1.《三借芭蕉扇》在西游中写了三个回目,这一节课,就请同学们阅读其中的一回故事,用上合适的思维导图留下故事中的精彩部分。出示《西游记》人物单,让学生完成,如图11所示。

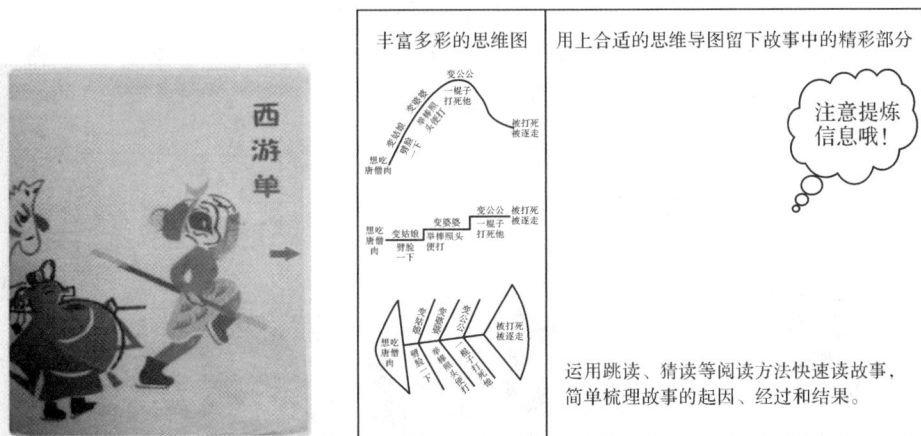

图11　《西游记》人物单（姚晓雲设计）

2. 小组组员间合作交流,针对自己制作的思维导图再次修改。PPT出示小组合作要求:

组员议一议:①情节是否完整;②信息提炼是否准确;③有没有抓住精彩部分。

3. 出示各种梳理情节的思维导图,请学生对着思维导图来说说这个故事。请生点评。

4. 教师总结:同学们真棒,我相信在接下来的阅读中你们也会借助合适的图形去留住故事中的精彩部分,并把这个精彩的故事讲给身边的人听。

5. 故事可以讲一讲,还可以用什么形式来传递? 生交流:演一演、连环画……师随生交流板贴。

6. 故事甚至还可以用皮影戏的方式来展示,我们来欣赏一段《三打白骨精》的皮影戏。

板块四:课堂回顾,主题阅读

以点带面,持续阅读。

1. 同学们,这堂课你们学到了什么? 学生交流分享本堂课的收获。

2. 今天我们聊了《西游记》中的人物、故事,并且收获了这么多的方式来展示。在接下来阅读西游的过程中,你还会关注哪些方法呢? 师随生说,板贴"西游兵器""西游路线"……

3. 教师总结:同学们在以后的阅读中如果能从不同角度写读书感受,创造性地展示阅读成果,我相信你们会有更多的收获。

【板书设计】

《西游记》阅读指导板书设计2,如图12所示。

图12 《西游记》阅读指导板书设计2

读后分享——"三"的文化 "变"的哲学

一、阅读目标

1. 借助时间轴,关注重点章节,了解孙悟空的核心品质。

2. 借助"推论卡",体会孙悟空的性格特点,鼓励学生表达自己的观点。

3. 感受名著魅力,激发阅读四大名著的兴趣。

二、阅读准备

PPT、阅读推论卡、学生阅读成果。

三、阅读指导

板块一:暖身活动,三猜引"变"

1. 看文字猜——齐天大圣。

这段话摘自书籍《西游记》的第四回,能猜出是谁吗?

身穿金甲亮堂堂,头戴金冠光映映,手举金箍棒也跟足踏云鞋皆相称。

2. 看图片猜——斗战胜佛。

这幅图选自书籍《西游记》的第一百回,能猜出图上是谁吗?

展示《西游记》一书中"斗战胜佛"的图画。

3. 听声音猜——孙行者。

这是选自电视剧《西游记》第二十七回中的一段声音,能猜出是谁吗?

播放录音:"嫂嫂,借我扇子一用;嫂嫂,借我扇子一用……"

板块二:发展活动,三忆品"变"

(一)一忆课文,学方法

《石猴出世》这篇课文,我们刚上过,大家还记得吗?刚开始"仙石孕育出一石猴",它是"无名无姓"的。它因什么事具有了"美猴王"的称号呢?

句式:因(　　　　　　　),具有(　　　　　)的名号。

(二)二忆目录,找名号

出示《西游记》的目录。

阅读细心的同学,不仅能透过目录看到这里面还有孙悟空的其他名号,肯定还能说出他之所以有此名号的缘由,你能用"因(　　),具有了(　　)的名号",来简单说一说吗?

(三)三忆故事,排名号

1. 再次回忆自己阅读的整本书,请你把孙悟空的这些名号按顺序排到时间轴上去。如图13所示。

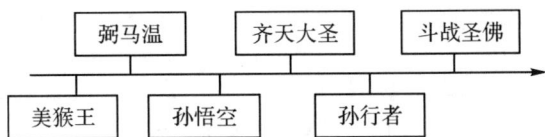

图13　孙悟空名号

2. 学生排顺序:指名上台摆,其他学生在座位上摆。

3. 校对:大家看他摆得对吗?

板块三:提升活动,借悟"变"

(一)借助"推论卡",形成自己的观点

1.在孙悟空这么多的"名号"中,你最喜欢哪个"名号",为什么?借助"推论卡",形成自己的观点。如图14所示。

```
策略单一:
推论卡
★推论台:
我最喜欢孙悟空_____的"名号"。
喜欢的理由:
我从(　　　)章中_____感受到它的_____。
```

图14　策略单一(黄芳设计)

2. 学生上台交流。

(二)借助"展示台",演绎自己的观点。

1. 假如给你一个表现的机会,你会用什么方式来展示这个时期的孙悟空?展示策略单二的后半部分,如图15所示。

```
策略单二:
展示台
★展示台:
我将用_____
(朗读、讲故事、画画、演课本剧、演讲……)的形式来展示这一时期的
孙悟空。
```

图15　策略单二(黄芳设计)

2. 分小组上台汇报。

3. 一个小组汇报好之后,大家讨论。

句式:从_____组的汇报中,我们看到了一个_____的孙悟空。

4. 借助板书,再谈自己的观点。

板块四:拓展活动,三拓"变"

(一)活用方法提速度

用"时间轴"和"推论卡"能帮助我们快速阅读,课后我们还可以用这两个阅读策略去研究《西游记》中其他人物。

(二)绘制笔记延深度

我们将这一张张"推论卡"装订成册,这是属于我们自己的阅读笔记。

(三)拓展阅读增广度

今天我们学习了《西游记》的阅读策略,大家可以用同样的方法去阅读《水浒传》《红楼梦》《三国演义》。

《鲁滨逊漂流记》阅读指导

【作品分析】

《鲁滨逊漂流记》是英国著名作家笛福的代表作,是一部流传很广、影响很大的文学名著。本书讲述了鲁滨逊在几次冒险旅程后,在一次航海中遭遇飓风,一个人在荒岛中生活了28年的故事。全书均由主人公鲁滨逊自述而成,娓娓而谈,很是亲切,读者在阅读时,犹如在聆听一个长者的故事。

18世纪欧洲最杰出的思想家卢梭建议:每个成长中的青少年,尤其是男孩子都应该读一读《鲁滨逊漂流记》。可以看出,该书在青少年成长历程中扮演着重要的角色。

《鲁滨逊漂流记》展现了主人公在荒岛中求生的经历,他充满活力,不信天命,运用自己的聪明才智,战胜了他所遭遇到的所有的困难与挫折,他的性格魅力和英雄本色,是这本书最值得品味的部分,这也正是现代青少年读此书最为重要的精神指引。

【学情分析】

六年级的孩子,虽有一定的阅读经验,但对于名著阅读还是有一定难度的。

因为学生不熟悉作品的历史背景和文化氛围,不了解人物思想和行动的原因,对外国民族文化也知之甚少,再加上时空跨度大,所以在内容上学生会感到生疏,阅读时也会有些小障碍。但好在故事情节较精彩,六年级的孩子会比较感兴趣。

此外,即将升入初中的六年级学生,其阅读水平需要与初中相衔接,所以需要在原有阅读基础上学会做好整本书的阅读规划,学习有计划、有目的地阅读。

【阅读目标】

1. 读经典,学习名著阅读方法。

2. 品经典,感受鲁滨逊的人物特点。

3. 议经典,领悟写法并有所获。

4. 享受美妙的整本书阅读。

课前引导——精彩共读 方法引路

一、阅读目标

1. 带领学生走进经典文学作品,感受经典之魅力,激发阅读兴趣。

2. 以《鲁滨逊漂流记》为例,引导学生掌握阅读外国长篇小说时可使用的猜读法、代入法、批注法等阅读方法。

二、阅读准备

1. 课件(包括影视片段)。

2. 微课视频。

3. 海报。

4.《鲁滨逊漂流记》书本。

三、阅读指导

板块一:趣味导入识经典

(一)书香引路影激趣

1. 出示读书名言:

书籍是全世界的营养品。生活里没有书籍,就好像没有阳光。智慧里没有书籍,就好像鸟儿没有翅膀。——莎士比亚

2. 揭示主题：

书是我们的良师益友，书是我们的精神食粮，孩童时候起大人们就带着我们看书读故事，现在进入高年级，我们的阅读也延伸到外国文学的赏析上。这节课，就让我们一同漫步世界名著花园，领略外国文学的风采。(出示主题：漫步世界名著花园　领略外国文学风采)

3. 播放电影片段——首航遭遇风暴。

许多文学经典经久不衰，当中还有很多被翻拍成了电影，接下来，老师会给大家播放一段视频，你能从中猜出这部作品的名字吗？(播放视频)

4. 引出本书：

是的，这本书就是被誉为影响孩子一生的世界十大名著之一的《鲁滨逊漂流记》。

(二)名家推荐读经典

1. 名家推荐：

这本书有不少名家都读过，而且还给出了推荐语，我们一起来看看。(出示)

▽孩童时期，这部书只是读来有趣，成人之后再去读，就会知道这是不朽的杰作。——费迪曼(美国专栏作家)

▽《鲁滨逊漂流记》是一部合乎情理地解决问题和通过实践来学习的经典。每个正在成长的男孩都应该先读读这本书。——卢梭(法国思想家)

▽《鲁滨逊漂流记》——一本男孩必读的书。——杨红樱(现代作家)

2. 激起阅读兴趣：

中外名家如此推荐的一部著作，你想读吗？

今天就让我们一起去领略这本书的风采。

板块一：版本挑选行在前

(一)看版本

1. 版本众多：

我们先来看看这本书的封面。(板书：封面。出示众多版本的封面。)

你们有什么发现？

2. 感受其经典之魅力：

是啊,《鲁滨逊漂流记》被誉为英国文学史上的第一部长篇小说,是世界文学宝库中的一部不朽的经典之作。小说从1719年出版至今,已出了几百个版本,几乎被译成了世界上所有的文字发行。据说在西方,除了《圣经》之外,《鲁滨逊漂流记》是再版次数最多的一本书。

(二)选版本

1. 如何挑选外国作品的版本：

这样一部经典的外国著作,我们该如何挑选它的版本呢?

我们主要从两个方面进行:一看出版社,二看译者。

出版社推荐:人民文学出版社、译林出版社、上海译文出版社、商务印书馆。

译者推荐:傅雷、杨绛、草婴、汝龙、巴金、叶君健、梁实秋。

2. 补充小结：

以后,我们在面对老师推荐的外国名著时就可以从出版社和译者这两个方面进行综合考量,选择好的版本。同学们,你们还有什么选择名著版本的好方法吗?

交流(看名家推荐,看书本的腰封,看书评……)

小结:的确,外国名著版本的选择很重要,用上这些方法就能帮助我们找到好的版本,找到适合自己阅读的版本!

板块三:整书阅读三步曲

(一)看封面,读信息,识作者

1. 读取封面信息：

老师手上这本《鲁滨逊漂流记》是商务印书馆出版的。

现在先让我们看看这本书的封面,你们从中了解到哪些信息呢?(交流)

2. 了解作者：

作者介绍:丹尼尔·笛福(1660—1731)被誉为"英国与欧洲小说之父"。笛福生于伦敦一个油烛商家庭,年轻的时候,是一个成功的商人。在从事商业的同时,他还从事政治活动,代表当时日益上升的资产阶级出版了大量的政治性小册子,并因此被捕。笛福直到晚年才开始创作小说。写《鲁滨逊漂流记》时,他已59

岁了。此后,他又创作了《辛格顿船长》《杰克上校》《摩尔·弗兰德斯》等小说,这些小说对英国及欧洲小说的发展都有巨大的影响以及作用。

3. 过渡:除了这些信息,你还想知道什么信息?

这些你们想知道的信息,在读这本书之前我们有初步了解的方法吗?

(读前言和目录)

(二)览前言,知内容,探背景

1. 浏览前言:

一般,一本名著都会有导读部分或者序言,不同的版本,编排有所不同。

现在请同学们快速浏览这本书的前言,从中你又获得了哪些信息?

2. 交流信息。

3. 小结:看来,浏览前言能帮助我们对故事有个大致的了解,所以这个读书方法在今后的阅读过程中也要学会用起来。(板书:前言)

(三)读目录,猜内容,理脉络

1. 目录猜读:

再来看目录,从目录中我们又能了解到哪些信息呢?

现在,请同学们翻开目录看一看。你对哪个章节最感兴趣?根据章节名称,你来猜猜这个章节可能写了什么内容?

2. 交流:

分享自己感兴趣的内容和自己的猜想。

发现文章的脉络。

3. 小结:通过读目录(板书:目录),我们不仅对故事的脉络有了大致的了解,更点燃了我们对书中情节的好奇之心,那就让我们一睹为快,一起来读一个片段吧!

板块四:片段共读学方法

(一)精彩片段赏读

1. 出示第三章遭遇海盗的片段。

同学们都很喜欢刚才播放的鲁滨逊出海遭遇风暴的惊险场面,其实小说中像这样惊险刺激的情节还有许多,让我们一起再来读一读刚才许多同学感兴趣

的遭遇海盗的这个片段。(附件 2 阅读片段)

2. 初步自读。

3. 交流过渡:读完这个片段,同学们有什么想说或想问的吗?

(1)指名交流。

(2)教师小结:是啊,小说紧张刺激的情节吸引着我们,但同时阅读中又遇到了许多障碍,我们该怎么办呢? 接下来就让我们跟随学习小伙伴一起来学习几种阅读外国名著的好方法吧!

(二)微课解锁方法

1. 微课 1——联系上下文猜读。

(1)微课内容:在阅读这个片段时,当读到"有六十多人跳上了我们的甲板"时,我不懂"甲板"是什么意思,但当我读到后文中写的"强盗们一上船就乱砍乱杀"从而猜测"甲板"应该是说船的一个部分。

当读到"我们全部被俘"时,我不懂"被俘"是什么意思,但当我读到后文中写的"其他人都被送到皇帝的宫里去,远离了海岸;我却被海盗船长作为他自己的战利品留下,成了他的奴隶"从而猜测"被俘"应该是说被抓捕,成为阶下囚或奴隶。

(2)教师小结:看来"联系上下文猜读"是一种读书的好方法。

2. 微课 2——不影响理解的内容跳过去。

(1)微课内容:阅读这个片段,我看到"英镑"这个关于钱币单位的词语,我没有停下阅读,我知道这表示钱币就可以了。

(2)教师小结:是啊,外国文学中会有许多和我们不一样的地方,只要不影响我们理解的内容就可以直接跳过去。

3. 微课 3——关于地名。

(1)微课内容:

①看地图。书中出现了很多地名,如伦敦、几内亚等,对于这些和鲁滨逊航行位置有关的地名,我就在地图中找出来,并且用线条连接起来,这样我就知道了鲁滨逊航行的足迹。

②跳过,不细究。如读到"我们全部被俘,被押送到萨累,那是摩尔人的一个港口",对于"萨累"这个地名,我认为不会对我的阅读造成障碍,我只要知道那是

海盗把我们带回的一个港口就行了,我就跳了过去。

(2)教师小结:这个学习小伙伴分享的关于地名的问题,也是我们阅读《鲁滨逊漂流记》这本冒险小说时很重要的一种方法。或标记航海路线或跳过去,同学们都要记住哦!

4. 微课4——查阅资料。

(1)微课内容:阅读片段时,我不理解为什么海盗抓了我们会把我们送到皇宫里去,所以我查阅了当时的背景资料来搞清楚。

(2)教师小结:是呀,查阅资料也对阅读很有帮助哦!

5. 微课5——询问他人。

(1)微课内容:片段中提到"结果却横冲到我们的后舷",我不知道"后舷"是什么意思,虽然它不影响我读懂小说,但我出于好奇就问了爸爸,我知道了船舷就是船的主甲板和船边侧板相连接的部分。

(2)教师小结:看来,询问他人也是读书时一种方便有效的好方法。

6. 微课6——结合影视。

(1)微课内容:当读到鲁滨逊遇到海盗,并被海盗当作奴隶时,我想到了我看过的电视剧,海盗真可怕。

(2)教师小结:是的,阅读中我们常常会结合自己的生活经验来丰富我们的阅读,但有的内容可能是远离我们生活的,这时候我们就可以像这位学习小伙伴一样结合影片来帮助理解。

(三)工具小结方法(海报、卡牌)

1. 小结回顾:看来阅读外国名著我们可以用上这么多的方法:联系上下文、查找资料、询问他人、结合影视、利用地图等。同学们也可以在接下来的阅读中去寻找、总结更多阅读外国名著的好方法。

2. 海报、卡牌:现在老师将这些阅读外国名著的好方法制成了海报送给大家,课后同学们也可以将其制成像书签一样的卡牌,阅读时放在手边提醒自己。

板块五:导学计划引课外

结语:同学们,这节课我们不仅学习了读外国名著的方法,还初识了《鲁滨逊漂流记》这部外国文学经典,跟着主人公鲁滨逊一同经历了首航时那场可怕的风暴,知道了他被俘成了海盗的奴隶……后面还会发生哪些有趣、惊险、感人的故事呢?让我们带上这份导学单开启整本书的阅读之旅吧!(附件1 导学单)

附件1:

《鲁滨逊漂流记》导学单

1. 第一关:读通名著。

阅读中遇到障碍时,我能用上锦囊里的方法,如图3所示。

图3 锦囊帮助阅读

2. 第二关:厘清脉络。

读长篇小说,及时梳理行文脉络,不仅能让我们的阅读思路更清晰,还能帮助我们记住长篇故事的内容。边阅读,边完成以下导图(三选一完成),如图4所示。

(1)目录气泡图:对目录进行提问,能帮助我们记住故事内容。(可根据需要,增加或删减每个目录的提问气泡。)

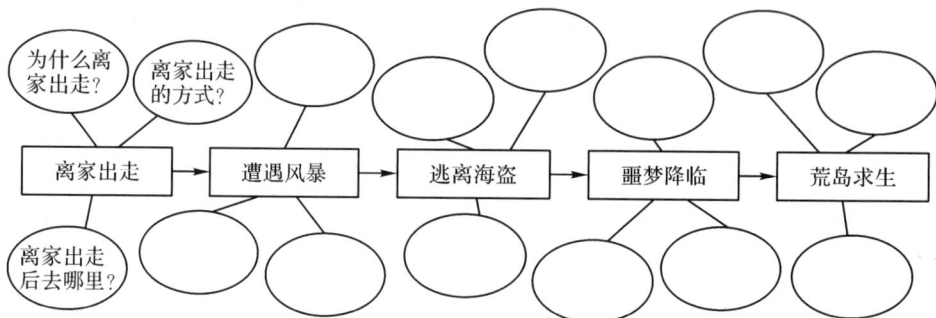

图4 目录气泡图(孙洁设计)

(2)冒险路径图,如图5所示。

- 204 -

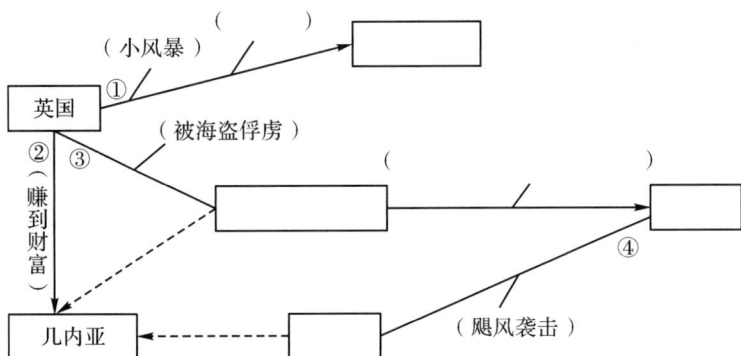

图5　冒险路径图(戴文君设计)

（3）身份变化图，如图6所示。

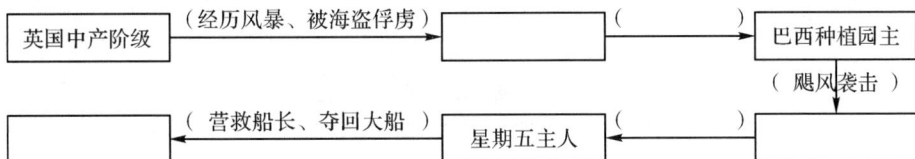

图6　身份变化图(饶静文设计)

3. 第三关：批注感受。

在阅读的过程中，我们会产生很多的疑惑、情感等，用做批注的方法把这些感受及时记录下来。可以这样进行批注。

（1）批注方法：

①用你喜欢的符号圈画标注。

②在空白处写批注。

③把想法写在便利贴上，贴在相应的书页中。

（2）批注角度：

有疑问的地方：写下阅读中让你产生的疑惑。

有感受的地方：写下阅读中被书本带动起的喜怒哀乐悲等情感。

写得好的地方：对你认为写得好的文字或修辞手法做批注。

产生联想的地方：由这本书中的内容联想到自己曾经的阅读或生活经历。

4. 第四关：人物感知。边阅读，边为鲁滨逊完善这份人物名片。

> 姓名:鲁滨逊　　　　　　国籍:英国
>
> 出处:《鲁滨逊漂流记》(笛福)
>
> 外貌形象:
>
> 性格特点:
>
> 突出能力:
>
> 精神品质:
>
> 名言警句:

5. 良好的计划,能更好地促进我们阅读。《鲁滨逊漂流记》这本书我们计划用两周的时间看完,请根据自己的实际情况,制订一份阅读计划表(以下仅供参考),如表2所示。

表2　阅读计划表

时间	章节	故事梗概
第一周(月　日—月　日)		
第二周(月　日—月　日)		

附件2:

阅读片段:

现在,我俨然成了做几内亚生意的商人了。不幸的是,我那位当船长的朋友在回伦敦后不久就去世了。尽管如此,我还是决定再去几内亚走一趟,就踏上了同一条船。这时,原来船上的大副做了船长。这是一次最倒霉的航行。虽然我上次赚了点钱,但我只带了不到一百英镑的货物,余下的二百英镑通通寄存在船长寡妇那里。她像船长一样,待我公正无私。但是,在这次航行中,我却屡遭不幸。第一件不幸的事情:我们的船向加那利群岛驶去,或者,说得更确切些,正航行于这些群岛和非洲西海岸之间。一天拂晓,突然有一艘从萨累开来的土耳其海盗船,扯满了帆,从我们后面追了上来。我们的船也张满了帆试图逃跑。但海盗船比我们快,逐渐逼近了我们。看情形,再过几小时,他们肯定能追上我们。我们立即开始做战斗准备。我们船上有十二门炮,但海盗船上有十八门。大约到了下午三点钟光景,他们赶了上来。

他们本想攻击我们的船尾,结果却横冲到我们的后舷。我们把八门炮搬到了这一边,一起向他们开火。海盗船边后退,边还击;他们船上二百来人一起用枪向我们射击。我们的人隐蔽得好,无一受伤。海盗船准备对我们再次发动攻击,我们也全力备战。这一次他们从后舷的另一侧靠上我们的船,并有六十多人跳上了我们的甲板。强盗们一上船就乱砍乱杀,并砍断了我们的桅索等船具。我们用枪、短柄矛和炸药包等各种武器奋力抵抗,把他们击退了两次。我不想细说这件不幸的事。总之,到最后,我们的船失去了战斗力,而且死了三个人,伤了八人,只得投降。我们全部被俘,被押送到萨累,那是摩尔人的一个港口。

我在那儿受到的待遇,并没有像我当初担心的那么可怕。

其他人都被送到皇宫里去,远离了海岸;我却被海盗船长作为他自己的战利品留下,成了他的奴隶。这是因为我年轻伶俐,对他有用处。我的境况发生了突变,从一个商人一下子变成了可怜的奴隶。这真使我悲痛欲绝。这时,我不禁回忆起我父亲的预言;他说过我一定会受苦受难,并会呼援无门。现在我才感到,父亲的话完全应验了。我现在的境况已再糟不过了。我受到了老天的惩罚,谁也救不了我。可是,唉,我的苦难才刚刚开始呢,下面我再接着细说吧。

读中指导——交流分享　感知人物

一、阅读目标

1. 交流阅读外国名著的方法。

2. 学习记住长篇小说故事内容的方法。

3. 感受鲁滨逊的人物特点。

4. 为后续阅读做好铺垫。

二、阅读准备

1. 学生阅读《鲁滨逊漂流记》并按导学单内容做批注。

2. 导学单。

三、阅读指导

(一)交流运用,实践阅读外国名著的方法

1. 回顾阅读外国名著的方法。

导读课中,我们学习了阅读外国名著的方法,你记得哪些?

预设:联系上下文、联系生活经验、跳读、查找资料、询问他人、结合影视……

2. 交流阅读外国名著时遇到的困难和解决的方法。

《鲁滨逊漂流记》我们已经读了一半,回顾阅读的过程,你有没有遇到阅读的困难?你又是如何解决的呢?

3. 小结:我们用上了这些方法——"联系上下文、联系生活经验、查找资料、询问他人、结合影视……"就能大致读懂外国名著。当然,外国名著相较于我国的文章,语言上会有一些不同,只要我们坚持读下去,一定会发现名著的魅力。

(二)回顾梳理,厘清冒险过程

我们已经读完了半本书,这么厚的长篇故事都讲了些什么内容呢?结合导学单第二关的题目,想一想你有哪些回顾故事的方法?

1. 目录提问法。

(1)看目录:离家出走,遭遇风暴,逃离海盗,噩梦降临,荒岛求生。

(2)你发现这些目录标题有什么特点?

预设:都是以事情作为目录标题的。

(3)我们只需要对目录进行提问扩充,就能回忆起这一章节写了什么内容。

学生交流展示已完成的目录气泡图,如图7所示。

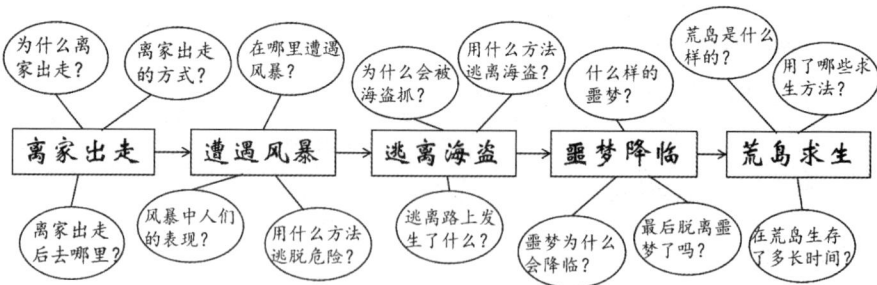

图7 已完成的目录气泡图

(4)选择其中一个章节,围绕目录标题和提问,自己讲一讲这个章节的故事。

(5)学生交流,一个接一个串讲故事。

(6)小结:目录提问是记住故事内容的一个好方法,在后续的阅读中,你可以有意识地看看目录,并提问,再进行阅读,能更好地帮助你记住内容。

2. 导图记忆法。

除了看目录,我们还可以利用思维导图帮助我们厘清主人公冒险的过程。学生交流导图内容:

(1)冒险路径图。

①因为鲁滨逊的冒险漂流都是在海上,因此我们可以在阅读的过程中,根据他到达的地点,设计一张"冒险路径图",帮助我们记忆。

②学生汇报展示已完成的"冒险路径图",如图8所示。

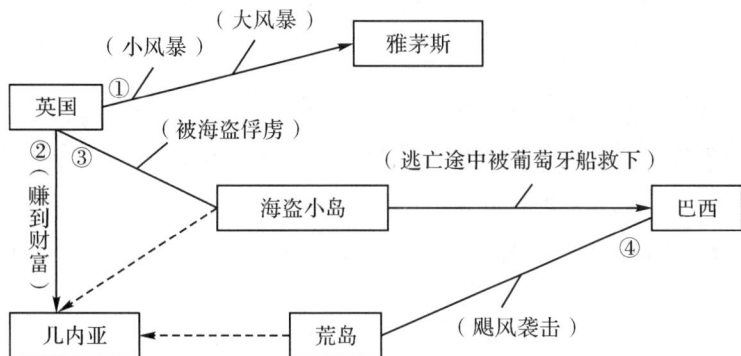

图8　已完成的冒险路径图

③自己根据图讲一讲鲁滨逊探险的故事。

(2)身份变化图。

①随着冒险的发展,鲁滨逊的身份也跟着变化,我们可以根据这个特点设计一张人物身份变化图,帮助我们记住故事内容。

②学生汇报展示已完成的"身份变化图",如图9所示。

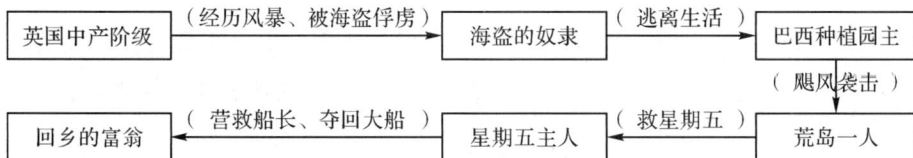

图9　已完成的身份变化图

③自己根据图讲一讲鲁滨逊探险的故事。

3. 教师小结:长篇小说因为篇幅很长,很容易读了后面忘了前面,通过目录提问和梳理导图的方法,能够帮助我们记住故事内容。在接下去的阅读中,你可以用上这些方法记住故事内容。

(三)品读细微,感悟人物品质

阅读名著,我们不单单看故事的内容,还会在阅读的过程中产生各种各样独特的阅读体验。同学们都在书中做了批注,简单地记录下了独属于你的阅读感受。现在,我们就来分享阅读体验吧。

通过调查发现,大部分同学最喜欢的章节是第五章"荒岛求生",这节课我们就一起体验第五章故事的魅力。

1. 归类总结,升华文本理解。

(1)你为什么最喜欢第五章呢?

预设:因为第五章写了鲁滨逊在荒岛中独自求生的经历,他能在那么艰难的环境中生存下来,我觉得他很厉害,令人敬佩。

(2)鲁滨逊在荒岛中是怎么生存下来的? 小组合作,选择"衣、食、住、行、其他"中的一项内容,完成表3。

表3　鲁滨逊荒岛求生记

类别	遇到的难题	最初的办法	后来的改善	总结的经验
衣				
食				
住				
行				
其他				

(3)在梳理的过程中,你有没有产生新的阅读体会? 即在原本自己阅读时没有体会到或者感受比较浅,但经过梳理这个图表进一步感受到的阅读体验。

预设:

①更系统全面地了解了鲁滨逊面临的困难——衣、食、住、行、心理等方面。

②鲁滨逊克服困难的过程是一步步完成的,并在解决困难的过程中不断总结方法教训,不断改善。

③通过整理才发现,原来鲁滨逊克服了这么多的困难。这么多的困难都没

有把他打倒,他反而从苦难中汲取经验,并不断克服,更加体会到他身上坚毅、聪明的精神品质。

(4)教师小结:在阅读的过程中,我们的体验往往是零碎的,思维也容易局限在局部的文字里。如果,我们能够把篇章内容进行归类梳理,会得到更为全面的体验,思维也会随之上升到更为广阔的境地。所以,我们在阅读长篇小说时,读完一个较长的篇章后,可以对内容进行归类总结,以提升理解和感悟。

2. 品读细节,触摸文字温度。

(1)第五章中,给你留下深刻印象的是哪部分? 你为之批注了什么内容?

(2)按以下批注类型,由学生代表交流分享批注内容和方法。

①有疑问的地方:

> 为什么认为这个想法愚蠢？我觉得这想法没什么问题。
> 我总是愚蠢地认为:"把船造好了再说。到时一定会想出办法的。"我费尽力气砍倒了一棵大柏树,用了二十 真有毅力

②有感受的地方:

> 遇到困难不放弃,而是另想办法,有毅力有智慧。
> 一步。既然不能推动独木舟,那只好另想办法了。我丈

③写得好的地方:

> 之后把谷物存放起来。可是,我没有磨子,没法磨谷子;这几个 我也没有筛子,没法筛粉;我还没有发酵(jiào)粉和盐,"发"真没办法做面包;最后,我也没有炉子烤面包。 难啊

④产生联想的地方:

> 我认同！我也时常因为不估计自己的力量而付出代价。一次骑自行车,我自认为可以放手,结果摔得骨折,打了一个月石膏,太愚蠢了！
> 鲁滨孙漂流记 这件事让我非常难过。到这时我才明白,做任何事,如果不预先计算一下要付出的代价,不提前估计一下自己的力量,那是十分愚蠢的!

(3)教师小结:从阅读行为一开始,我们就会产生许多感想,有意识地记录下我们的感想会促进我们进一步理解文本、了解人物,丰富阅读体验。在后续阅读

中,你可以像这些同学一样有意识地从这几个方面进行思考批注,提升对名著的品鉴能力。

3. 聚焦心理,走进人物内心

(1)你是否注意到,这本书中有非常多的心理独白,这些心理独白让人物形象更加生动饱满,便于我们理解人物的精神品质。

(2)举例片段:

这时,我心里不禁又难过起来。因为我想到,倘若昨天我们全船的人不下小艇,仍然留在大船上,大家必定会平安无事。这时就可安抵陆地;我也不会像现在这样,孤苦伶仃孑然一身了。而现在,我既无乐趣,又无伴侣。想到这里,我忍不住流下泪来。可是,现在悲伤于事无补,我即决定只要可能就先上船去。……呆坐着空想获得不存在的东西是没有用的。这么一想,使我萌发了自己动手的念头。

①理出心情变化。

预设:悲伤绝望—坦然应对。

②代入文中角色。

想象你就是鲁滨逊,读一读这一段话,体会从悲伤的情绪转到坦然面对的乐观心态上。

③发现表达规律。

· 继续找找能反映鲁滨逊遇到困难后心情变化的段落读一读,体会"我"的心情变化。

· 出示有代表性的段落,找出共性的规律——"可是"前后鲁滨逊的心态发生了极大的变化。

· 是什么力量促使他从绝望中走出的呢?

预设:多想自己所拥有的幸运,少想不幸的事情。

④化成精神力量。

联系自己遇到困难时的情境,想一想,如果你再遇到生活中的困难时,你会怎么跟自己说呢?

4. 信息整合,感知人物形象。

(1)现在你对鲁滨逊这个人物是不是有了更多的认识和感受呢?补充导学单中的人物卡内容。

```
姓名:鲁滨逊                  国籍:英国

出处:《鲁滨逊漂流记》(笛福)

外貌形象:

性格特点:

突出能力:

精神品质:

名言警句:
```

（2）学生交流人物卡内容。

预设:

```
姓名:鲁滨逊                  国籍:英国

出处:《鲁滨逊漂流记》(笛福)

外貌形象:皮肤黝黑、衣服破旧、双手粗糙

性格特点:心态积极

突出能力:制作工具、狩猎

精神品质:坚韧、顽强、乐观

名言警句:害怕危险的心理比危险本身还要可怕一万倍。

世间万物,只要有用处的,才是最宝贵的。

……
```

（3）教师小结:当阅读名著中的精彩片段时,可以边读边批注自己的感受;通过归纳总结,全面理解人物品质;对于书中的人物心理要细细品读,感受人物的内心世界;学习人物的优秀精神品质,并运用到自己的生活中去锻炼自己的品格。

(四)总结阅读方法,为后续阅读助力

在这节课中,我们总结出了一些阅读国外名著的方法。

◆猜读法:联系上下文、联系生活经验、查找资料、询问他人、跳读、结合影视、坚持读下去……

◆记忆法:利用目录和导图记住故事内容。

◆归类法:用图表归类的形式整理书中信息,能清晰地厘清主人公的所作所为、所思所想,对理解故事和人物都有很大的帮助。

◆批注法:批注是记录阅读心情和感受的好方法,阅读时做到笔不离手。

◆读心法:关注人物的心理独白是窥见人物内心的好方法,往往很多道理和品格都包含在心理活动中。

◆联想法:读名著故事是为了让我们的精神世界变得更美好,所以读名著时可以时常联系自己的生活想一想,有没有类似的境遇或心境,从中你可以学习如何更好地处理自己的心境。

在后续的阅读中,可以用上这些方法继续读,读出更多的感悟。

(五)板书设计

读外国长篇小说《鲁滨逊漂流记》的方法,如图10所示。

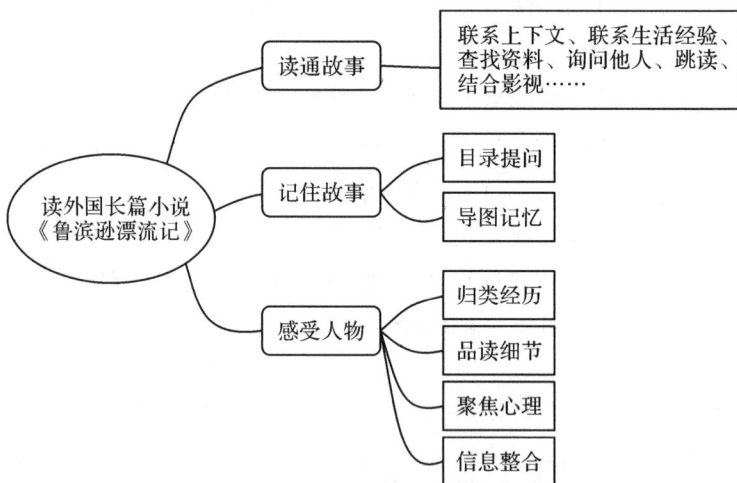

图10　读外国长篇小说《鲁滨逊漂流记》的方法

读后交流——感悟写法　尝试创作

一、阅读目标

1. 深入了解《鲁滨逊漂流记》的作者以及创作原型;感受作为一个作家应具备哪些知识与能力。

2. 通过阅读后的思考与讨论,获得对自然、社会、人生的有益启示。

3. 尝试提炼一个主题,运用日记的形式进行创作。

二、阅读准备

1. 作者笛福的资料。

2. 作者创作原型的资料。

3.《鲁滨逊漂流记》读本,最好人手一本。

三、阅读指导

课件出示:欢迎同学们继续和鲁滨逊一起漂流!

(一)温故篇——回忆内容,丰满形象

1. 导入新课。

师:同学们都快读完了这部小说,那么,我们首先对故事中的一些情节做一个简单的回顾吧。

师:我们来一次抽签答题赛吧。请看课件,只要你点击某一个字母,便会出现相应的题目,哪位勇敢的小读者愿意一试?

2. 内容回顾。

主要选题详见附件1。

3. 丰满形象。

(1)出示上节课所梳理的人物形象图,讨论、交流、补充。

姓名:鲁滨逊　　　　　　　　国籍:英国

出处:《鲁滨逊漂流记》(笛福)

外貌形象:皮肤黝黑、衣服破旧、双手粗糙

性格特点:心态积极

突出能力:制作工具、狩猎

精神品质:坚韧、顽强、乐观

名言警句:害怕危险的心理比危险本身还要可怕一万倍。

世间万物,只要有用处的,才是最宝贵的。

……

师:第二课时,老师和同学们一起感知了人物形象,那么,通过又一段时间的阅读,同学们又有什么新的发现、新的感悟呢?

（2）师生共同补充、丰满上节课的人物形象图。

主要讨论要点如下：

▲鲁滨逊对于改造星期五的一系列教育行为，体现了他改造社会的意识。

▲鲁滨逊回到家乡后的一系列行为，展示了资本家对社会的统治意识。

▲能力方面，他有一个由个人能力向社会能力的转变过程，其性格日渐完善。

（3）拓展小结。

师：十七八世纪的英国正处在工业革命时期，资产阶级作为社会的进步力量正在蓬勃壮大。他们反对贵族专制、造机器、做买卖、圈地、殖民。因此，我们可以说，鲁滨逊的冒险，除了他个人的血液中流动着冒险的基因之外，也是那个时代的召唤！

师：纵观人类的文明史，在"冒险家族谱系"上，我们可以列出一长串人物名单。

冒险家族谱	
郑和	下西洋
麦哲伦、哥伦布	发现新大陆路
阿蒙森	横穿南极
库克船长	发现新西兰及诸多太平洋岛屿
西方近代殖民者	遍布非洲、亚洲、美洲
众多考古探险家	

师：所以怀特说："没有冒险，文明就会全然衰退。"

师：因此，鲁滨逊的冒险过程也是资本家宣扬进步、践行改革、传递文明的过程。

（二）知新篇——阅读资料，思考意图

1. 引出新授。

师：同学们，当时已经50多岁的笛福为什么会想到要创作这么一部小说呢？这部小说为什么会引起世界轰动呢？他的创作源泉来自哪里呢？今天这节课，我们就一起去探寻小说背后的故事。

2. 阅读原型资料。

师:据说,这部小说是以亚历山大·塞尔柯克在荒岛上的真实经历为原型的。请同学认真读下面这则报道。

英国杂志报道:1704年4月,塞尔柯克在海上叛变,被船长遗弃在距智利海岸900多公里的胡安·费尔南德斯群岛中的一个叫马萨捷尔的小岛上。4年零4个月后被航海家发现而获救。那时,塞尔柯克已忘记了人的语言,完全变成了一个野人。

师:让我们一起来思考一个问题:笛福受这件事的启发,构思了鲁滨逊的故事。但《鲁滨逊漂流记》这部小说中的故事与创作原型又有哪些不同呢?

预设:

人物结局不一样。

人物形象不一样。

所经历的事更不一样。

……

3. 阅读作者资料。

(1)丹尼尔·笛福出生于英国首都伦敦,父亲经营屠宰业(一说是油烛商),因此转而选择了经商。他广泛游历,早年经营内衣、烟酒、羊毛织品、制砖等产业,曾到各国大陆经商。

(2)1685年,笛福参加了由蒙茅斯公爵领导的反对天主教国王的叛乱。1688年,荷兰信奉新教的威廉率军登陆英国,继承英国王位,笛福参加了他的军队。

(3)1692年,他经商破产,负债达17000镑,以后又屡屡失败,因而不得不用各种方法谋生。他曾充当政府的秘密情报员,设计过各种开发事业,同时从事写作。

(4)笛福在1719年(59岁)时开始写小说。1719年他的第一部小说《鲁滨逊漂流记》出版。

师:请同学们思考,《鲁滨逊漂流记》中,哪一些情节与作者自身的经历有关?

预设:

商人身份,与主人公鲁滨逊雷同。

思想激进,与主人公不谋而合。

人生有起有落,与主人公类似,经历了许多的成功与失败。

……

4. 讨论作品、作者、时代的关系。

要点如下:

▲笛福生活的时代,正是英国资本主义开始大规模发展的年代。

▲在小说的创作过程中,笛福从自己对时代的观感和感受出发进行再创作。

▲小说中以资产阶级上升时期的冒险进取精神为展示特点。

▲小说中鲁滨逊就是一个殖民统治者的形象。

教师小结:

小说映射现实。

小说反映时代。

作品为作者发声。

作品展示作者的内心与情感。

作品可以艺术再现作者的生活经历或价值观。

……

(三)感悟篇——细读日记,感知写法

1.浏览第三章,发现日记这个形式在小说中的运用。

师:小说中以第一人称来讲述这个故事,在叙述中还穿插了一种表现形式——日记。请同学回忆一下,在哪一章出现的日记最多?(第三章)

十月一日清晨醒来,只见那只大船随涨潮已浮起,并冲到了离岸很近的地方。这大大出于我意料。使我感到快慰的是,大船依然直挺挺地停在那儿,没有被海浪打得粉碎。我想,待风停浪息之后,可以上去弄些食物和日用品来救急。但又想到那些失散了的伙伴,这使我倍感悲伤。我想,要是我们当时都留在大船上,也许能保住大船,至少不至于被淹死。假如伙伴们不死,我们可以用大船残余部分的木料,造一条小船,我们可乘上小船划到别处去。这一天,大部分的时间我为这些念头所困扰。后来,看到船里没进多少水,我便走到离船最近的沙滩,泅水上了船。这一天雨还是下个不停,但没有一点风。

十二月十日我本以为挖洞的工程已大功告成,可突然发生了塌方。也许我把洞挖得太大了,大量的泥土从顶上和一旁的岩壁上塌下来,落下的泥土之多,简直把我吓坏了。我这般惊恐,当然不是没有理由的。要是塌方时我正在洞内,那我肯定用不着掘墓人了。这次灾祸一发生,我又有许多工作要做了。我不但要把落下来的松土运出去,还安装了天花板,下面用柱子支撑起来,免得再出现塌方的灾难。

四月二十二日今天早上,我开始考虑实施我搬家的计划,但却无法解决工具问题。我有三把大斧和许多小斧(我们带了许多小斧,是准备与非洲土人做交易用的),但由于经常用来砍削多节的硬木头,弄得都是缺口,一点也不快了。磨刀砂轮倒是有一个,但我却无法转动磨轮来磨工具。为了设法使磨轮转动,我煞费苦心,犹如政治家思考国家大事,也像法官决定一个人的生死命运。最后,我想出办法,用一根绳子套在一个轮子上,用脚转动轮子,两手就可腾出来磨工具了。

2. 讨论交流:从这些日记中你发现了什么?

预设:

日记一:感受到小说主人公是个很有思想的人。

日记二:感受到小说主人公不是一个轻易服输的人。

日记三:感受到小说主人公做事很有计划。

……

教师相机小结:

▲从日记中,也可以获得小说中人物的相关信息。

▲通过日记形式,也可以展示人物形象。

▲日记中的构思源于创作者自身的人生观与价值观,或者是他理想中的精神与品质。

3. 小结:

作者运用日记的形式,一是方便记事,展示故事发展过程;二是能更好地展示主人公的心路历程,是创作小说一个不错的选择。

(四)创作篇——编写日记,尝试创作

1. 搜索批注,寻找写作内容。

师:阅读名著,我们不单单是在看故事的内容,还会在阅读的过程中产生各种各样独特的阅读体验。上节课,同学们在老师的带领下写了批注,交流了批注,在交流中,同学们又获得了新的感受与体验,请同学们去读读你的批注,借助批注,回忆当时的心路历程吧。

2. 独立创作,书写阅读日记。

师:接下来,就请同学们看着你的批注,写下你那一天的阅读日记吧！希望能在日记中能看到你独特的思想、你的人生观、你的读书收获……

课件出示:

写一则日记

内容:阅读《鲁滨逊漂流记》时的所思、所想、所得。

日期:你阅读这本书的某个日子。

(五)分享篇——分享随笔,小结提升

1. 分享同学作品。(用实物投影或片段朗读的方式展示)

2. 点评日记中所展现的作者的个性思想与独特感受。

点评要点:

▲从学生读书日记中发现孩子的读书感受与思想,从而让学生明白,写文章就是写出自己内心的东西,表达自己内心的感受,展示自己的价值取向……

▲因为是日记,所以,在文中可以议论,可以抒情,也可以记事……

3.小结,激励孩子的创作热情。

师:如果把你读书的过程都写成日记,这也可以成为一本书,书名可以叫作《读〈鲁滨逊漂流记〉随感》或是《我读〈鲁滨逊漂流记〉》。

同学们,加油！

4. 课内延伸:日记体小说。

日记体小说是小说体裁的一种独特形式,它是以日记形式作为基本结构的小说类型。这类小说在叙述方式上多采用第一人称,以日记主人公所见、所闻、所感的方式叙述事件、展开情节、刻画人物。

师:如果你学会写日记,爱上了写日记,你可以尝试去创作日记体小说,创作一部属于你自己的小说。

(六)板书设计

《鲁滨逊漂流记》板书设计,如图11所示。

图11　《鲁滨逊漂流记》板书设计

附件2：

Y《鲁滨逊漂流记》的作者是<u>英国</u>小说家<u>丹尼尔·笛福</u>。

G 他只身来到一座荒无人烟的岛上。他从绝望的缝隙中得到了生命的启示，性格坚强的鲁滨逊在岛上独立生活了<u>28年</u>。

L《鲁滨逊漂流记》是以第<u>一</u>人称写的长篇小说。

B 鲁滨逊漂流到荒岛上的第一夜在<u>树上</u>睡觉。

S 在荒岛上，鲁滨逊刚开始主要的食物是<u>野山羊</u>。

D 鲁滨逊在岛上捉到一只鹦鹉，给它起名叫<u>波儿</u>。

F 鲁滨逊在孤岛劳作生息，开拓荒地，圈养牲畜，生产水稻和<u>小麦</u>(填农作物)。

X 鲁滨逊在岛上还用<u>羊皮</u>制作了一把伞。

Q 鲁滨逊用近<u>两年</u>的时间造了一只独木船，还挖了一条六尺的运河，把船运到了半里外的小河里。

W 鲁滨逊救下一个俘虏，那天是<u>星期五</u>，因此，这个俘虏名叫<u>星期五</u>。

(备注：各题前面的字母是英国、鲁滨逊、笛福、星期五拼音的首个字母)

第四节　开发"六节微课"扎实阅读指导

统编教材中的"快乐读书吧"板块让整本书阅读走进课堂，从课时上保障了学生整本书阅读的时间和品质。教师可以分别在课前引导、课中助读、读后交流三个阶段中开展"阅读六课"，系统指导学生进行整本书阅读，使学生在阅读兴趣培养、阅读习惯养成、阅读方法习得方面有所提升。下面以统编教材五年级下册"快乐读书吧"中《西游记》的阅读指导为例，谈谈"阅读六课"的实施。

一、"导读课"：遵循天性，激发兴趣

阅读兴趣直接影响着小学生阅读整本书的质量。《西游记》结构宏大、情节复杂、人物众多，文字读起来有些拗口，学生课外阅读有难度、兴趣难持久。因此，在阅读活动前夕这一时间节点，要紧紧围绕"激发阅读兴趣"进行"导读课"，遵循学生的天性顺势利导，通过看封面、猜谜语、对比文字等方式激发学生的阅读兴趣，让学生对《西游记》这一神魔小说充满遐想与期待，激发学生完成整本书阅读的积极意愿。

《西游记》导读课上，可以抓住学生喜欢神魔小说的天性与思维比较直接和感性的特点，让学生投票选出最想读的一本书后，再通过"你说一、我说二，推荐理由来说道""知版本、猜内容，延伸作品巧激趣"一步步调动起学生阅读兴趣。这一过程中，教师了解了学生的阅读基础，学生感受到了初步的阅读成就。

在激趣的基础上，还可以勾连五年级下册第二单元"古典名著"主题中"初步学习阅读古典名著的方法"的阅读经验，引导学生通过"看动画、读文字，对比阅读兴趣浓""看封面、知作者，文学价值我了解"板块学习，再次明确"联系上下文猜测语句的意思""粗知大意""借助资料阅读"等策略帮助学生开展好整本书阅读。四个板块从浅到深地推进课堂教学，使学生主动运用起这些阅读策略，从而为有效阅读打下基础。

二、"计划课"：制订计划，打卡记录

整本书阅读一般字数较多，短则几万字，长则十几万甚至几十万字，学生如没有详尽的阅读计划就会出现"脚踩西瓜皮"的低效阅读情况。因此，导读课后就应该组织学生制订好阅读计划，从通过每页的字数的估算，计算出全书大约字数，并帮助学生对照自己的阅读速度与阅读习惯制订专属的阅读计划。

《西游记》是一部几十万字的大部头。为了让学生更有序地展开阅读，我们上了一堂阅读计划课。通过规定时间内进行片段阅读的方式，让学生估算出自己的阅读速度，再引导学生确定适合自己的阅读方法。最后从阅读章回、阅读任务、自我评价、他人评价四个方面将共100回的《西游记》制订出分三个阶段的合理阅读计划。

比如第一阶段阅读内容是第一至第七回。五年级学生的正常阅读速度是默读一般读物每分钟不少于300字,可以分一周时间完成。因为它的故事性较强,出场人物较多,个性鲜明,多数学生采用批注、思维导图的阅读方法。如表1所示。

表1 《西游记》第一阶段阅读计划表

时间	任务+方法	自我评价	他人评价
第一天	第一回:批注、思维导图		
第二天	第二回:批注		
第三天	第三回:批注、联想		
……	……		

阅读的困难与任务被分解后,学生就不会再惧怕整本书的阅读了,配合上每日阅读打卡活动,学生阅读的态度、速度就能很好地得到监控。阅读计划反馈中,虽然有的方法是重复的,有的学生制作的思维导图并不精美,但是在阅读的过程中,学生明白了如何去制订阅读计划,如何按计划执行有序的阅读,自主阅读便不再是空谈。

三、"方法指导课":策略指导,高效阅读

中高段学生通过大量短篇文章的阅读积累了一些阅读方法,但在整本书的阅读中能力略显不足,方法指导课是在课堂教学中应用整本书阅读策略,针对学生的薄弱问题进行指导,让学生习得一些行之有效的阅读方法和策略后开启整本书的高效阅读。

为了提高学生的阅读效果,教师根据"快乐读书吧"提示安排了四节时长20分钟的《西游记》微型阅读方法指导课,每一节课紧紧围绕一种阅读策略展开教学,旨在通过四种阅读策略教学,让学生在头脑风暴中将这些策略学明白、学透彻。

(一)微型课一:"小回目 大文章"——品读回目,了解梗概

五年级下册"快乐读书吧"的阅读小贴士是这样提示的:"古代长篇小说多是

章回体小说。这些作品里,一回或若干回组成一个相对完整的小故事,连起来就串成了一个长篇故事。""我很喜欢读回目,只要看一下某一回的标题,就可以猜出它主要讲了什么故事。"根据这些提示,教师可以将"品读回目,了解梗概"作为本节课的重点。

"研读漫画回目,初知概括""对比原著回目,小试牛刀"两个教学环节中,通过研究浅显的漫画版《西游记》中的回目,了解回目的概括梗概的功能,再尝试借助原著的回目来概括整本书的主要内容,掌握阅读章回体小说的方法。

在"圈找悟空多名,推导性格""回目链接文本,猜读验证"教学环节里,学生从悟空的称号变化中感受到了主要人物的成长历程与人物性格;在品读第七回《八卦炉中逃大圣　五行山下定心猿》回目时,学生对故事情节进行猜读,再链接原著内容,学生在验证中感受猜读的乐趣与故事的精彩。

(二)微型课二:"批注,让故事更精彩"——精读片段,批注指导

统编教材除了安排专门的阅读策略单元教学外,还在其他单元中设置了与阅略策略相关的语文要素。其中"批注"这一阅读策略在四年级上册"批注"单元中很好地得到了训练。将这一阅读策略用于整本书的阅读,可以帮助学生将泛读变成深读,通过对比、联结生活、了解背景、感受标点等方法,引导学生留下深刻的思考印迹,从而提高质疑、积累、表达等语文素养。

在"批注,让故事更精彩"的方法指导课上,教师可以将《猴王出世》的片段用作批注示范,与学生分享教师作为一个"阅读者"是如何使用批注这一阅读策略的全过程的。如:圈画出"感盘古开辟,三皇治世……"一句,做批注"每一个具有悠久历史的地方都有一个'诞生'的故事,而我最喜欢是中国的版本";画出"三百六十五度""政历二十四节气""九宫八卦"后写下"联系中国的传统文化来编写小说,这不得不让我感叹作者的脑洞大开";在"须臾"一词下标注"速度快"……通过一步步地呈现老师的阅读思考与记录,学生更清楚地明白了怎样进行"属于我的"个性化阅读,在批注中写出自己的阅读思维。有了老师的抛砖引玉,学生们会带给我们许多意想不到的惊喜。

(三)微型课三:"跳读,让阅读'起飞'"——阅读有法,速度提升

在阅读课上使用"跳读小游戏"能帮助学生快速领会提高阅读速度的方法:"卡片覆盖"文本,强迫自己往下读,有效解决了学生不懂就回读的问题;"连词成句"告诉学生如何主动舍弃、有意忽略其他内容,抓关键读文;"梗概"跳读精彩片段,借助回目概括故事情节的特点,快速找到感兴趣的段落。学生通过几个小游戏,知道了自己不感兴趣的内容,过多的外貌、环境描写以及无关紧要的诗词、雷同的情节等都可以跳读,这大大提高了整本书的阅读速度。

（四）微型课四:"导图绘制,边绘边思"——内容梳理,思维整理

学生在整本书阅读中绘制导图是学生与文本、与作者深度对话的过程,是进行语文意义上的阅读,可触发学生对内容的深层次思考,从而培养学生的阅读思维,逐步提高阅读能力。

为了学生更有质量的阅读,教师可以鼓励学生从人物特点、角色关系、情节安排、取经路线、写作技巧、人物语言、兵器特点等多方面尝试导图的绘制,并以游戏型思维导图为例打开学生创作的闸门。

《孙悟空大战红孩儿》思维导图是一幅完整的"飞行棋"样式,共呈现了6个板块内容。游戏题目,标注了游戏的主题与节选的章回;游戏区域,设置了四色的"回"字形棋盘,格子上写了根据一波三折的故事情节概括出的路障信息。如图1所示。

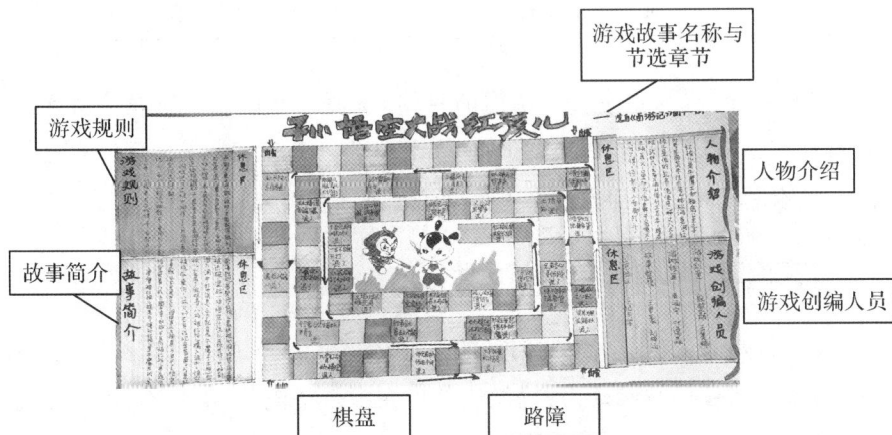

图1 《孙悟空大战红孩儿》游戏棋（姜慧珍设计）

下棋者可根据格子的具体内容前进或后退相应的步数;剩下的四个区域分别为"游戏规则""故事简介""人物介绍""游戏创编人员",把《西游记》第四十回到四十二回的内容进行了高度的概括与整理。这样的思维导图不仅有梳理的功能,学生还能在游戏过程中将故事情节牢牢记在脑子里。不仅把书读薄了,孩子爱玩的天性也得到了满足。

四、"自读课":任务驱动,自主阅读

为了防止学生将"课外阅读"定义为自由读、天马行空读、走马观花读,将一部分"自读"任务安排在课堂上是十分必要的。学生领取具体任务后根据提示进行有目的地深入阅读,可以让阅读不再止于肤浅。如表2所示。

表2 《西游记》阅读任务单

阅读章节	阅读任务
第一至七回	1. 边阅读边思考,做不少于10处的批注,至少一处能联系生活实际写写阅读感受。 2. 圈画回目,能抓住回目关键词说说第一至七回的故事内容。
第八至十二回	假如《西游记》也有朋友圈,你就是"西游"中人,最想以谁的身份发一条朋友圈?你的好友又是哪些人?他们会怎样回复这条信息呢?一定要说得有理有据哦。
第十三至一百回	假如你是好书推荐人,你最想从哪个角度去介绍?(绘制取经路线、人物介绍、编排课本剧、好书推荐卡、兵器集合、九九八十一难梳理……)

领取阅读任务后,学生有了阅读的目的,就能主动而有序地展开阅读。当然,教师在课上一定要留出检查的时间,了解学生任务完成情况的同时再进行反馈指导,这有利于帮助学生养成自主阅读的好习惯。

五、"交流课":思维碰撞,阅读进阶

阅读兴趣是保证整本书顺利阅读的条件之一,定期开展阅读交流课,能给学生提供整本书阅读的持续动力,也能让学生在师生交流、生生交流、自我交流中获得思维碰撞。

《西游记》的交流课分别安排在三个自读阶段之后,鼓励学生在交流中质疑、抒发、分享,从而在语文实践过程中获得阅读能力的提升。例如,在第三阶段阅读之后开展了"我眼中的_____"交流课活动,课中紧紧围绕这一话题设计了人物知识问答卷、人物片段精读交流等活动。学生在一次次与文本的再对话中,对

人物个性特点的认知越来越清晰;在一次次互动交流中,碰撞出更精彩的阅读思维火花。

六、"展示课":动静结合,多元展示

人人读起来,人人动起来,才是真正的"阅读"。以发展学生特长、汇报阅读成果、体验阅读成就感为目标的阅读展示课,是学生阅读能力"外显"的过程。当阅读完《西游记》后,可以安排展示课,鼓励学生用自己独特的方式呈现自己的阅读成果。在展示课前,给学生提供评价的标准,让学生明确标准,按标准做足准备。这种有效的评价方式能肯定学生的努力,促使学生改进不足,调动更多学生的积极性。展示课上,人人参与,用量表的形式打分、评选。每一个学生既是汇报者,也是评价者。

1. 用"阅读卡"记录阅读收获

制作阅读卡是一种切实有效的阅读分享方式。"阅读卡"的设计形式多样,但内容大致相同,将阅读到的故事的题目、生字新词、好词佳句、阅读感悟等记录在阅读卡上,用于自我阅读小结,同伴互学分享。阅读卡的封面、版式可以结合故事篇章进行创意设计、编排,体现阅读的个性化和多元化,读、写、绘相结合,在大大增强学生阅读兴趣的基础上,提高了学生动手能力、审美情趣,充分开发了学生的想象力和创造力。学生的展示过程是他们进行语言建构与运用的过程,也是知识内化的过程,更是深度学习的过程。如图2所示。

a   b

图2 阅读卡

2. 借"故事会"展示阅读成果

"故事会"是学生喜闻乐见的展示形式,名著阅读之后组织学生开展讲故事比赛,可以是原著演绎,也可以是故事新编,通过讲一讲、演一演的形式分享自己的阅读成果。学生在活动前的准备中加深了对故事的记忆和理解;在活动中锻炼了自己的表达,提升了自信和勇气;在活动后延伸了阅读兴致,达到以活动推动阅读、分享阅读,激发更强烈的阅读兴趣和动力,一举多得。

如《我想当八戒》相声展示中,学生用幽默的语言总结了想当八戒的四大理由:

(1)猪八戒胃口好。长得胖乎乎,牙口好、消化好、吸收好,吃嘛嘛香!

(2)性格好。从不记孙悟空的仇。

(3)重情重义。师兄被气回花果山是他去请,师兄被红孩儿困住是他解围。

(4)武功好,能自救;懂得找靠山,躲在师兄后面照样修成正果。

学生独特的阅读感受用相声的形式呈现出来,在这个过程中,《西游记》的内容被再次梳理,整本书的阅读被"放大",连带着学生的审美能力、综合表达能力都在悄悄提升。

3. 以"朗读者"分享阅读乐趣

朗读是一种传达感情、体现个人阅读风格的表达方式,它能建立起文字与语音之间的联系。照本宣科的朗读方式比较单调乏味,难以激发学生的阅读兴趣。但是,如果能利用各类录音 App 进行朗读录音,并配乐渲染故事氛围,让学生以"朗读者"的身份进行阅读分享,则阅读的仪式感就更强了。学生在充满趣味的朗读中,对名著会有更深刻的理解和感悟。同时,学生在这个过程中增强了语感,提高了语言表达能力。

4. 当"小作家"亲历读后创作

阅读是输入,写作是输出。在读完整本《西游记》之后,学生对其表达形式、语言风格、结构特点等明了于心,可以请学生结合自身生活经验,当一当小说家,也来创作一个篇章,并举行"我是小说家"的评选活动,提升阅读与创作的积极性。如此,以阅读促进写作,以写作推进阅读,学生的阅读力、思考力、表达力都在无形中得到发展。

　　有了一本书的阅读示范,学生就有了阅读整本书的阅读思路。"阅读六课"让学生建构起阅读整本书的经验,从而形成适合自己的读书法,整本书阅读更有张力,在系列阅读活动中,逐渐把学生培养成为独立而成熟的阅读者。

第五章

开发促"生长"的阅读工具

第一节 阅读工具的价值与意义

"快乐读书吧"是统编语文教材新增设的栏目,这一栏目主题鲜明,推荐的阅读文体形式丰富,符合小学阶段学生多样化阅读的需求。《课程标准》明确提出了"读整本书"的要求,但在"如何读"及"怎样读"的指导上却没有提出具体建议和实施措施。基于"快乐读书吧"的编排特点及功能定位,反观新课程背景下阅读教学的需求,笔者认为科学开发及合理使用阅读工具是推进"快乐读书吧"整本书阅读的一个有价值的研究方向。

所谓"工具",原指工作时所需要的器具,后引申为达到、完成或促进某一事物的手段。"阅读工具",即是在学生阅读过程中,根据学习心理、学生的能力特点所开发的帮助学生习得阅读策略、训练阅读技能、养成阅读习惯的手段。

"快乐读书吧"整本书的阅读过程,是有效训练学生阅读思维、提升阅读品质的丰厚沃土。在指导学生开展整本书阅读的过程中,教师可以通过科学的阅读工具,改变学生阅读时自由散漫的行为,让学生的自主阅读与教师的指导形成一个闭合的阅读活动圈,使阅读更深入、更全面、更立体、更辩证,从而实现阅读能力的扎实"生长"。

推进"快乐读书吧"整本书阅读的阅读工具,在教师带领学生进行自主阅读的过程中承载着多种功能。首先,它是记录学生真实阅读感受、提取阅读信息、帮助学生实现阅读自我监控的一个载体;其次,它能对学生的阅读活动起到提供辅助、促进阅读深度思考的作用,还为阅读思维显性化提供了一条具体的路径;最后,它还能推进学生之间进行阅读交流、巩固阅读成果,使学生的自主阅读走向一个高效的平台。

一、及时记录阅读过程

课外阅读缺乏过程性和可视化的指导一直是学生自主阅读的瓶颈,其表现为学生阅读时间随意,阅读任务随性,阅读成果浅层化。整本书阅读指导过程中,教师如果巧用阅读工具这一媒介,可以将模糊的阅读要求清晰化,笼统的阅读任务系统化,静态的过程指导可视化。

一方面,阅读工具是学生阅读过程的效能保证,对引导学生进行阅读规划,合理安排阅读时间意义重大。以四年级上册"快乐读书吧"《世界经典神话与传说故事》为例,教师制作了一张"阅读规划卡",其工具背后指向的是对学生进行阅读监控,坚持连续阅读的训练。为了让学生的阅读过程可视化、充满持续性,教师设计了一张富有趣味性的"阅读规划卡"。卡片图文并茂、富有童趣,指导学生合理规划阅读周期及对应的阅读页数,通过"顺流而上"的方式勇夺"阅读小红旗",最终获得整本书阅读的"胜利"。

教师为了激发学生使用工具,还设计了具有煽动性和激励性的导语:当你拿到一本喜爱的新书时,一定迫不及待地想要打开它,一睹为快。但是,你知道吗?和阅读的积极性相比,阅读的持续性更能体现一个读者的阅读品质。特别是一本大部头的书,可能有好几百页,字数达几十万字,更需要做到持续阅读。设计、制作一张"阅读规划卡",会让你的阅读更有计划,从而实现自我监督。如图1所示。

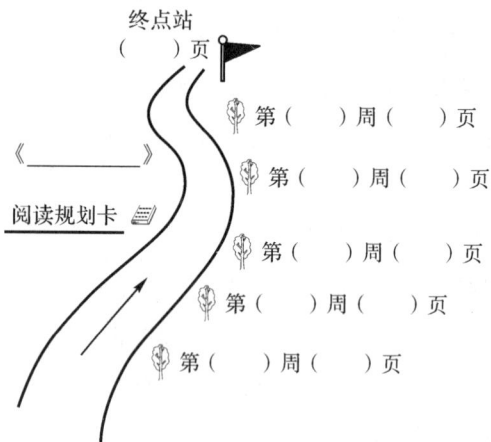

图1　四年级上册《世界经典神话与传说故事》"阅读规划卡"(江狄龙设计)

一张看上去并不起眼的"阅读规划卡",对学生的阅读活动提出了明确的要求,指向清晰,对学生阅读规划的导向意识强。

教师在对学生工具使用的建议中还提出,如果在阅读过程中,学生因为某些原因偏离了计划,导致阅读进度滞后了,那么,他们可以根据实际情况来调整阅读进度,比如通过增加阅读时间来加快阅读。

这样的温馨提醒,充分体现了教师对学生阅读心理的了解与理解,既指出了问题,又提出了及时改进的建议,从而引导学生持续开展阅读。通过一张小小的"阅读规划卡"和教师基于学情考虑的工具使用建议,有效实现了对学生阅读过程的持续性监控,为整本书阅读提供了时间保证,也为学生阅读其他大部头书籍提供了阅读过程自我监控的范例。

"阅读规划式"工具能及时记录阅读的进程。有些阅读工具则通过设计让阅读的任务前置,利用工具引导学生有目的地阅读,工具的使用伴随着阅读活动的开展,贯穿阅读的全过程,在过程中记录自己的阅读思考或成果。带着任务要求进行自主阅读,对学生而言,阅读方向会更鲜明,更具有动力。

譬如,五年级下册"快乐读书吧"的名著阅读,结合《西游记》这本书的阅读活动,教师可以设计一个"阅读折叠书"作为本书的阅读工具。这个"折叠书"提示了学生在阅读《西游记》这本名著时,可以重点关注其中的人物、变化、具体事件等要素,并尝试进行信息梳理和记录。在呈现这个阅读工具的时候,教师可以将工具的作用明确告诉学生,读这本书时,学生要绘制一份有趣的人物变形手册。通过梳理故事中主人公的变化及对应的关键情节,借助人物变形手册这一阅读工具,帮助他们更好地读懂故事的发展。学生有目的地进行阅读后,对故事中主人公、变形模样、故事的每一步推进及结果都有了更深刻的感知,阅读更有方向感与操作性。如图2所示。

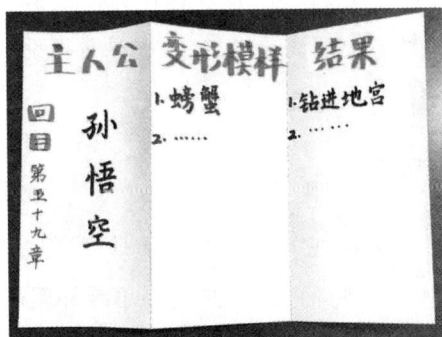

图2 《西游记》"人物变形记"折叠书(郑舒瑜设计)

依托这个工具,学生的阅读一般会经历这样的一个过程:

1. 阅读《西游记》，关注主人公在打斗时的变形场景，在第一折页记录精彩的故事回目和变形主人公。

2. 圈画出人物变形的多重样子，想象人物变形的情景。用简单的图画或概括性的文字填写在手册的第二折页——"变形模样"中。

3. 找出人物变形后故事发展的情节，联系前后文，用简洁的语句概括变形后的故事发展结果，记录在手册的第三折页——"结果"一栏中。

4. 有顺序地记录下人物的每一次变形模样及结果，完成完整的人物变形手册。

5. 整本书阅读结束，跟同伴议一议、比一比，故事中的哪些人物最会变形，评选出"最多变的人物""最不可思议的人物"等。

这样的阅读工具，学生一方面觉得新奇有趣，极大地激发了他们制作工具的热情，同时"寻找人物变形记"这一内容又能满足学生对书本人物的好奇，在对该阅读工具的完成过程中，学生对所需要的阅读要求、阅读内容也就充满了兴趣，自然能积极投入阅读的过程。

由此可见，借助工具将阅读任务前置，不仅让学生在阅读前做到"心中有谱"，便于学生在阅读策略训练前期"按图索骥"，也让学生的阅读任务驱动在真切的情境中发生。在阅读前、中、后三个阶段都能对标工具，实现阅读过程与思维的对接，全程记录下自己的阅读思考和成果。

可以说，学生使用适切的阅读工具的过程，就是一场教师阅读活动的真实指导过程，在阅读习惯培养的重要阶段，带着这样的任务驱动性的阅读，有效避免了阅读的随意性和盲目性。让阅读看得见，让成果看得见，学生的阅读信心由此产生。

二、积极推进阅读思维

人的思维本身是不可视的，它以言语为物质外壳，但是有时候借助阅读工具就能将隐性的思维可视化呈现。阅读工具内涵思维导图的价值，可以将学生阅读过程中内在的思维运行过程，以图像或文字的方式，把原本不可见的思维结构、思考路径及方法呈现出来，使其清晰可见，并直观呈现出来。所以，有些阅读工具具有明显引导学生展开阅读思维过程的功能，这一类的工具可以帮助学生在阅读中有效提升和完善阅读思维。

如六年级上册"快乐读书吧"推荐书目《童年》。基于学生在阅读外国长篇小说过程中,因为人物多、人名长、人物关系复杂等给学生阅读造成困难,教师开发了"人物关系图谱"这一阅读工具(如图3所示),引导学生在阅读时厘清小说中主要人物之间的关系,回顾人物之间发生的事件,让阅读更顺畅,从而帮助学生更好地理解小说的内容。

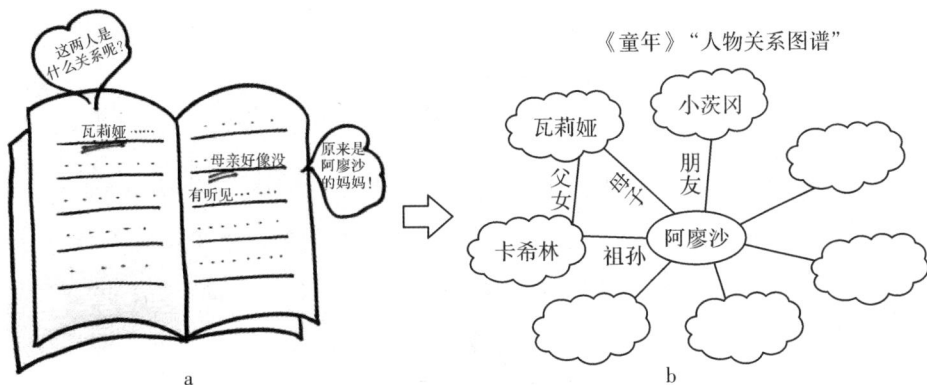

图3 《童年》思维导图和"人物关系图谱"(吕琴设计)

图3由两幅图组合而成。右边b是阅读工具实物图,直观呈现了"人物关系图谱"的样子,以整本书的主人公"阿廖沙"为中心,延伸出多条人物关系链,通过教师提供的两个范例引导学生填写图谱里所要填写的具体内容,为学生梳理人物关系提供了明晰的支架。左边a是一个辅助图,意在指导学生阅读时如何思考,才能有效完成"人物关系图谱",比较直观地呈现阅读思维的过程。学生借助这两幅图,就能一边读一边思考,并伴随着阅读过程分阶段完成这张"人物关系图谱",有效提升学生阅读时的思维品质。

同时,部分工具也是学生思维能力建构和激沽的实践田。以五年级上册"快乐读书吧"推荐阅读的《三国演义》为例,书中大大小小的战争数十次,其中几次以小胜大、以弱胜强的战役描写得更是详尽、精彩,是《三国演义》里浓墨重彩的一笔。

基于此,教师设计了"VF卡"(如图4所示),引导学生阅读时,关注其中精彩的战役描写,梳理出其中"以弱胜强"之战,探究这些战争背后蕴含的大智慧。

VF卡

地点：_____

战役名：_____

	V（胜方）	F（败方）
兵力		
关键人物		
胜利/失败原因		

图4　六年级上册《三国演义》"VF卡"（项文彩设计）

"VF"是"胜方（V）"和"败方（F）"的意思,这张阅读卡片引导学生聚焦三国中以弱胜强的战争,用表格的形式直观地展现了一场战役中,胜败两方在兵力、关键人物方面的客观差异,考查了学生梳理关键信息的能力。同时,通过"探究战争胜利或失败的原因"这个问题激发学生在阅读时的深度思考,尝试挖掘这类战争背后的主观因素并给出合理解释,对学生阅读文本时的感知能力和阅读后的分析判断力都提出了更高的要求。

这样的阅读工具伴随着学生的阅读过程,不仅有效引导了学生的阅读思维,还引导学生从文本出发,通过纵横比较,找寻战争胜利背后的内在逻辑,极富思维含量,是学生高阶思维培养的有效抓手。

不论是提升还是构建阅读思维,上述这些阅读工具都有力改善了课外阅读指导中"只可意会不可言传"的弊端,将推进和发展学生的阅读高阶思维放置到明面上来,成为明确的阅读任务,这是一种有效启发思维的路径,也是当前指导学生整本书阅读的一个重要突破和进展。

三、创造阅读分享交流

阅读是一种个性化的行为。学生在经历一段个体的阅读历程之后,尤其需要分享。日本教育协会会长佐藤学认为,"21世纪的学校应是学习共同体的学校",他提倡通过协同学习、倾听对话、分享构思以内化知识。教师可以依照阅读工具特点,为学生搭建合适的平台,构建能令学生自由展示阅读成果、交流氛围浓烈、达成知识共享的阅读分享活动,最大限度地使整个班级的阅读技能得到提升。很多的整本书阅读都可以依托阅读工具,实现阅读后的生生交流共享,创造一种动态交互学习的过程。

如,三年级上册"快乐读书吧"推荐书目《安徒生童话》。教师依托"关键词串联项链"这一工具(如图5所示),引导学生在阅读童话过程中,通过提取时间词语,梳理故事脉络。

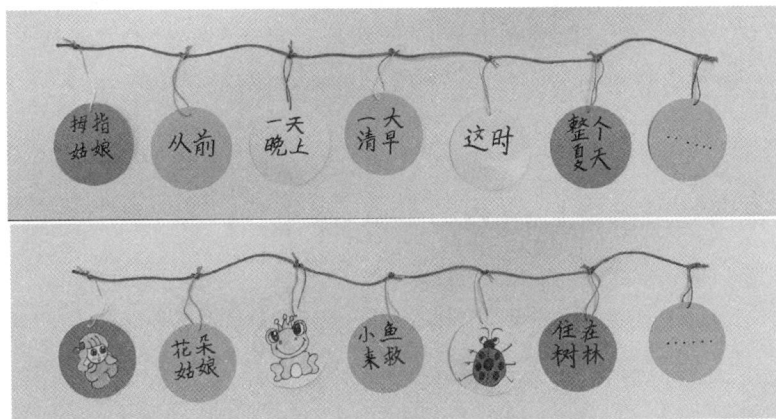

图5 《拇指姑娘》关键词串联项链正反面(童根香设计)

童话故事往往按照事情发展顺序进行叙述。学生在感知故事情节,进行故事分享时,如果抓住其中的关键信息开展,能让效果事半功倍。这条《拇指姑娘》的"关键词串联项链"引导学生在阅读过程中及时捕捉其中的关键信息,在项链正面按顺序填写故事发生的时间,并在对应时间词背后用简单的概括性短语或图画,描述故事情节的发展。学生在动手制作"项链"、使用"项链"、借助"项链"回忆并讲述故事的过程中,逐渐形成故事类文本记忆的思维路径和逻辑方法。

在学生都创造完成这条"项链"之后,教师引导学生用上这条自制的故事"项链",借助故事信息提示,学着讲故事给爸妈、同伴或老师听。也可以把这条"项链"挂在教室里,让小伙伴们互相看一看、读一读有趣的"项链故事"。这样的交流分享建立在学生个性化阅读的基础上,学生将自己的归纳、理解后的阅读内容与他人进行交流,让听者也能体会到故事情节。这样的分享,即是阅读成果分享,让学生感受到阅读的价值与意义,同时,也促使他们再次深入阅读文本,让口头表达能力和思维逻辑得到训练。

有一类阅读工具的设计具有鲜明的文本特色,其与整本书阅读中的关键要素相结合,通过引导学生进行信息梳理、辩证思考,形成个人独特的阅读体验,以单向展示的方式实现学生思维的碰撞与分享。

如,六年级上册"快乐读书吧"推荐了《爱的教育》一书。书中介绍了众多感人有爱的小故事,对学生的情感启迪和正向引导有着深刻的意义。教师可以设计这样一张"人物颁奖卡",如图6所示。卡片呈爱心形,左半爱心引导学生摘录《爱的教育》中令人动容的人物事迹,右半爱心通过颁奖词的形式概括人物优秀品质,引导学生将故事中的人物转换为独特的个性评价。

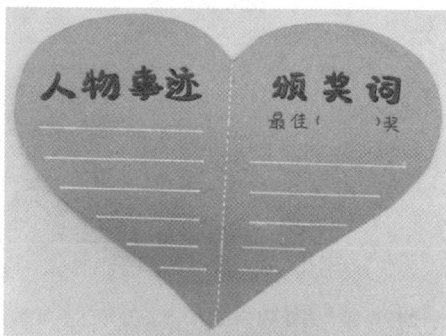

图6 六年级上册《爱的教育》"人物颁奖卡"(刘晓娇设计)

在学生完成这张"颁奖卡"后,教师可以组织学生在班级里召开一次"爱的颁奖礼"。比一比,谁对这本书中人物的评价最为贴切,书中的哪个人物得到的颁奖词最多。这一环节让学生对书中具有优秀品质的人物产生更深刻的理解,实现了学生高阶思维和言语实践的融会贯通,为学生的阅读分享创造了平台和契机。

学生的阅读过程中,教师是整本书阅读的指导者和陪伴者,更是生生交流和分享的推动者。阅读工具这一媒介让学生在阅读分享和交流过程中不断内化、强化、丰盈,让阅读者在交流中体验成功的喜悦,同时形成联结交互,拓展了学生阅读思维的广度与深度,让阅读理解变得更丰满、更立体。

第二节　阅读工具的开发角度

阅读工具的内容有多种指向,适用不同年龄阶段,针对不同文本类型,达成不同阅读策略,体现不同思维过程。要让这些目标真正落地,需要教师在教学前对"快乐读书吧"进行细致解读,明确工具在不同学段学生阅读指导中的着力点,明晰阅读策略,着眼语文要素,关注导读提示,从而设计开发出符合学生阅读规律、激活学生阅读兴趣、提升阅读思维力的有效阅读工具。

一、围绕阅读策略开发

统编小学语文教材编排了"预测""提问""提高阅读速度""有目的地阅读"四个策略单元集中学习阅读策略。"一种体验,一项技能,往往需要反复实践才能获得。"阅读策略的学习绝不仅限于这四个单元。整本书阅读指导中,教师也要进一步对相关策略进行延伸性练习,根据具体阅读情境灵活运用。因此,设计阅读工具时,可围绕阅读策略的实践运用进行开发。

如,五年级下册"快乐读书吧"推荐阅读书目《水浒传》的阅读活动指导。有教师引导学生读古典名著时,要关注章回体小说的回目,可以基于对回目的思考理解及不明之处,再展开全书的阅读。于是,教师便给学生提供了"问题便签"这一阅读工具,促进学生的阅读思考。教师在全书的阅读活动开启之时,便引导学生认识这个工具,理解"问题便签"的使用意义与方法,及时做出了解释说明。教师告诉学生,章回体小说的回目都是以对偶的形式概括本回的故事内容的。回目能帮助大家在阅读时初步感知故事内容,但它并不能完整地表现故事。学贵有疑,看到回目,脑海里要学会冒出问号,提出自己的疑惑,并尝试根据回目,从不同的角度思考,在"问题便签"上提出问题并尝试解决。

基于这一阅读要求,开展阅读活动的过程中,学生要关联四年级上册"提问"策略,阅读回目,捕捉信息;反复推敲,提炼问题;形成思考,及时批注;深入探究,寻找答案。在"问题"的驱动下,在阅读中养成筛选关键信息及解决问题的能力。在具体的阅读过程中,老师可以指导学生利用"问题便签"开展如下阅读活动:

1. 阅读书本中的某一个回目时,先尝试读懂它,再从不同的角度去思考,提出自己的问题。然后把问题写在便签纸上,贴在这个回目的旁边,便签越多,说明对这个回目越有自己的思考,对下文越有期待。

2. 接下来带着问题开启这一章回的阅读,边读边思考,读到跟之前问题相关内容时,及时用横线画出来,再把回目旁这个问题的便签贴到这一内容的旁边,这个问题就迎刃而解了,这样做也特别有助于理解小说内容。

3. 通读完整个章回的内容,可以回过头看看自己的问题是否都解决了。如果没有解决,再想想所提的问题是否合理。

从教师提示的上述阅读建议中可以发现,教师引导学生使用工具是一个螺旋式推进的过程,旨在以问题推动阅读理解,培养学生的阅读意识,从而习得"提出问题、梳理筛选问题及解决问题"的阅读策略,利用"问提便签"帮助学生养成敢于提问、善于提问、深度思考的好习惯。

如果没有这样可见可练的阅读工具,阅读策略的训练可能一直会停留在认知层面,不会成为学生熟练的操作技能。阅读工具的开发就是为了引导学生有意识地回顾阅读策略,训练阅读技能,帮助学生增加解决问题后的成就感,同时提高阅读效率,实现深度阅读。

二、围绕语文要素开发

统编小学语文教材以语文特有的学科知识、学习方法、思维方式来架构,安排语文课程内容——语文要素。整本书阅读指导也应努力向教科书中"双线组织单元结构"靠近,精准定位阅读工具的内涵,围绕语文要素设计符合语文课程内容和学生学情规律的工具。

如,六年级上册第一单元,语文要素是"阅读时能从所读的内容想开去"。仔细解读这一要素,主要有三方面的要求:一是展开想象,将所读的内容还原成画面;二是由所读的内容联想到生活经验;三是由此及彼,由课文内容产生相似联想。可见,"想开去"所涉及的具体策略有画像化策略、联结策略。那么,在指导六年级"快乐读书吧"整本书阅读时,便可依据这一语文要素,开展相应的策略训练,开发设计策略训练的相应的导读卡。

在六年级上册"快乐读书吧"推荐书目《爱的教育》阅读指导过程中,有教师为了推进学生的阅读思考,设计了"成长日记卡"这一阅读工具。如图1所示。

图1　《爱的教育》阅读工具"成长日记卡"及样例(刘晓娇设计)

　　教师引导学生每读完一则书中的日记后,便回忆一下自己是否也有类似的经历。整本书读完后,挑选几则阅读过程中最有共鸣的日记,联系自身经历,以图文结合的形式,写一写让自己收获成长的故事,制作一份"成长日记卡"。这份"成长日记卡"的阅读任务及要求,显然促进了学生阅读过程中的联结与想象,要求学生由书中的故事"想开去",想到自己的故事、身边的故事。这种阅读思维让"阅读时能从所读的内容想开去"这一语文要素得到实践运用,让学生的阅读体验更深刻,阅读思维更丰富。

　　又如,二年级上册第八单元的语文要素是"借助提示,复述课文"。二年级复述训练在整个小学语文教材的"复述"体系中处在起点位置。对"复述"这一要素的训练,在教材里频繁出现,且训练角度多样,层次不同。在设计阅读工具时,我们要注意把握好每个阶段复述侧重的方向和尺度。

　　以二年级"快乐读书吧"推荐书目《小狗的小房子》为例。教师在引导学生阅读时,便设计了相应的阅读工具,帮助学生感知如何"抓住关键信息,了解故事内容,讲述给别人听"。有教师设计了一个阅读工具——"故事链",如图2所示。该工具以学生在阅读时遇到的困难为实际需要:随着年龄的增长,我们阅读的书籍字数越来越多了,故事内容也越来越长,要把故事完整地记下来难度越来越大,这可怎么办? 教师启发学生,可以尝试把故事里的关键信息(如故事地点的转换)记录下来,形成一条"故事链",帮助他们记住故事的主要内容,通过梳理地点变化,引导学生尝试简单复述故事。

图2 《小狗的小房子》阅读工具"故事链"(陈玲玲设计)

教师为学生提供了这个"故事链",就有意识地引导学生在阅读时不仅要关注故事的内容,更要留意故事发展过程中地点的变化,尝试进行简单的信息筛选和地点梳理。阅读完整本书后,学生可以在阅读工具的帮助下,用图文结合的方式记录下所阅读故事的完整"故事链",试着简单复述完整的故事。

在学生能熟练运用"故事链"帮助自己识记故事、复述故事的基础上,教师还启发学生可以举一反三,可以根据故事的不同特点,绘制不同的"故事链",比如"时间故事链""事件故事链"等。只要有心,学生自己可以设计出更多属于自己的精彩"故事链"。

这样的阅读工具不仅简单有意思,能激发学生的阅读兴趣,还承接了课文、单元、整本书的能力提升点,让学生在具体的阅读工具这一载体下,更有效地运用了语文要素,有阶梯、深层次地培养和巩固学生的阅读能力,带领学生走向深度思维和言语实践的高峰。

可见,阅读工具的开发及使用应该在教师充分把握教材编排特点,有机整合"单元""课本""整本"的基础上进行,从单元语文要素迁移到整本书的阅读,让学生阅读能力的训练从课内延伸到课外,不断深化并持续内化。

三、依托导读提示开发

统编小学语文教材"快乐读书吧"一般由导语、"你读过吗"、小贴士和"相信你可以读更多"四部分组成,其中小贴士往往明确指出了阅读的要求,这也是"快乐读书吧"阅读活动指导过程中工具开发的重要依据。

如,三年级下册"快乐读书吧"引导学生阅读《中国古代寓言》。教材中的两个小贴士介绍了阅读的方法和步骤:先读懂故事内容,再体会故事中的道理,最后联系生活中的人和事,深入理解道理。教师依据这一导读小贴士,有针对性地设计了一个寓言故事阅读"阶梯卡",引导学生根据"阶梯卡"的一个个"阶梯"中的提示要求,阅读寓言。如图3所示。

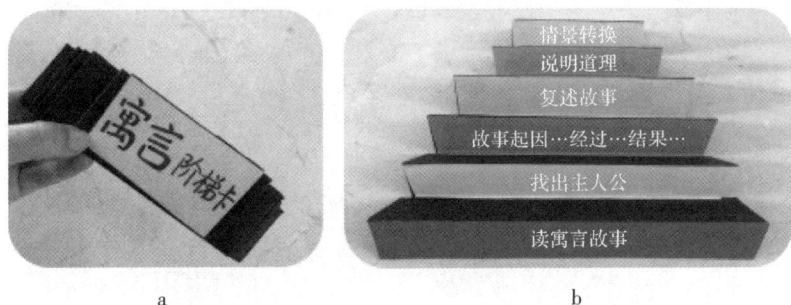

图3 《中国古代寓言》阅读工具"寓言阶梯卡"(金秀设计)

借助"寓言阶梯卡",引导学生"从下往上"读寓言故事,一步步开展阅读。在确定主要人物,梳理故事内容,复述加深故事印象的基础上,再初步体会故事中所蕴含的道理,最后通过将故事情景转换成生活情景,将寓言中的人物转换成生活中的人物,将非人的情景转换成人的情景,分辨善恶、美丑和好坏,弄懂其中的道理。通过"寓言阶梯卡"的引导,学生明晰了阅读寓言的方法,更好地读懂了内容,内化了语言,加深了对寓意的理解,推动学生阅读过程中的思维活动。

导读提示不仅是"快乐读书吧"活动推进的必要依据,也是阅读工具开发的重要指挥棒,它能左右阅读工具开发的方向及效度。教师应在开发阅读工具时,好好把握这一要点,以便为工具的核心要义提供价值内涵。

四、关注整本书阅读的其他要点开发

1. 聚焦某一重点内容的阅读

《课程标准》指出:"阅读叙事性作品,了解事件梗概,能简单描述自己印象最深的场景、人物、细节,说出自己的喜爱、憎恶、崇敬、向往、同情等感受。"学生在阅读叙事类作品时,教师应力图通过指导,带领学生实现课标所提出的目标要求。

如,五年级下册"快乐读书吧"中关于"中国古典名著"的阅读,读懂人物形象是阅读名著的重要内容之一。但是,古典名著中很多人物形象有多面性,仅靠一个故事、一个章回来认识人物,会形成片面认识。因此有教师便设计了《三国演义》英雄卡。如图4所示。

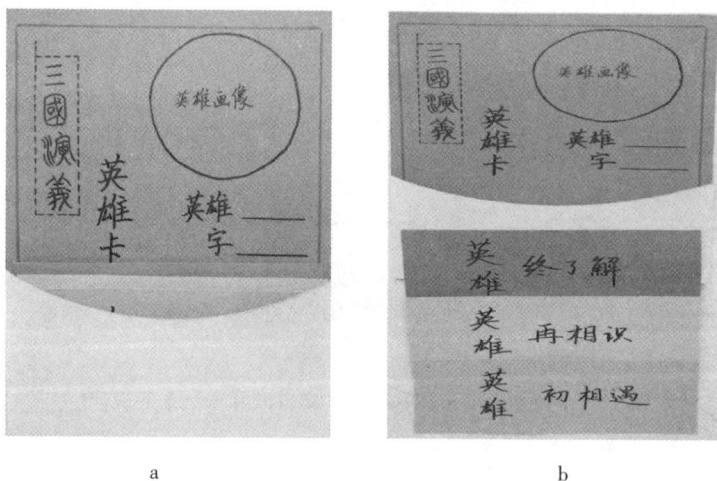

图4 《三国演义》英雄卡(刘夏俊设计)

这是一个口袋卡,包括四部分。红色卡片为第一部分内容,包含英雄姓名、字、画像。第二、三、四部分为卡袋里的三张卡片,分别是"英雄初相遇""英雄再相识""英雄终了解",引导学生在持续的阅读过程中,多次使用三张卡片,通过提取关键信息、前后联结、联系生活等策略,记录自己的思考、认识和感悟,建立对人物立体全面的认识。以此,真正读懂名著中的人物,加深对作品的理解。

上述工具就是聚焦《课程标准》中叙事类作品阅读的重点进行的设计。教师要努力实现阅读工具和课标要求与学生阅读某一重点内容的有机对接,才能让

阅读工具名副其实地发挥工具的实效。

2. 关注整本书阅读的全过程

开展整本书阅读,可持续的阅读体验和可感知的阅读成就对学生而言是非常重要的,这两者给予学生正向的阅读反馈,鼓励学生深入阅读和探究。有教师就设计了一张小说"阅读专属符号卡"。如图5所示。

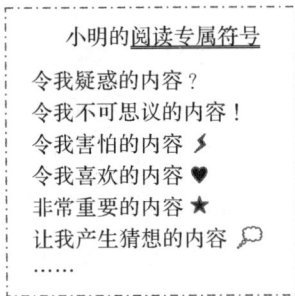

```
┌─────────────────────┐
│  小明的阅读专属符号     │
│                     │
│  令我疑惑的内容？      │
│  令我不可思议的内容！   │
│  令我害怕的内容 ⚡      │
│  令我喜欢的内容 ❤      │
│  非常重要的内容 ★      │
│  让我产生猜想的内容 🔍  │
│  ……                 │
└─────────────────────┘
```

图5　小说"阅读专属符号卡"(吕琴设计)

阅读小说时,学生往往有这样的经历:故事太吸引人,让人读到根本停不下来,完全不舍得停下来琢磨自己的想法。阅读前,教师可以引导学生设计一些简单的符号及时记录自己的思考。阅读时遇到问题不必停下脚步,直接快速在书本的相应位置写下符号,然后继续阅读。一章节或整本书读完后,再回过头来,利用符号回忆自己当时的思考,甚至把当时的想法用文字记录下来,用批注的形式写在书旁。这样的阅读过程看似简单,但它贯穿于读前、读中、读后三个环节,既能帮助学生保持投入的阅读状态,也可以让他们的阅读感受变得更深刻。

这份小说"阅读专属符号卡"使用范围广、实操性也很强,是学生开展长篇小说或大部头书籍阅读时的有力"拍档"。从阅读前自制专属符号卡,到阅读时保持充分的阅读专注力和持续的思维力,再到读后反思、整理,都让学生的阅读从被动走向主动,从枯燥走向趣味。一线教师在阅读工具开发时要有阅读指导"过程化"的意识,努力实现阅读工具在阅读的全过程中使用,并在使用过程中寓"教"于趣,寓"导"于无形。

3. 凸显阅读文本的文体特点

不同类型的文本,需要不同的阅读方法和策略。教师对不同类型文本进行阅读策略指导,应各有侧重。叙事性文本,引导学生认识经典人物,品读精彩故事;说明性文本,引导学生提取主要信息,了解说明方法;论述性文本,引导学生读懂观点,厘清联系;等等。教师在设计阅读工具时,既要让学生在阅读过程中,习得阅读策略,又能感知文体特点。

科普类书籍文体特色鲜明,蕴藏着丰富的科学道理。四年级下册"快乐读书吧"推荐书目《十万个为什么》这本书,就通过一个个鲜为人知的科学故事,解释了许多耐人寻味的科普知识。有教师设计了这样一份"科普猜猜卡"(如图6所示),引导学生在阅读书本目录时,遇到感兴趣的科普问题,先及时记录问题,并结合自己的已有经验尝试做出判断。再细读文本,寻找相应的答案。阅读之后,将正确答案和概括性的解释填写在卡片背面。用上科普猜猜卡,还可以和同伴互学互玩,积累更多有用的科普知识。"猜猜卡"中所引导的阅读路径、阅读策略契合说明文的文体特点,在阅读中能提取出有效的科普信息,积累科学知识,保证了阅读质量。

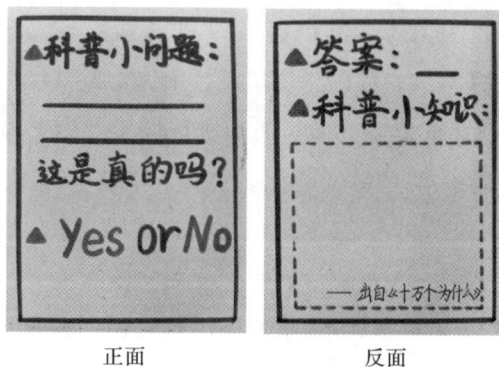

正面　　　　　反面

图6　《十万个为什么》科普猜猜卡(姚慧霞设计)

综上所述,教师应该站在宏观和微观的多重视角,牢牢把握阅读工具的定位,不肆意拔高,但也要体现实效。在阅读工具的设计过程中,应努力做到:需"依纲"——课标中要求掌握的阅读策略;需"靠本"——统编教材中的相关语文要素;需"见微"——具体到各册"快乐读书吧"的阅读贴士,根据文本特点和学段规律等要素开发实施,让阅读工具更符合学生真实的阅读需要,促进学生阅读能力向最近发展区不断靠近。

第三节　三大类阅读工具的设计与使用

我国著名语文教育家吕叔湘说:"语文是一种技能、一种习惯,只有通过正确的模仿和反复的实践才能养成。"阅读能力亦是如此,而阅读能力的重要体现便是学生在自主阅读的过程中,能科学有效地运用阅读策略,保证阅读质量,提高阅读效率。因此,教师要在"快乐读书吧"的阅读指导过程中,提高策略训练的意识,加强阅读策略的指导。在浙江师范大学王国均教授的指导下,衢州市柯城区白云学校前几年就对阅读策略工具开展了实践研究。在此基础上,我们又由一所学校推及全区每一所学校,引导全体教师关注阅读策略工具的开发实践。在带领整个区域教师开展这一主题的实践研究过程中,我们主要围绕指导学生开展好"快乐读书吧"整本书阅读,关注三类阅读工具——"导读单""海报""卡牌"的开发与运用。这些阅读工具既能对学生进行相关阅读策略的训练和指导,同时也能通过阅读策略的运用与实践,助推学生的阅读思维由表及里,由单一走向多维,由平面走向立体。

第一目　导读单的设计与使用

"导读单"顾名思义,"导"是引导,"读"是阅读,"单"是单子,即教师依据学情,依托文本,根据年段阅读要求,有针对性地设计相关阅读指导单,训练学生开展有策略的自主阅读。导读单作为阅读工具,对学生阅读活动的开展起了一个很好的引导提示作用,尤其是对于学生阅读思维的激发、阅读思维的展示方式,更是起着重要的作用。接下来,我们结合一些具体的案例,谈谈导读单在学生阅读思维的培养方面发挥的重要功效。

根据阅读指导的时间不同,导读单可分别在读前、读中和读后使用,是一个帮助学生深入理解文本、提高阅读质量、感受阅读思维、呈现阅读思维、提升阅读思维力的有效工具。

一、在感知梳理中,聚合思维

不会阅读的人在阅读时常常"眉毛胡子一把抓",看似处处"收获",实质零零碎碎、散散落落。因此,在整本书阅读指导中,教师要引导学生在阅读中有意识地进行有方向、有条理的思考,寻求答案,帮助他们形成思维的聚合。阅读指导过程中,导读单的有效设置,可以帮助学生发现与搜集信息,提炼与概括内容,将知识和信息关联成有意义的主题内容,帮助学生实现思维的聚合。

1. 以方法指导聚合思维

康拉德·法伯尔说:"你对一个孩子阅读,他的快乐是暂时的,但是如果你教一个孩子阅读,他将受用一生。"因此,在"快乐读书吧"整本书的阅读指导中,阅读方法、技能的指导尤为重要。如图1所示。

《安徒生童话》导读单

1.读封面

我是鼎鼎有名的"福尔摩斯",善于发现的我能从封面中搜集到以下线索:

书名	作者	翻译	出版社	字数	出版时间	页数	价格

2.读目录

根据题目预测是阅读童话的方法之一,读了目录,我能够根据题目预测它的主要内容。

《　　　》	•根据题目中的_____,我预测这是一个关于_____的童话。
《　　　》	•根据题目中的_____,我预测这是一个关于_____的童话。
《　　　》	•根据题目中的_____,我预测这是一个关于_____的童话。

3.读插画

根据第___页的插图,它画的是_____,所以我预测这篇童话的主要内容是:_____。

图1 《安徒生童话》读前导读单(彭素芳设计)

该教师在导读单中通过表格、段式的设计,将复杂的阅读活动分解为可以把握的操作步骤,指导学生通过"读封面、读目录、读插图"三个维度开展整本书的初读,关注了对整本书阅读方法的渗透。结合三年级上册"预测"策略的学习,本导读单对"预测"策略的指导运用尤为凸显,将阅读策略由课内学习延伸到课外运用。导读单中策略性支架的搭建与运用,改变了阅读过程中碎片化的状态,实现了思维的统整。

2. 借信息梳理聚合思维

感知内容、捕捉信息是阅读活动开展的一个重要内容,也是学生深入阅读的基础。教师可以通过导读单的设计,帮助学生更有效地梳理文本内容,理解相关的重要信息,并将这些信息形成一种有效的联结。如图2所示。

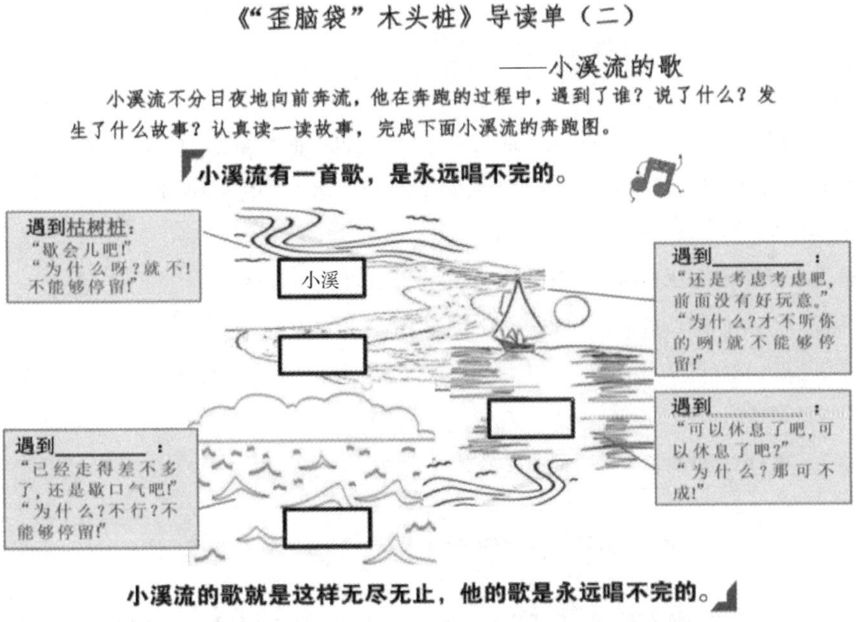

图2 《"歪脑袋"木头桩》读中导读单(周建凤设计)

该导读单的设计,提示学生在阅读活动中要重点关注:人物、地点、语言、事件变化等要素,帮助学生直接感知阅读过程中的重点内容,使阅读更有方向感与操作性。完成这幅"小溪流的奔跑图"的填写,既是学生梳理故事线索,感受故事情节的过程,同时还能深入感受小溪流坚持不懈、永不停息的精神。这样的信息梳理,将整个故事脉落串连成一线,抓住故事的中心,让学生的阅读思维由浅入深。

3. 设问题探究聚合思维

带着目的阅读,会让阅读更高效。学生可以依据阅读目的,在阅读过程中寻找与目的相关的信息,围绕目的将信息进行联结整合,通过确认、记忆或者总结,使自己的理解时刻与阅读任务保持一致。这样有目的地阅读,才是推动聚合思维的有效策略。在导读单的设计中,教师要有意识地创设既能激发学生阅读兴趣,又能推动学生深入思考的有创意的探究性问题,以问题为推手,提升阅读思维力。在《世界经典神话与传说》读中导读课上,为了促进学生对人物形象的感知和故事内涵的理解,有教师选择《法厄同》这个神话故事,设计了一个有思维张力的问题,并呈现了不同的观点,以导读单的形式提供给学生,供学生讨论思考。如图3所示。

情节回顾:法厄同是太阳神阿波罗的儿子。为了向世人证明自己的身份,他恳求父亲把太阳车借给自己。因为自己的能力无法驾驭太阳车,他从空中掉落摔死了……

评价视角:

观点一:太阳神为法厄同的死负责。因为他把太阳车给了法厄同。

观点二:法厄同自己负责。因为是他自己一定要驾驶太阳车,自不量力。

观点三:人世间的某些人负责。因为他们嘲笑法厄同,侮辱他的母亲,法厄同才想要证明自己是神的儿子。

思考问题:你觉得谁该为法厄同的死负责?

图3 《世界经典神话与传说》导读单(江狄龙设计)

这张问题式导读单,激活了学生的阅读经验,他们回顾法厄同死亡悲剧产生的故事脉络,发现有很多人都对法厄同一步步走向死亡或多或少产生过影响。但是,深入分析可以发现,这些观点都可以从另一个角度再解读。

比如,太阳神的确把太阳车借给了法厄同,那是因为他爱子心切,经不住法厄同的软磨硬泡。又如,人世间嘲笑法厄同的人确实做得不对,但也不足以让法厄同用这种超越自己能力的方式证明自己。教师通过创设"你觉得谁该为法厄同的死负责?"这一问题情境,推动学生有兴趣地"读起来",有目标地"读进去",最后思辨性地"读出来"。在阅读活动结束后,可以问题为载体,将整本书中丰富的信息、复杂的关系,进行重新组合并以个性的思维重构呈现。如此,从不同的角度解读同一个故事,分析同一个角色,促进了学生"横看成岭侧成峰"式的辩证思维的发展。

二、在理解对话中,深化思维

阅读是一个积极主动的过程,一个有阅读思维力的读者在阅读过程中能积极地与文本互动,理解所读内容,遇到阅读困难时,能运用恰当的策略帮助自己理解。这一系列阅读行为背后,都是阅读者思维力的体现。"导读单"这一阅读支架,能推动学生阅读过程中开展多维度、有策略的互动对话,加深对阅读文本的理解,将阅读思维引向纵深处。

1. 与文本对话促进理解

在阅读指导过程中,教师要引导学生跳出阅读思维的舒适区,从不同的角度和领域审视阅读内容,在尊重学生认知思维习惯的基础上,开辟新的阅读路径,促进与文本的深度交流。如图4所示。

连线神话人物:如果给你一次和书中神话人物对话的机会,你最想和谁连线? 你有什么话想对故事中的人物说? 你有什么问题想请书中的人物帮你解答?

图4　四年级上册"快乐读书吧"《中国神话故事》导读单内容(一)(许桔平设计)

导读单中"连线神话人物"这个设计,创设了学生与文本神话人物的对话机会,富有趣味性。在学生阅读文本、感知人物形象的基础上,运用提问的策略,激发了他们的联想。通过联想提问,让阅读不再停留在先前认知与已有理解的范畴内,而是触发新的思维火花,产生新的阅读思考,变平面阅读为有立体感的层次性交流,促进深度思考。

2. 与自我对话丰富理解

阅读是一段旅程,有了自我的参与,旅程才有意义。阅读中的自我反思、回顾整理,是阅读过程中学习者主动发现和丰富自己知识和经验的过程。在阅读活动中设计阅读者的自我对话,能强化阅读认知,积累经验,促进深度理解。如图5所示。

《中国神话故事》读后导读单

——我最喜欢的神话人物

神话人物回顾:读完《中国神话故事》,一定有很多中国古代神话人物给你留下深刻的印象,深受你的喜爱。写下他们的名字以及让你印象最深刻的情节。

神话人物	印象最深刻的情节	喜爱的理由

图5 《中国神话故事》导读单内容(二)(陈文清设计)

本环节是学生读完整本书后的回顾,通过回顾神话人物及相关情节,梳理自己的思考和认识,让神话人物在心中积淀,使对人物的认识和理解从扁平走向立体。

3. 与同伴对话传递理解

阅读是个体自主"输入"过程,其效果需要通过"输出"才能得以体现。有质量的"输出"对"输入"又起到了推进的作用,两者相辅相成。在导读单中,教师可以设计与同伴对话交流的活动,促进学生更深入地阅读,实现对书中信息的加工内化转换,思维的严谨度也得到发展。如图6所示。

感受神话人物:画一画最喜欢的神话人物,并阅读分析,进一步了解人物形象,感受神话之"神",再将这个神话人物介绍给同学。

人物品质: _____
具体表现: _____
_____

人物主要事件: _____

人物神奇之处:
(1) _____
(2) _____
(3) _____

图6 《中国神话故事》导读单内容(三)(陈文清设计)

该导读单最后的目标指向是将神话人物介绍给同学。为了完成这一任务,首先要求学生通过图像化的策略,将文中最喜欢的人物根据文本图像化;其次回顾人物品质、事件、神奇之处三个维度,在脑海中将图像与人物形象建立对应链接。在此基础上,完成与同伴对话交流的介绍任务。这个过程,既让学生在脑海中、笔下真实描摹画面,深化对文本深层意义的解读,又激发了学生的想象力,促进了表达能力的提升。

三、在联系比较中,辨析思维

阅读思维力的提升要摆脱纯感性的模糊状态和狭隘经验的影响,理性参与的程度越深,思维能力便越强。而"比较"是一种很好的认识问题的方法,是思维发展的必由之路,是确定事物同异关系的思维过程。因此,"比较"在阅读活动中,可以作为推进阅读理解和思考辨析的一种重要手段。教师在导读单中设计多维度的联系比较,能提升学生的思辨力。

1. 文本内要素的横向比较

横向比较是指对同类的不同对象在统一标准下进行比较,发现和区分出事物的不同。在整本书的阅读过程中,教师可以根据文本的特点,引导学生将同一层面的内容组合起来阅读,通过分析判断,读出感悟,获得体验,建立新认识。如

图7所示。

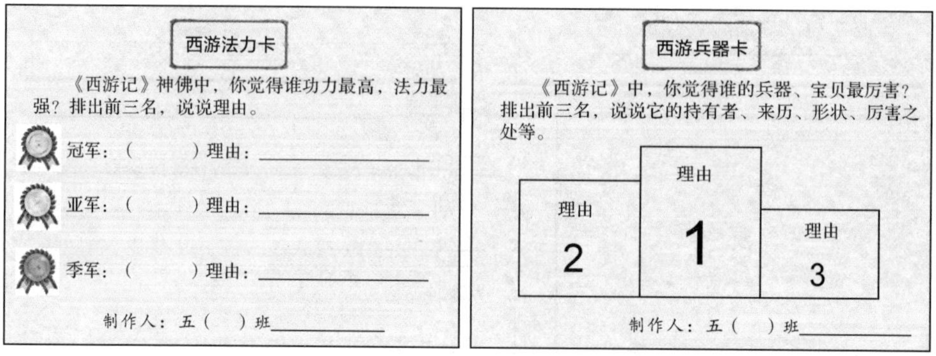

图7 《西游记》课后导读单设计(沈雪珍设计)

《西游记》作为小学生接触名著的启蒙作品,它的可读性和学习价值十分深远,教师要用孩子喜闻乐见的形式引导学生爱读、细读,读出思考。图7的导读单设计,引导学生将自己喜爱的人物、事物放在一起分析,通过综合分析思考,做出具有自己独特理解的判断。

2. 文本内要素的纵向比较

纵向比较是单个事物与过去某个时间的状态进行比较,比较同一事物在不同时期的形态,从而认识事物的发展变化过程。当一本书中的主人公随着故事情节的发展而成长变化时,教师可以引导学生把人物的发展过程串成一条线,放在一起阅读,从而建立起对主人公的立体感知。

《爱丽丝漫游奇境》这本书表面上荒诞不经,但在奇异的情节背后,隐藏着严密的逻辑。教师在导读单中围绕人物的身体变化和思想变化设计了两次纵向比较的内容梳理。前后不同表现对照阅读,让学生发现人物入情入理的动态变化过程,在故事的发展中、矛盾中激发对书中人物内心探究的欲望。通过前后比较,让学生读懂人物,使阅读理解达到一定的深度。如图8所示。

《爱丽丝漫游奇境》导读单

任务一:阅读初测,梳理信息,感受人物身体变化

请同学们快速浏览书目章节,找到爱丽丝身体发生变化的情节,完成下图。

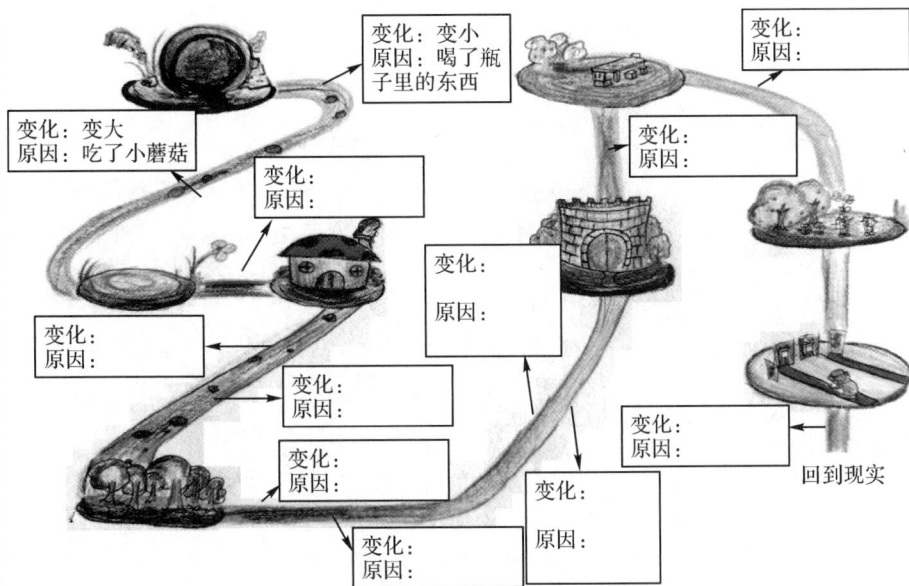

变化:变小
原因:喝了瓶子里的东西

变化:
原因:

变化:变大
原因:吃了小蘑菇

变化:
原因:

变化:
原因:

变化:
原因:

变化:
原因:

变化:
原因:

变化:
原因:

变化:
原因:

变化:
原因:

变化:
原因:

回到现实

任务二:细读文本,品析思考,感受人物成长变化

爱丽丝进入奇妙的兔子洞中,遭遇了一系列奇怪的事。请借助思维导图,感受随着情节发展,爱丽丝的性格变化。

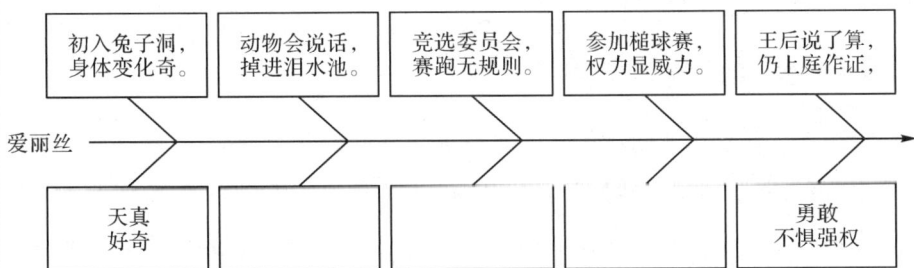

| 初入兔子洞,身体变化奇。 | 动物会说话,掉进泪水池。 | 竞选委员会,赛跑无规则。 | 参加槌球赛,权力显威力。 | 王后说了算,仍上庭作证, |

爱丽丝

| 天真好奇 | | | | 勇敢不惧强权 |

图8 《爱丽丝漫游奇境》导读单(万莹莹设计)

3. 文本间要素的异同比较

《中国民间故事》《中国神话故事》《安徒生童话》等书籍都是由多个单篇故事组合而成的。这类书中,同一种动物(人物)在不同文本中呈现的形象特点往往不尽相同。教师可以引导学生利用导读单,将不同文本的信息联系起来,比较异同,辨析思考,帮助学生看到故事形象之间的联系及区别。如图9所示。

《非洲民间故事》里的主角常常是动物,其中兔子出现的频率很高。阅读P125的《兔子的妙计》和P175的《兔子的故事》,然后想一想这两个故事有哪些相同之处和不同之处。

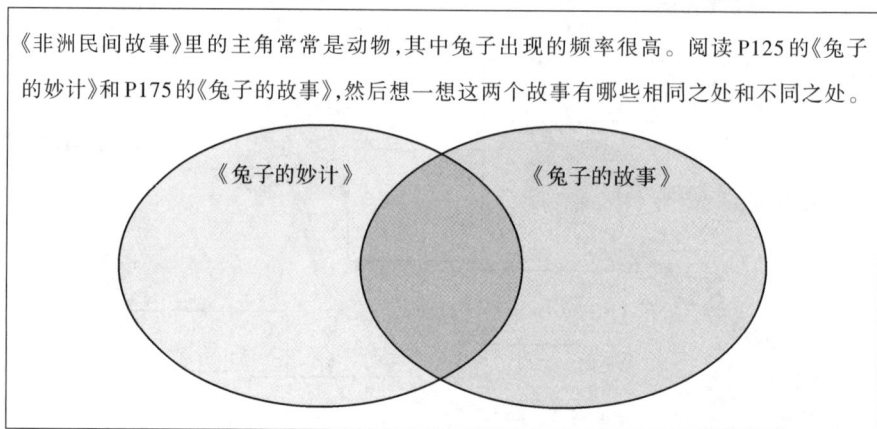

图9 《非洲民间故事》导读单内容

在导读单的引导下,学生通过阅读分析,发现在非洲不同地区族人的眼中,兔子的角色定位是不一样的,虽然都比较聪明,但一只聪明谨慎,值得夸赞,另一只狡猾自私,遭人唾弃。这样的比较阅读,能将学生的阅读思维往更深层次推进,在比较中开阔眼界,活跃思想。

四、在联结延伸中,迁移思维

联结是一种常用的阅读策略。在指导学生阅读活动过程中,教师要将学生的阅读内容、阅读知识与他们的日常生活、阅读经验等进行联结,将课堂内外已经学习到的知识带入新的阅读活动之中,在新的阅读与旧的经验之间建起一座沟通联结的桥梁。

1. 与自我生活联结,迁移理解

教师可以引导学生在阅读中通过阅读上下文、借助文本插图、展开想象等手段,结合已有的生活体验及语文学习经验,对文本内容进行深入思考、辨析、品悟,加深对文本的理解。如表1这个导读单的任务设计。

你觉得你最像故事中的谁？你的朋友又像故事中的谁？为什么呢？你认为大家会喜欢你们吗？

表1　《一只想飞的猫》读后导读单内容

对象	最像故事中的谁	相似点	受欢迎程度
我自己			5★　4★　3★　2★　1★
我的朋友			5★　4★　3★　2★　1★

表1的导读单中,教师运用"联结"策略,通过回忆、分析自己与身边人,将文本里的人物联结到现实生活,赋予书本中人物以现实人物的生命力,让文中人物形象立体化,富有生活感。这样的联结,充分调动了学生的生活认知,使文本与现实交互参照与映射,从而对文本中的人物形成新的理解与情感体验。

2. 与阅读经验联结,迁移认知

不论哪个年段的学生在进行整本书阅读活动之前,必然都具有一定的阅读基础,积累了一些阅读经验。教师要以所阅读的文本为基点,挖掘文中所蕴含的各种信息因素,关联学生已有的认知,在新旧阅读之间,建立多重关联映照,实现认知的迁移。如,五年级上册"快乐读书吧"推荐书目《非洲民间故事》的导读单设计中,有教师设计如下。

《非洲民间故事》中出现的动物形象和你之前在课外书中读过的动物形象有什么不同？请再次阅读后找到这些不同,完成表2。

表2　《非洲民间故事》导读单内容

书中的动物	出现的篇目	印象中的动物形象	书中的动物形象
乌龟	《谁的力气大》	迟钝,爬行缓慢	聪明机智

利用导读单,教师引导学生阅读后通过整理表格,在联结、对比中,新旧认知

产生思维碰撞,从而学会多角度地了解文本中的人物,丰富体验,拓展对文本形象的新认知。

3. 与表达实践联结,迁移构思

阅读最直接的作用在于发展并提升人的语文能力。教师教学要关注这一要求,引导学生在阅读中聚焦语言文字、表达特点、构思编排,而后进行模仿和创造,实现整本书阅读的读写自然结合。如图10所示。

看了故事的结局,你有什么想对稻草人说的呢? 发挥想象,预测故事接下来会怎样发展,为故事续写一段结局。

我想对稻草人说:＿＿＿＿＿＿＿＿＿＿＿＿＿＿＿＿＿＿＿＿＿＿＿＿

续写:＿＿＿＿＿＿＿＿＿＿＿＿＿＿＿＿＿＿＿＿＿＿＿＿＿＿＿＿

＿＿＿＿＿＿＿＿＿＿＿＿＿＿＿＿＿＿＿＿＿＿＿＿＿＿＿＿＿＿＿＿＿＿

图10 《稻草人》读后导读单内容

《稻草人》这篇童话不像学生之前阅读的大部分童话,有一个美好的结局。教师的导读单中设计了"想对稻草人说的话",引导学生表达阅读感受,在此基础上,让学生想象预测故事的发展,续写一个新结局。学生会基于整本书阅读以及以往童话故事的阅读基础及语言的积累、故事的架构编排等,于迁移中创造出新的故事内容,实现创生表达,从而将阅读无痕过渡到写作。

由此可见,"导读单"是一个帮助学生深入理解文本、提高阅读质量、感受阅读思维、呈现阅读思维、提升阅读思维力的有效工具。导读单的制作并不难,难就难在其内容的设计。老师们要结合"快乐读书吧"的阅读指导要求、阅读书目特点、学生的阅读能力等要素,设计导读单,用好导读单,在实践中提升自己导读的能力。

第二目 海报的设计与使用

阅读能力作为个体完成阅读活动的稳定的个性心理特征,是类化了的阅读经验,具有个体性、内隐性、非传递性,这就决定了它只有通过个人的阅读实践才能形成和发展起来。教师在"快乐读书吧"的阅读指导过程中,还可以通过设计

"海报"类阅读工具,加强学生的阅读策略指导,引导学生利用工具反复实践,提升阅读能力。通过"海报",能直观呈现策略训练的方法路径,"教"学生阅读,尤其是让学生在技能和策略方面经历从不会到会,从经验缺失到经验丰富的过程。

"海报"在《现代汉语词典》(第7版)中的释义为:戏剧、电影等演出或球赛等活动的招贴。正规的海报中通常包括活动的性质、主办单位、时间、地点等内容。

指向阅读策略训练的海报,指围绕阅读策略这一主题,将阅读的技能、方法通过图片、文字、色彩等要素具体直观地呈现出来,并张贴在教室或其他开展阅读活动的场所的图文。它既是学生阅读时所需要学习的内容,也是辅助学生阅读活动开展的工具。

一、海报特点三要素

作为一种学习工具,海报在呈现形式、设计内容上需有独特之处。只有受学生喜爱又易于被学生理解的海报,才能"点燃"学生的阅读兴趣,从而使学生乐于将其作为工具使用,指导自身的阅读行为。

1. 形式呈现要有趣味

德国哲学家伽达默尔曾说:"只有当游戏者全神贯注于游戏时,游戏活动才会实现它所具有的目的。"因此,具有能够吸引学生注意力、激发学生阅读动力的趣味性,是海报发挥作用的首要条件。儿童是用形象、色彩来思维的,具体形象最能引起儿童的兴趣,激发他们的思考。教师要根据学生的心理特点,将阅读内容以及需要指导的技能方法以活泼有趣的形式呈现,通过图文并茂的方式让学生易于理解,进而用上其中的方法策略开展阅读实践。如图1所示。

在图1的海报中,教师将"图像化策略"分解成四步,每一步操作均以形象卡通的图示加以标注。如第二步"闭"这一环节,教师以一个"放印机"呈现,相关阅读要求还在"放印机"中投射出来;第三步"想"环节,教师又画了"眼""鼻""嘴""耳",形象地引导学生要充分利用感官展开想象,深入感受。这样的海报,将方法指导巧妙地融合在海报的每一个图示、每一个文字中,吸引着学生不由自主地跟着海报的提示进行实践运用,实现"得法于海报,得用于阅读"。

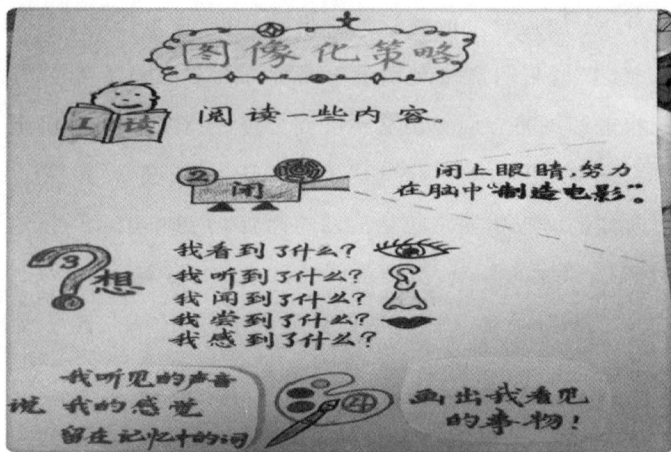

图1　图像化阅读策略(柴霞设计)

2. 思维呈现要有步骤

无论是阅读习惯的培养还是阅读技能的训练,都要聚焦思维的训练,让学生感受阅读思维,提升思维能力。美国儿童读写研究者珍妮佛在《美国学生阅读技能训练》一书中指出,"阅读策略就像按部就班的程序或食谱,可以将阅读这一无形的工作变得具体并且切实可行"。因此,教师在策略训练海报设计时,要找准学生原有的阅读水平点及策略训练的要点,围绕学情,依据文本特点整理思路,为学生提供明白易懂、浅显精练的阅读指导路径,也就是阅读思维逐渐推进的过程。海报所呈现的内容,要将阅读活动划分为可行的步骤,帮助处于练习阶段的学生轻松自信地学习到新的目标技能,训练思维、习得策略。

如前文所提的图1,关于"图像化策略"训练海报,教师就清晰地将该策略分解为四个步骤,每一个步骤均用简洁易懂的语言给予方法操作提示,每一步的操作过程,也是学生呈现阅读思维的过程。

3. 策略呈现要有重点

一张海报通常指向一个策略的训练。可以基于整本书阅读的某种策略,也可以基于某一种具体的策略训练,还可以基于阅读习惯的培养、阅读监控的方法指导,等等。无论是哪一方面的策略训练,在海报中呈现时,均要求主题突出,方法明晰,步骤清楚。学生要能快速捕捉到海报传递的重点信息,透过海报中"提纲挈领"的策略引导,明了阅读时所要关注的"读什么"的内容和"怎么读"的方法。

二、海报内容三维度

作为阅读工具的海报,其设计的内容也要基于统编教材各年级"快乐读书吧"的阅读指导过程,对学生进行相关的阅读指导,开展策略训练,指导阅读方法,提升阅读能力。因此,海报中所呈现的阅读指导可以从以下三个维度展开设计。

1. 指向整本书阅读的方法指导

从三年级开始,"快乐读书吧"的推荐阅读内容均为整本书阅读,拓宽了学生阅读的广度和深度。学生要基于整本书阅读的背景,习得相应的方法和技能,构建起一个完整的整本书阅读的模式,才能让整本书阅读具有持续性和高效性。这需要教师从文本类型出发、丰富阅读形式、延伸阅读策略、提供阅读支架等方面加以引导。如图2所示。

图2 《穿过地平线》阅读海报(高雯曦设计)

教师立足《穿过地平线》"科普类文本"的阅读要素,通过海报形象地呈现了整本书阅读的三步骤。除了关注学生之前所学过的预测、提问、批注等阅读策略的再运用,还引导学生练习信息提取、梳理、归纳、品鉴等策略,并提供了简明的操作指导。同时,阅读计划的制订也融入其中。学生掌握了这一整本书阅读的方法,一定能灵活运用到其他相似书籍的阅读中,促进课外阅读走向课程化。

2. 指向策略运用的操作指导

统编教材从三年级开始安排了策略单元进行专项指导。同时,教材中的不少语文要素也属于阅读策略训练内容。如四年级上册第六单元的语文要素:学习用批注的方法阅读。虽然教材通过例文、课后习题、交流平台等途径引导学生从不同角度进行批注,但对于"批注"的方法并不能列举穷尽。因此,在"快乐读书吧"阅读策略训练海报设计中,有教师便针对"批注"策略,进一步进行了方法引导,指导学生展开阅读实践。如图3所示。

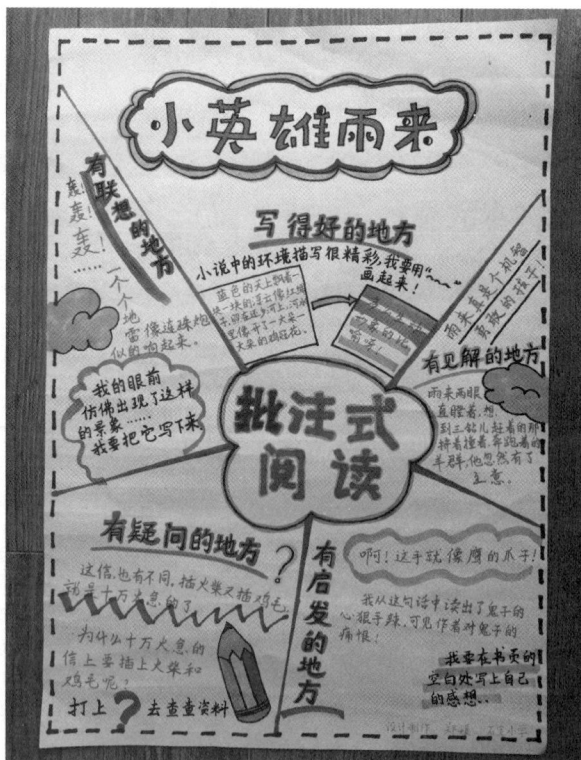

图3 《小英雄雨来》批注策略训练海报(郑媛设计)

图3海报呈现了对"批注"这一阅读策略的细致指导,让学生对"批注"有了更立体丰满的认识,实现了语文要素的深度落实。同时,更是让整本书的阅读真正

成为学生阅读策略训练的"练兵场",激发学生利用课内所学的阅读策略去阅读更多的课外书籍,实现了阅读从课内走向课外。

3. 指向策略训练的活动指导

让学生在阅读过程中产生丰富的体验,是阅读策略训练过程中的一个关键点。因此,依据文本特点,选择策略训练内容,加强阅读情境创设,引导开展阅读活动,也是海报设计的重要内容。如图4所示。

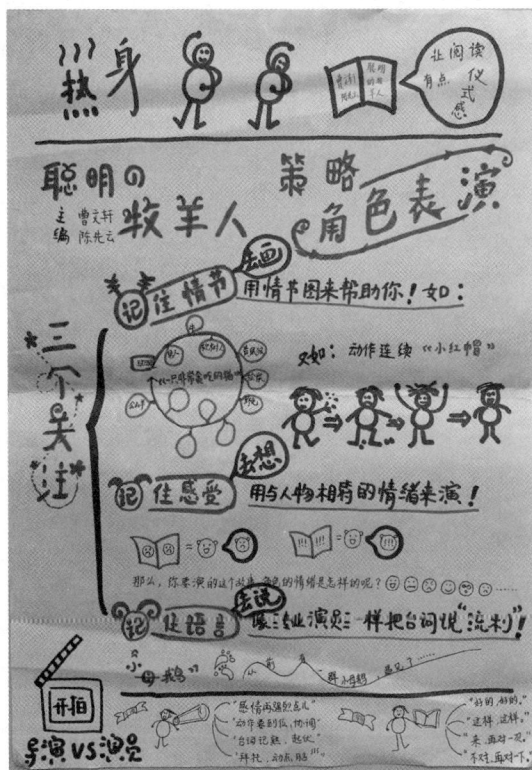

图4　阅读活动——角色表演海报(徐林雁设计)

阅读中外民间故事是五年级上册"快乐读书吧"的阅读内容。对于学生来说,故事内容的理解、人物形象的感知并不是难点。因此,学生阅读过程中就会出现"浮光掠影"、读完即是读好的阅读状态。基于这样的现状,教师设计了该"角色表演"策略训练海报。海报中,教师基于最后的阅读目标,设计阅读活动,创设阅读情境并及时提供了"三个关注"的阅读支架。在海报的引导下,学生在阅读过程中的目标意识更强烈,对于"角色表演"这一策略的需求会更明确,阅读动机就会增强,阅读也会更细致深入。这样的阅读活动的设计,有效地利用了阅读策略,处理好了阅读输入与输出的关系,实现了学生深度阅读与自主表达的结合。

三、海报使用三步骤

阅读思维力是学生阅读能力的重要体现,而思维能力不是自然天成的,它需要通过训练进行培养。在阅读策略海报的使用过程中,我们主张思维过程的构建激活、思维路径的清晰明了、思维阶梯的循序渐进,具体通过以下三个步骤开展。

1. 教师出示海报示范指导

任何高明的教师都不可能光靠"讲",就能让学生习得阅读策略,也不可能将阅读能力"塞进"学生的脑子里。作为一种技能、习惯,学生只有通过正确的模仿和反复的实践才能养成。因此,在学生利用海报开展阅读实践之前,教师要通过示范使用海报,将自己无声的阅读思维通过有声的语言表达出来,让学生感知教师的阅读思维过程,明晰海报的使用方法。通过教师示范,给学生提供具体化、可视化的海报使用路径。

2. 学生依据海报自主阅读

教师在阅读活动开展之前所提供的海报,其实是实现了一种引导价值。学生要在教师所提供的海报引导下,开展自主阅读实践,在实践中运用海报中的所提到的技能策略,对该阅读策略充分展开实践、体验、探究、反思等学习活动实践。我们都知道,只有通过游泳才能学会游泳,只有通过骑车才能学会骑车。同样,利用海报习得阅读策略,提升阅读能力,也只有通过阅读才能学会阅读。在海报的内容设计中,教师可以设计多样的认知工具,如思维导图、情景对话等,引领学生参与到阅读实践活动中。

3. 学生结合阅读再创海报

经历了海报使用的前两步,学生已经积累了一定的阅读经验,对于原来教师在海报中所引导的阅读策略也会产生新的认知和理解。在此基础上,教师可以组织学生根据自身的阅读实践,围绕该阅读策略的使用开展主题交流,发散阅读思维,让学生结合自身对阅读策略的新理解及自身的阅读经历,自己创造或者小组合作创造新的海报。学生自主创造的海报可以是同主题的阅读策略训练海报,也可将自身的阅读实践或阅读成果制作成新的海报,以实现总结提升的目的。当学生能设计出新的属于自己的海报,并将此作为同伴阅读活动的工具时,就一定实现了对该策略的内化理解,并转化成自觉的阅读行为了。

在阅读过程中学习阅读策略,提升阅读能力,其本质就是"做"中学。在阅读海报的使用过程中,我们主张通过三个步骤开展教学:教师出示海报示范指导;学生依据海报自主阅读;学生结合阅读再创海报。作为一种学习资源,也是一种学习工具,海报让学生的阅读活动得以依托和指引,在探索、实践、反思中,开发学生阅读经验,提示阅读规律,习得阅读策略。因此,对于学生阅读能力的培养,我们要重视教师的"教",更要重视学生阅读实践中的"用"。作为语文老师,要发挥好"海报"这一类阅读策略工具的开发与实践,让学生的阅读学习更有趣、更无痕、更自主、更高效。

第三目　卡牌的设计与使用

阅读卡,顾名思义是指帮助学生开展自主阅读的卡片,也可以称为"导读卡",是用于推动学生的阅读思维,整理、记录阅读过程中的理解和感悟,引导学生有策略地展开阅读活动、呈现阅读成果的一种学习工具。阅读卡造型多样,使用过程中带有活动性、趣味性、探索性和创造性,常常为教师和学生所喜爱。借助导读卡开展阅读活动,能够帮助学生内化阅读思考,外化阅读理解;帮助教师诊断学生的阅读水平,起到辅助阅读指导的功能。同时,阅读卡还可以实现自主阅读与阅读能力培养的有效链接,实现阅读策略从"学得"到"习得"的转变,最终达成策略学习系统化与课外阅读课程化的双重课程目标。

一、卡牌的形式

导读卡形式多样,可以根据所承载的策略训练内容及相应的阅读活动,开发设计不同造型的导读卡。

1. 基础卡
这是最常见的类似于纸牌以及其他造型的平面卡。如图1所示。

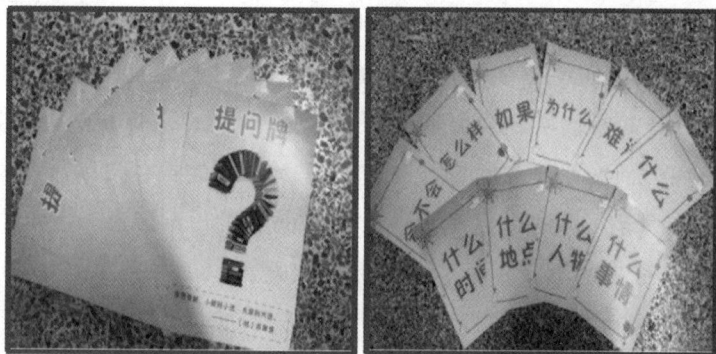

正面 　　　　　　　　　　　　反面

图1　提问策略训练卡(白云学校团队设计)

这副卡由10张基础卡片组成,每张卡片正反面均有设计。正面由三部分组成:名称+图标+名人名言。反面是一些提问词及提问的内容指向,引导学生用上这些提问词有针对性地展开提问。图2便是由基础卡发展创新而来的有造型的平面卡。

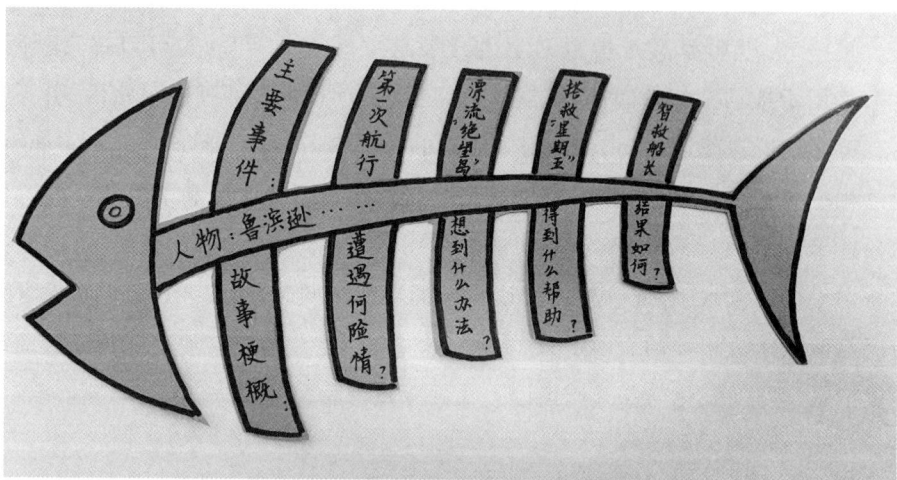

图2　《鲁滨逊漂流记》导读卡(兰芳圆设计)

图2是教师根据《鲁滨逊漂流记》阅读要求,创意设计的一个鱼骨形的导读卡。该卡引导学生围绕人物的主要事件,按照事情发展的顺序提取重要信息,发现冒险故事基本的结构规律,按"遇险—脱险"的逻辑顺序复述故事。

2. 折叠卡

和基础卡相比,折叠卡造型更多样,将阅读指导渗透在有趣的造型之中,让阅读活动富有趣味性、活动性。同时因为折叠,让阅读引导又带有一定的神秘性,极大地激发学生好奇心和充分调动学生阅读的积极性。如图3所示。

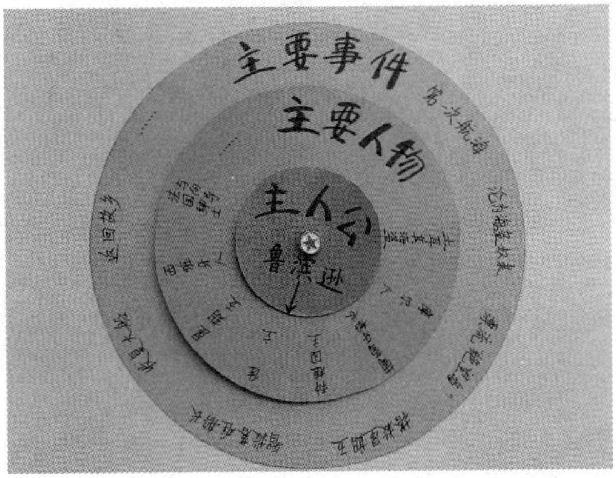

图3 《鲁滨逊漂流记》阅读转盘卡(郑国英设计)

这是一张转盘卡,是对《鲁滨逊漂流记》整本书的阅读引导。这张转盘卡一般用在整本书的阅读之后,通过中间人物图谱转动的变化,回顾梳理整本书的情节脉络。

3. 立体卡

立体卡是折叠卡的升级版,也可以称为"折叠书"或"迷你书",即围绕某一主题做成可以折叠的立体小书。每一个折叠页中,可以粘贴其他"插件",如"口袋书""翻翻书",甚至小转盘也可以安插其中。图4中的《阅读手册》就是由折叠页及"迷你口袋书"组合而成的立体书。

这本《阅读手册》是中段学生开展故事类书籍均可以用到的一种导读卡,它可以贯穿整本书阅读的全过程。看似简单的几张卡纸翻折拼接,但内部却暗藏各种"阅读秘密",它由多项内容组成。如图5所示。

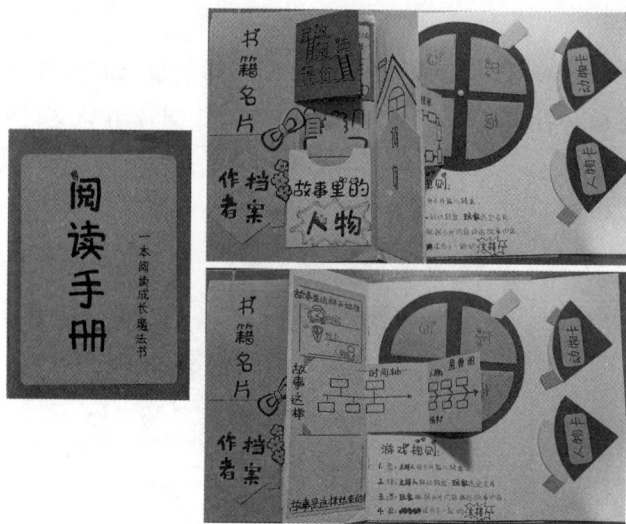

图4 《阅读手册》(黄琴设计)

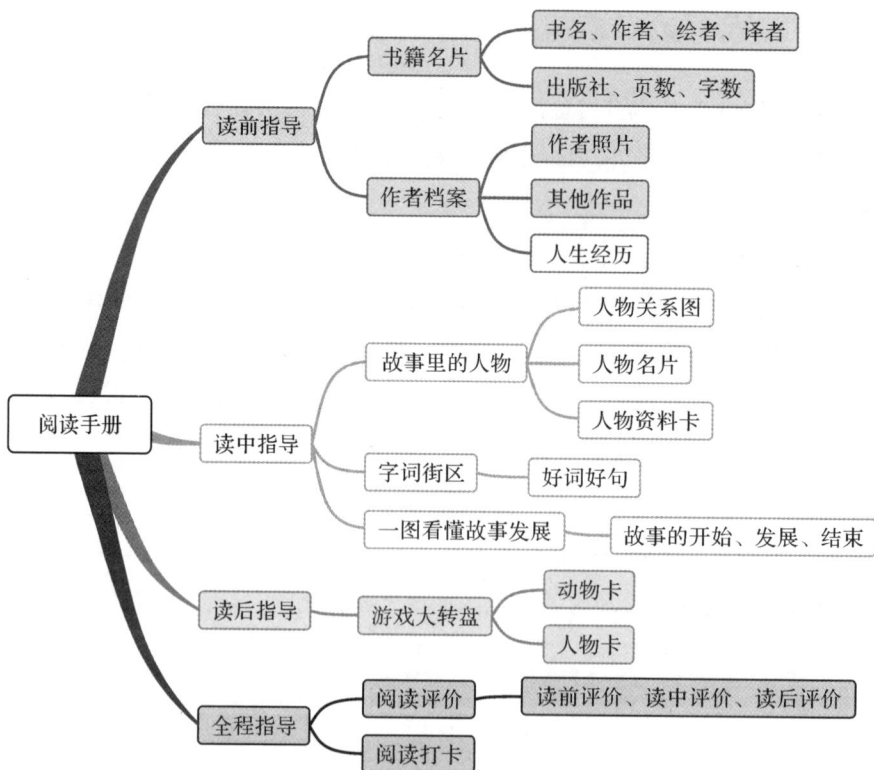

图5 《阅读手册》中的阅读活动安排

如图5所示,阅读活动贯穿在整本书阅读的全过程,帮助学生和书籍建立一种紧密的联系,融合了各种策略,指导学生有效阅读。它也是一种记录册,保存了学生的阅读轨迹和阅读成果。

二、卡牌的内容设计

阅读策略卡牌的内容设置有多种指向,适用不同年龄阶段,针对不同文本类型,达成不同阅读策略,体现不同思维过程。接下来,以五年级下册"快乐读书吧"的必读书目《西游记》为例,介绍相关系列的阅读卡牌设计与使用。

1. 指向阅读贴士的卡牌——以"章节回目预测表"为例

五年级下册"快乐读书吧"以"读古典名著,品百味人生"为主题,引导学生阅读中国古典名著,推荐读《西游记》,选读《三国演义》《水浒传》和《红楼梦》。教材中的两个小贴士介绍了古典名著相关的知识和阅读古典名著的方法。第一个小贴士提示学生古代长篇小说多是章回体;第二个小贴士则提示学生读古典名著时的方法,即可以借助"回目"猜测每回的主要内容。

作为章回体小说的《西游记》,每章都有两句对偶的文字,称为"回目"。回目以凝练的语言提示了故事的重要信息,适合引导学生运用"预测"策略,借助"回目"预测故事的人物、事件等重要内容。基于此,教师可以设计一张"章节回目预测表",这张"预测表"其实就是学生阅读活动时要使用到的基础卡牌。如图6所示。

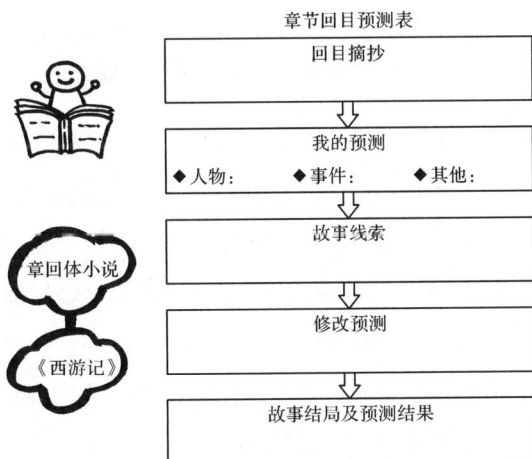

图6 阅读卡牌之章节回目预测表

2. 指向语文要素的卡牌——以"故事情节曲线图"为例

指导学生开展阅读策略活动的卡牌设计,同样需要关联单元语文要素,承担相应的单元要素实践与运用功能。五年级下册"快乐读书吧"所在单元以"走进中国古典名著"为人文主题,以"初步学会阅读古典名著的方法"为语文要素,编排的四篇课文均为名著节选或改编版。单元整体教学将"阅读古典名著的方法"细化为若干子方法,逐步引导学生学习阅读古典名著。其中涉及的第一个子方法即为"把握故事主要内容"。《西游记》作为章回体小说,每回的故事虽前后连贯但又相对独立。因此,教师可以设计"故事情节曲线图",引导学生借用这张阅读卡牌,反复练习"把握故事主要内容",把握故事发展的一般规律——开端、发展、高潮、结局。"故事情节曲线图"阅读卡设计如图7所示。

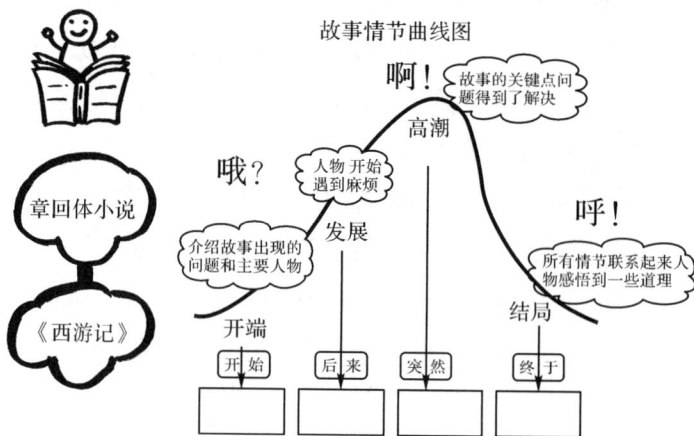

图7 阅读策略卡牌之故事情节曲线图

3. 指向学习规律的策略卡牌——以"人物推理网络图"为例

学生阅读策略的学习是个性化的过程,更是隐性化的过程。阅读策略卡牌,可将隐性的思维过程显性化,把原本不可见的思维结构、思考路径呈现出来,使阅读策略对学生而言可观可感、可触可摸,为后续的学习做好铺垫。

阅读卡牌能外化学生的阅读理解,学生完成卡牌的过程,也是教师了解学生的阅读水平与学习困难的过程。在阅读《西游记》的过程中,要重视引导学生品读人物形象,多角度评价故事中的人物形象。因此,也可以设计相应的阅读卡牌引导学生学习小说塑造人物的多样方法,或勾勒人物外貌,或刻画心理活动,或描写行动对话，或侧面烘托，或插入作者评论，让学生综合诸多方法，解读人物形象，为多角度评价人物做准备。所以，有教师便设计了这张"人物推理网络图"，学生借助这张卡牌，能更好地把握人物形象、感知故事内容。如图8所示。

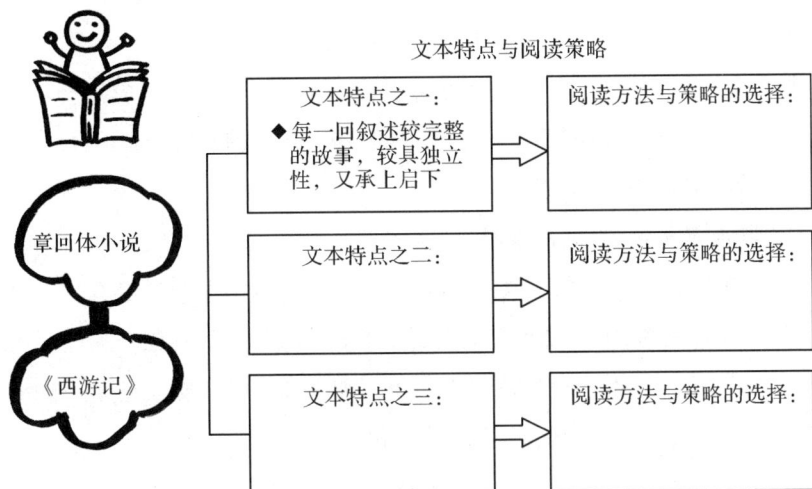

图8　阅读策略卡牌之人物推理网络图

对于导读卡的设计与使用，在前面第二节中，也有较多的介绍，也呈现了不少导读卡的案例。读者可根据需要回看本章第二节的内容。

三、阅读策略卡牌的使用原则

导读卡的使用时机要根据卡所承载的阅读任务、设计的阅读活动而定，有的用在阅读前，有的用在阅读后，但大多数导读卡的使用都贯穿于阅读活动的全过程，引导学生借助阅读工具，用策略促阅读，以阅读习策略。在阅读活动开展之前，教师要和学生说明导读卡的使用方法。教师通过示范使用导读卡，将自己无声的阅读思维通过有声的语言表达出来，让学生感知教师的阅读思维过程，明晰导读卡的使用方法，从而在阅读中关注自己的思维活动，促进对阅读内容的理解和感悟。当然，不管是哪个阶段对于阅读策略导读卡的使用，都要注意以下原则：

1. 教与学要有的放矢，把握时机

在阅读过程中，对于阅读能力的训练与培养，教师要把握"教学"与"应用"的时间分配，让学生有充分的时间和空间运用阅读策略，促进阅读策略从"学得"到"习得"的质变。特级教师蒋军晶老师曾提出"二八原则"，即百分之二十的时间用于"教学"，而百分之八十的时间用于"应用"。

"教学"与"应用"两个阶段往往相互穿插，不断循环。学生"应用"阶段，教师要引导参与，若发现问题需给予必要的帮助，甚至可以调整导读卡的设计，以顺应与贴合学生实际的阅读情况。

2. 前与后需回顾对比，统整提升

统编小学语文教材中策略学习有以单元集中教学呈现的，也有通过普通单元的语文要素渗透的，不管哪种呈现方式，其学习都不仅仅局限于某个单元或某个年级。教师应有整体教学的思维解读并设计策略学习，使策略学习向各个年级延伸并有序开展，或提前渗透，或后续强化。

对于同一阅读策略的学习，后续学习中要引导学生对前面的学习进行回顾性梳理，同时借用导读卡进行两次策略学习的比较，寻找异同，总结经验，使策略学习一脉相承又螺旋上升。只有这样，才契合统编小学语文教材整体教学的理念。

3. 用与悟重交流反馈，互动促进

阅读是个性化的过程，学生个体之间的差异很大。在借助阅读工具展开阅读活动的过程中，教师要引导学生充分交流、展示，分享经验，解决疑惑。

同时，要引入适切的评价机制，通过师生交流评价、亲子交流评价、同伴交流评价等不同主体的交流评价，让学生有多方面的思考和收获；还可以通过练习前的思维预热、练习中的互助交流、练习后的总结回顾等不同时段的交流评价帮助学生不断反思，在开放、宽松的氛围中，认清自己的阅读能力，使来自多方面的阅读经验方法化与系统化。

综上所述，阅读工具的设计因文本内容、策略指向、表现形式的不同而各有特点。阅读工具的使用也因阅读过程、使用时机、教学目标的差异而各有侧重。但是，有一点是相同的，那就是思维的发展。在阅读指导中，教师要聚焦阅读思维的培育于阅读指导活动的全过程，重视阅读工具的开发和使用，基于"快乐读

书吧"进行阅读实践,借助三类工具开展阅读活动,实现自主阅读与策略学习的有效链接,实现阅读策略从"学得"到"习得"的转变,最终达成策略学习系统化与课外阅读课程化的双重课程目标。

第四节 阅读工具在常态阅读课中的使用

建构主义认为,学习不是把知识从外界搬入记忆,而是以已有的经验为基础,与外界的教学资源相融后建构新的知识。学习工具是有助于学生在外部材料与自我认知结构之间建立起内在联系的载体。依托工具,能更有效地帮助学生打开学习进程,推进学习思考,让学生在思维实践中生成学习成就感,化"接受知识"为"实践思维"。下面,本人结合课例,谈谈卡牌、微课及海报在不同阅读教学中的价值意义及实践运用。

一、学习工具在阅读教学中的价值与意义

经过实践与探索,本区域内教师开发的阅读教学中的学习工具主要有四类,分别是卡牌、微课、海报及学习单。这些工具介入常规的阅读课教学,对有效落实语文要素、提升学生语文素养、推进课堂教学变革均具有重要的价值。

首先,学习工具能推进统编教材的落实。每一项学习工具都是教师深度研读教材,针对学生的认知水平和能力特点,为帮助学生顺利完成学习任务,实现潜在的发展水平而提供的学习支架。如,有训练学生开展"简要复述"而设计的"信封卡",有指导学生进行"批注式阅读"而设计的海报,有针对如何实现"带着问题默读,促进课文内容理解"而设计的微课,等等。大部分学习工具的功能设计都指向统编教材中语文要素的落实。因此,利用学习工具开展阅读教学活动,对推进统编教材的有效落实显然具有现实意义。

其次,学习工具能激发学生学习的潜能。《课程标准》指出:"语文教学应激发学生的学习兴趣,培养学生自主学习的意识与习惯,引导学生掌握语文学习的方法。"而卡牌、海报等学习工具因其特有的活动性、操作性、趣味性,对培养学生阅读学习的兴趣、方法、能力、习惯,激发学生学习的能动性均有着不可替代的独特

价值。

最后,学习工具能促进教学方式的变革。阅读教学中有了学习工具的介入,学生的阅读思维呈动态化、可视化,学习成果也能通过工具的及时展示而直观呈现。如,学习单能清楚地记录、反馈学生学习中的思维过程,海报能将阅读思维路径通过梳理、提炼呈现,微课能对学生学习阅读策略的实施方法进行直观的引导。教师借助这些学习工具,可以让学生更积极主动地参与学习活动,展开思维碰撞,及时了解学习成效,给予针对性指导。这种课堂教学样态,让教师的"教"更精准、学生的"学"更深入,为促进教学方式的变革奠定了重要的基础。

有创意有实效的学习工具,为学生提供了科学合理的学习支架,极大地激发了学生学习的积极性、能动性,增强了阅读教学中教师的"教"向学生的"学"转化的可能性。这对营造安全民主的学习氛围,建立师生合作伙伴式关系,满足学生成长发展的需求,有着重要的推进作用,是建设有效课堂的一种进步。

二、基于学情的学习工具的设计与开发

要实现学习工具的价值和意义,其设计与开发就必须具备科学性。在充分研读教材的基础上,教师需认真研究学情,遵循学生的认知规律、心理特点开发设计工具,这是让工具在课堂中发挥作用的基础。教师要利用学习工具,把课堂教学中"教的活动"转变成"学的活动",展开学程,夯实学法,实现工具在"教"与"学"之间所承载的桥梁作用。

(一)凸显学习的活动性,设计卡牌

卡牌,顾名思义,是指以卡纸为材料设计并制作的纸牌或类似的卡片。卡牌类工具的使用犹如在阅读学习中注入了游戏的元素,让学习更具活动性、探索性和创造性。如,在教学二年级下册《雷雨》一课时,为了引导学生体会课文词语表达的精准性,教师设计了"拉拉卡"。如图1所示。

图1 《雷雨》拉拉卡（唐湘飞设计）

这份"拉拉卡"由横竖两条卡片组成,竖着的一条卡片可以上下拉动。教学中,教师为了让学生体会到"垂"字在句子中的精准表达,给每位学生配了一份"拉拉卡",引导学生操作工具进行句子比较。具体做法如下:

换词写一写:在卡片空格里填上想换的词语。

拉卡移一移:拉动卡片将词语移动到句子中。

整句读一读:读一读换了词语的这句话,想象体会。

再拉比一比:将原来的"垂"字拉回到原句,再读比较。

这张"拉拉卡",改变了传统课堂上学生口头"换一换,比一比"的学习活动。学生在动手操作卡牌的过程中,学习的积极性和主动性被充分调动。与教师、同伴交流分享的过程中,学生的阅读思维得到开发、碰撞,对文本中的语言表达展开充分的体会与感悟,学习的参与度更高,获得感更强。

(二)聚焦思维的可视化,设计微课

微课一般以视频的形式呈现,内容主要是围绕某个知识点(重点、难点、疑点)展开学习过程。教师在设计教学微课时,要基于学情,捕捉到学生学习过程中思维的盲区,有针对性地在微课中呈现学习思维的具体路径,让学生的学习在微课的引导下真实地发生。如,三年级上册《灰雀》一课所在的单元语义要素是"学习带着问题默读,理解课文的意思"。如何读才是"带着问题默读"?怎样"带着问题默读"才有助于理解课文意思呢?这其中的阅读思维是怎样开展的呢?基于学生的这一思维盲区,老师设计了"阅读侦察兵"的教学微课。微课中,一名学生以画外音的形式,将自己如何"带着问题默读,理解课文内容"的思维过程、思考路径进行了介绍,展示了自己的阅读过程。重点内容如图2所示。

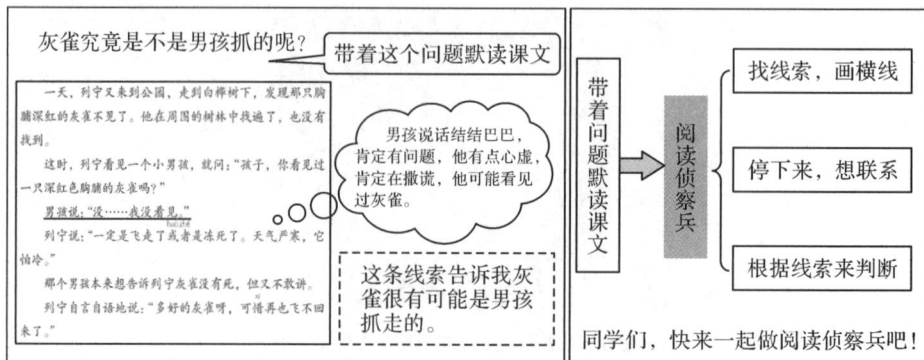

图2 《灰雀》"带着问题默读课文"微课部分内容(李红芬设计)

微课中学习伙伴的阅读思维,过程清晰具体。教师在微课设计中,聚焦"带着问题默读"这一要求,将隐性的阅读思维可视化,为学生构建了一个思维范式,为学生自主学习、落实语文要素提供了方法保障。

(三)关注策略的操作性,设计海报

海报往往通过文字、图片等元素的整合设计,吸引读者的注意力,达到有效传递信息的目的。作为一种阅读学习工具,海报在形式上富有趣味性、内容上具有操作性,受到学生的喜爱。学生能主动地阅读海报,在丰富的海报信息中捕捉到学习的方法策略,并积极展开实践与体验。如,五年级上册第三单元的语文要素是"创造性复述故事"。为了帮助学生开展练习,有教师与学生合作整理,制作了一组海报。如图3所示。

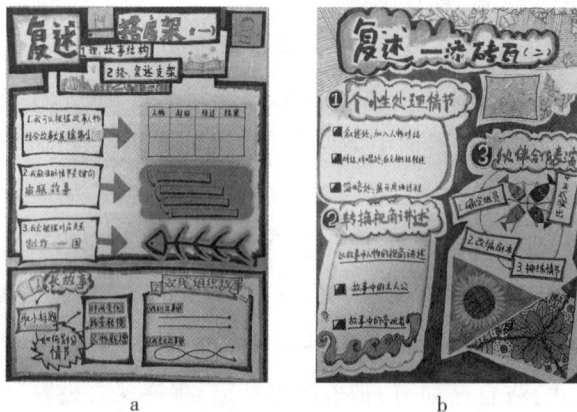

图3 "创造性复述"海报(范琪琪设计)

这组海报通过多形式图文组合,将"创造性复述"的方法进行了可操作性的分解。教师用"搭房架""添砖瓦"这种活泼生动的词语进行方法描述,激发了学生的学习兴趣。同时,海报中策略学习的指导步步要求,环环相扣,为学生习得"创造性复述"指明了具体的实施路径。多彩的卡通海报,符合学生的心理特点,教师无须多"教"也能吸引学生自"学",让原本显得有些枯燥的策略学习,变得情趣盎然。

三、学习工具在阅读教学中的实践与运用

学习工具有助于学生在外部材料与学生的认知结构之间建立起内在联系。依托工具,能更有效地帮助学生打开学习过程,推进学习思考,亲历知识发现与运用的过程,让学生在思维实践中生成学习成就感,化"接受知识"为"实践思维"。笔者结合课例,谈谈卡牌、微课及海报在阅读教学中的实践运用。

(一)依托工具,让思维推进有层级

语文要素是统编教材提出的一个核心概念,是构建语文教材训练体系的基石。为了在课堂中有效落实语文要素,可以借助学习工具帮助学生展开要素学习的全过程。

如,《西门豹治邺》是四年级上册第八单元的一篇精读课文。本单元的语文要素是"了解故事情节,简要复述课文"。基于教材分析,学情把脉,有教师设计了一份立体的、综合性的"信封卡"。如图4所示。

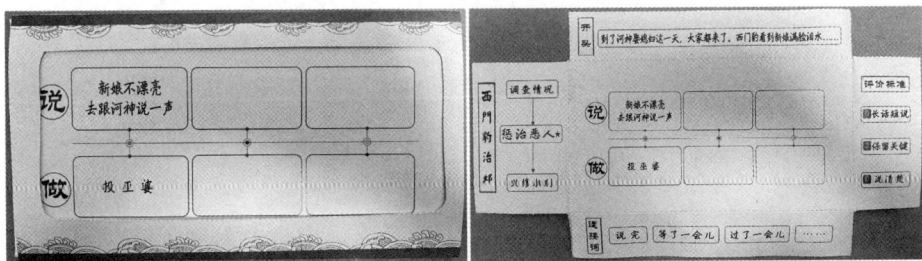

图4　《西门豹治邺》"信封卡"(白云团队设计)

信封卡由两部分组成,分别是外壳和里面的一份折叠卡,塞进去合而为一就变为一个信封;拉出来是一份单独的折叠卡。导读卡的中间,以鱼骨图的方式帮

助学生梳理故事内容;上下是故事的开头和连接语:左边是文中的三个故事名称及全文脉络;右边是简要复述的评价标准。教学过程中,依托这份信封卡,师生共开展了五次学习活动,具体如下:

①借助情节图走进故事认识人物;②在教师引导下学习简要复述重点故事的第一部分;③合作练习复述重点故事的后两部分;④抽出折叠卡,在卡牌上下内容提示下,复述整个故事;⑤师生依据标准进行评价改进,并针对其他故事进行实践运用。

这份学习工具,为培养学生的简要复述能力、推进思维层次搭建了支架、提供了空间。在依托工具、开展学习的过程中,学生多次进行思维的表达,强化了复述实践,积极主动地发现、建构了简要复述的方法与意义。

(二)跟学工具,让思维路径有方向

工具既能帮助学生展开学习过程,也能为学生提供学习示范。如,四年级上册第二单元是提问策略。有教师在教学本单元的起始课《一粒豆荚里的五粒豆》这篇课文时,围绕"问题从哪里来"这一知识点,精心设计了微课。微课中通过两个学习伙伴的对话,清楚地呈现了产生问题的思维过程。具体内容如下:

男生:我们来说说我的问题怎么来?

女生(指着课文文本说):好! 当我读到"你现在有个小花园"这句话时,我觉得非常疑惑。这明明是一株豌豆苗,怎么会是一个小花园呢? 于是,我根据这部分内容,提了一个问题:母亲为什么要把一株豌豆苗称为一个小花园?

男生:原来你是边读边产生了疑惑,是针对课文的一部分内容提的。我来说说,我的问题是怎么产生的吧! 当我读完全文的时候,我已经了解了整个故事内容。但是,掉进水沟里的那粒豌豆却说自己是最了不起的豌豆。我感到有些奇怪,提出了一个问题:掉进水沟里的豌豆真的是最了不起的吗?

女生:原来你的问题是根据全文内容提的,你提问的角度和我是不一样的。

微课聚焦一个教学的关键点,通过学习伙伴交流中提及的例子对"问题怎么来"的思维过程、学习行为进行了介绍。这样的范例简洁明了,贴近学生真实的阅读样态,方便学生学习、理解,为他们开展自主提问实践提供了路径与方向。借助微课,学生的学习场景发生了变化,跟着工具学习,与工具对话,与学习同伴共享,在学习工具所提供的路径中找到思维实践的方向。

（三）共创工具，让思维体验更主动

教师要重视阅读工具的开发及其在课堂中的有效使用，有时也可以在课堂教学过程中，引导学生共同创造学习工具。如，海报在阅读教学中的使用，就不能由教师直接呈现设计好的内容，否则会导致学生在学习过程中"按图索骥"，限制了思维的积极性与主动性。课堂中，教师要利用学生原有的认知经验，在互动交流中引导学生主动思考并进行方法提炼，在共同研讨中创造出海报。因此，海报是在课堂中动态生成的学习工具。

如，三年级上册第七单元《父亲、树林和鸟》一课。有教师为了落实单元语文要素"感受课文生动的语言"，教学中一边引导学生感受文本语言，一边师生共同交流，梳理方法。具体教学活动展开如表1所示。

表1　《父亲、树林和鸟》教学活动

师生教学活动		海报样态
初始状态	教师课件出示句子。	标题：感受生动语言
教学活动1	学生初读句子，教师呈现相应文字的视频，引导学生交流：看了这些画面，你想到了什么？师生交流，提炼"感受生动语言"的方法1。	教师板贴方法1：看着画面想
教学活动2	学生再读句子，教师要求边读边联系自己的生活想一想。师生交流：你有什么新的感受呢？	教师板贴方法2：联系生活想
教学活动2	读课文片段，寻找同类型句子。小组合作读一读，想一想：这些句子美吗？你是怎么体会出来的？师生交流，学生总结提炼学法。	学生上台在空白框里补充写：改变句子读一读，联系上下文想一想……
教学活动4	教师小结，适当完善、美化海报。	标题后面补充板贴：有方法

上述教学活动中，通过"师生相互交流—共同提炼完善"产生了"感受生动语言有方法"学习工具——海报。在课堂中，这张海报是一份逐步完善的板书。课后，这张海报从黑板上移下来，张贴到教室的其他区域，为学生课后学习提供了方法指导，并融入班级文化。这张海报的产生过程，是一个从学生立场出发，发生有意义学习的过程，学生的学习思维有了更深刻的体验，凸显了课堂教学中"学为中心"的理念。

当然，为了实现常规阅读课中学习工具的常态使用，教师要摒弃追求精美的

工具设计观,强化简单实用的设计方向。此外,每一个学习工具的背后几乎都有一个或几个阅读策略的训练指向,教师要综合考量学生年段、文本特点、策略要素等因素,设计多样化的阅读工具。在开发工具的过程中,教师也要有"共通"的设计理念,即让工具能实现迁移运用,让工具更具普适性和融合度。

总之,作为教师,我们要挖掘工具的内在价值,既要让学生享受到读的乐趣,又能习得好的阅读方法,使学生在阅读工具的有层次、有系统的训练中提升阅读素养,训练、强化自身的阅读思维,成为优秀的阅读者。我们也要把握工具的核心内涵,将阅读工具作为触发器,由点及面,从一本到一类,打开学生的阅读视野,激发、维持、保护学生的阅读兴趣,真正实现工具从"用"到"不用",最终达到学生阅读素养的落地见效。

第六章

实施助力"生长"的"快乐读书吧"阅读评价

第一节 阅读评价的意义与要求

《课程标准》明确指出:"要重视学生课外阅读的评价。"在评价建议部分,对阅读评价提出了具体建议:"阅读的评价,要综合考查学生阅读过程中的感受、体验和理解,要关注其阅读兴趣与价值取向、阅读方法与习惯,也要关注其阅读面和阅读量,以及选择阅读材料的能力。重视对学生多角度、有创意阅读的评价。"

"快乐读书吧"评价应从"内容、形式、主体"全面立体开展评价,关注学生的阅读表现,改善学生的阅读行为,通过阅读评价赋予学生阅读能力发展的动力,让课外阅读有质有量,使学生向更好的阅读者进阶。

统编教材推行以来,"快乐读书吧"进入了师生的视野,但是实际的"快乐读书吧"教学指导活动却没有得到真正有效的实施。很多时候,在推荐书目的导读课之后,有教师就完全放任自流,虽然也有教师会后续跟进,但随意性比较大。在统编教材实施和"快乐读书吧"栏目出现之前,很多语文教师推荐课外阅读书目也是这种情况。新的教材、新的栏目并没有得到充分的重视。或许是对新生事物的迷惘与困惑,或许是传统习惯思维的强大推力,"快乐读书吧"在教学实践中处境尴尬,被许多一线老师有意无意地忽视着,没有发挥出应有的推动课外阅读的作用。

小学语文统编版教材与人教版教材相比,课文总篇数减少了,但阅读总量实际上增加了,增量重点就体现在课外阅读的安排上。"精读""略读""课外阅读"三位一体的阅读体系中,精读课文、略读课文和"快乐读书吧"各自承担着不同的功能。教材的编写形式,强调了"快乐读书吧"教学的重要性。唯有充分发挥"快乐读书吧"应有的作用,才能使得课外阅读和课内阅读有机整合,共同促进学生阅读能力的提升。

如何让"快乐读书吧"的编写意图得到充分落实呢? 除了一再强调其重要性,再三引导老师们开展好阅读指导课教学,对学生进行阅读方法策略的指导训练,等等,还应该有阅读评价、阅读教学评价等来进行反推。教学评价,本是教学过程中的重要环节,评价的缺失将使教学陷入迷惘。不能否认,目前对"快乐读书吧"的教师教学及学生阅读效果还缺乏行之有效的评价模式,导致了许多一线教师的迷惘与无所适从。探索"快乐读书吧"的评价思路,只有充分发挥教学评价诊断与反馈、导向与激励的功能,才能更好地激发学生课外阅读的持久兴趣,更有力地激发一线教师积极思考与实践,从而通过"快乐读书吧"真正促进课外阅读的课程化,更好地实现教材的编排意图。

那么,对于"快乐读书吧"的阅读评价应该指向哪些方面,有哪些要求呢?

评价具有激励、诊断和导向功能。对"快乐读书吧"阅读活动效果的评价同样如此,因此,需要科学设计构建"快乐读书吧"评价要求。

一、评价要有依据

首先,评价标准有依据,这是科学评价的前提与基础。下面主要以四年级上册"快乐读书吧"的阅读活动为例,来反观评价三个维度的考量依据。

维度一:《课程标准》的阅读要求

《课程标准》是语文课程的指导纲要,是教学实践的出发点与归宿,是评价最重要的依据。《课程标准》对第二学段的阅读要求有:"学习略读,粗知文章大意。""能初步把握文章的主要内容,体会文章表达的思想感情。""能复述叙事性作品的大意,初步感受作品中生动的形象和优美的语言,关心作品中人物的命运和喜怒哀乐,与他人交流自己的阅读感受。""养成读书看报的习惯,收藏图书资料,乐于与同学交流。课外阅读总量不少于40万字。"《课程标准》中对第二学段关于阅读方法的要求、阅读能力的要求、阅读习惯的要求和阅读数量的要求,都有明确的阐述。

维度二:相关单元的语文要素

统编版小学语文教材四年级上册的"快乐读书吧"出现在第四单元。该单元的人文主题是"神话",语文要素是"了解故事的起因、经过、结果,学习把握文章的主要内容""感受神话中神奇的想象和鲜明的人物形象""展开想象,写一个故事"。单元语文要素、单元选编课文和"快乐读书吧"的主题是一致的,因而单元语文要素也应成为"快乐读书吧"阅读方法考查的重要依据。

维度三:"快乐读书吧"的教学目标

统编版小学语文教材"快乐读书吧"一般由编者导语、"你读过吗"、小贴士和

"相信你可以读更多"四部分组成。四年级上册的"快乐读书吧"的导语有三个问题,从神话起源的角度唤起学生的好奇心和阅读愿望。"你读过吗"和"相信你可以读更多",通过简要介绍神话作品内容、展示精彩片段,引导学生阅读神话故事。而小贴士则提示:"神话通常气魄宏大,比如女娲补天、共工触山、羿射九日……读的时候要发挥想象,感受其中的神奇。""远古时候人们认为神话故事是真实而神圣的,一定要在严肃的仪式上郑重地讲出来。"小贴士提示了"快乐读书吧"的阅读目标和阅读要求,也提示了阅读评价的重要依据——学生是否掌握了阅读神话的方法以感受神话的神奇。如,能否从品味神奇的情节、分析有画面感的语言和感悟鲜明的人物形象等方面入手感受神话的神奇。

二、评价要求科学

科学合理的教学评价,能提高评价的效度,为教学实践研究提供重要依据。"快乐读书吧"阅读活动的评价要求,要尽可能科学全面地评价学生的阅读情况及效果,一般来说应包括以下内容:

1. 阅读的兴趣与习惯

统编版小学语文教材安排了十二个"快乐读书吧"的内容,十分注重学生阅读兴趣的激发,倡导以多种途径、多种方式、多种活动持续激发学生的阅读兴趣。因为"快乐读书吧"安排的读书活动,需要学生利用一定的课外时间自主完成,这就需要教师进行相应的组织与引导。教师要引导学生制订阅读规划表,逐步培养学生自我规划阅读的能力和良好习惯。我们开展"快乐读书吧"的评价,可以设计相应的系列阅读规划表或阅读进度表,引导学生、家长和教师关注学生的持续阅读习惯的养成。只有将一件事情长时间、持续进行,才有可能培养出学生对这件事情的兴趣。阅读的兴趣培养也是如此。

2. 阅读的方法与策略

统编版教材编排中"三位一体"的阅读体系,强调精读课文学习阅读方法与阅读策略,略读课文尝试迁移运用阅读方法与阅读策略,而"快乐读书吧"的活动中,学生进行大量课外阅读,正是自主实践运用阅读方法与阅读策略的大好机会。因此,对课外阅读的评价也要关注学生阅读方法及策略的使用,考查学生运用该阅读方法策略之后是否收获了真正的阅读成效。

3. 阅读的数量与速度

《课程标准》明确规定了小学各学段课外阅读的数量及速度：小学低段"课外阅读总量不少于5万字"，小学中段"课外阅读总量不少于40万字"，小学高段"课外阅读总量不少于100万字"；"默读有一定速度，默读一般读物每分钟不少于300字"。统编教材五年级上册也编排了"学习提高阅读速度的方法"。"快乐读书吧"承担了大量课外阅读的教学任务，对阅读的评价理应关注学生的阅读数量和速度。

阅读量是一个显性的目标，没有一定量的积累，是很难实现阅读能力提升的。所以，教师可以设计相对合理的阅读量表，对学生的阅读字数进行评分。

在"快乐读书吧"的落实过程中，只有通过科学合理的阅读评价，才能推动学生持续的阅读行为，推进教师整体规划阅读进程及指导阅读活动，切实做到"课本"与"读本"并立共读，最终实现课外阅读活动的课程化，为学生语文综合素养的提升提供服务。

第二节　多维度设计评价内容

阅读是培养学生专注力和持久力的有效载体。学生在阅读过程中的专注力和持久力也是阅读品质的重要体现。阅读品质的培养，只能通过学生读完一本书再读一本这样持续不断的过程才能实现。因此课外阅读的评价要基于儿童、立足过程、促进学习，推动学生形成全面的语文素养。一线教师对学生整本书阅读的评价应建立在激励和引导的基础上，以鼓励学生阅读为方向，以促进学生阅读为目标，重视学生在整本书阅读过程中的情态发展，从而增强学生阅读的实效性。

一、指向多维内容，构建全方位评价

课外阅读评价的内容很广泛，评价应该围绕阅读兴趣的持续、习惯的养成、策略的使用等多方面展开，构建全方位评价，在阅读实践中以评促读、评读互进。

1. 注重表现性评价，让兴趣与活动融合

阅读兴趣是指对阅读内容所表现出来的积极的认知倾向，包括阅读情绪、行

为和阅读面。表现性评价可以与阅读活动开展相融合,通过对学生阅读行为与情绪表现开展评估。如在"阅读打卡"活动中,以"图片+文字"的形式通过班级群或者微信群上交阅读作业,教师通过打卡活动关注学生的表现,以点赞、笑脸等微表情对学生的表现进行及时鼓励,激发学生阅读的兴趣,使学生以更高涨的热情投入阅读。

阅读兴趣的评价还要指向学生的阅读面。进入中高年级后,教师要鼓励学生接触不同内容的读物,通过定期举办"阅读分享会"活动,从读物的形式、体裁、主题等进行评价,让学生爱读、多读、主动读不同类型的读物。教师要持续关注学生阅读中的行为表现,以评价不断修正学生的阅读行为、培养阅读习惯。

2. 注重过程性评价,让激励与交流共享

基于"快乐读书吧"的阅读活动以课外阅读为主要形式这一特点,应根据各学段的要求,扎实做好过程性评价,重视评价的激励效应,进而考查学生阅读的兴趣、习惯、品位、方法和能力。"阅读计划"中可增加自主评价栏或家长评价栏,对学生阅读的进程、兴趣、态度等进行及时评价。为保证学生阅读质量,教师可以推出"线下读书,线上交流"的激励模式。这一过程,既是成果展示也是监督,更是激励家长、老师共同参与的评价交流。

在阅读过程中,教师还可以阶段性地策划一些评价小活动。如,有的教师以"阅读伴我成长"为主题,鼓励学生坚持阅读,耐心细致地为学生做阅读记录和成长记录,用"阅读打卡""阅读银行""阅读耐心表"等方式激励学生,用定期的"班级读书会"促进师生之间、生生之间的经验分享等。通过开展生生互评和教师评价,教师及时对学生的阅读情况进行奖励点评,让学生在评价中受到激励,促进交流。

3. 注重结果性评价,让速度与任务双赢

《课程标准》对阅读量提出了明确的要求,小学第三学段要达到100万字。因此,评价也要指向学生阅读速度的提高,不仅要读得多,还要读得快,达到或超过规定的阅读量。统编教材五年级上册阅读策略单元把提高学生阅读速度作为培养目标,引导学生用尽可能快的速度摄取文本中的重要信息或自己感兴趣的内容。因此,在课外阅读中,可以利用策略工具帮助学生巩固提高阅读速度的方法,以数据作为评价依据,不断提高学生的有效阅读速度。

五年级下册开展《西游记》阅读时,教师可以组织学生利用"卡片遮盖法"帮助学生提高阅读速度,具体步骤如下:一是学生读完规定的章节,按下计时器,记录所用时间,计算每分钟的阅读速度;二是完成与该章节内容相关的10道题,计算理解系数(答对题数/总题数);三是计算有效阅读速度,如一分钟阅读1000字,理解系数为0.8,1分钟的有效阅读速度就是800字。在一段时间内,不断用这个方法强化训练,用具体直观的数据评价学生有效的阅读理解力,能够让学生在运用方法的同时,明确知道自己的阅读进程,检视阅读情况,既提高了阅读速度,又高质量完成了阅读任务。

4. 注重展示性评价,让能力与过程并进

阅读成果展示通常以手抄报、读后感、阅读笔记等形式进行组织,以公开展览的方式进行评价,学生在展示的过程中,在交流的氛围里,通过他人的认可肯定,可以获得阅读成就感。除了这类显性成果的展示,也要重视朗读、概括、复述等隐性成果的展示,促进阅读能力的提升。

如,三年级学生在阅读寓言故事过程中,教师可以结合本年级学生要着重培养的复述能力,通过"故事复述评级卡"的形式进行评价反馈。如图1所示。

故事复述评级卡   复述者:＿＿＿＿＿＿
评价者:＿＿＿＿＿＿

抓住线索:☆☆☆☆☆
语句通顺流畅:☆☆☆☆☆
声音清楚、响亮:☆☆☆☆☆
会吸收课文中规范、生动、优美的重点词句:☆☆☆☆☆

图1 故事复述年级卡

在"复述评级卡"上,列出复述的要求,让学生针对要求,对同学们阅读后的故事复述开展星级评价。学生可以以小组为单位,组内成员共同读完一个小故事,大家自由选择一位同学进行复述,其他成员对照要求进行星级评定。"评价卡"链接着课内课外的学习,把课内所学的复述能力在课外阅读中进行实践,真正实现课内外阅读互为一体的联动,促进学生阅读能力的提升。除此,还可以设计"概括能力评价卡""朗读能手星级卡"等评价载体,把学生隐性的能力通过外显的评价卡展示出来,形成主动、持久的阅读力,让阅读过程与能力提高双线并进。

二、指向多层标准,关注差异

1. 关注学段差异

《课程标准》对各学段提出不同的阅读要求,这些要求既是我们对学生阅读进行评价的考查内容,也是考查的标准。对不同学段学生阅读的考查,侧重点应有所不同。如,对低年级学生的阅读考查,应更注重阅读兴趣的激发;而对高年级学生阅读的考查会更注重阅读方法和阅读策略的运用。但是,不管哪个学段,教师都要一如既往地关注学生的阅读习惯和阅读数量。

2. 关注个体差异

学生个体间的阅读能力、阅读习惯会出现不平衡,在同一个学生身上也会出现不同评价指标之间的不平衡,在同一个学生身上的同一个评价指标在其不同发展时期也会出现不平衡。因此,评价要关注学生的个体差异,提出个性要求。评价时,要让评价内容与学生已有的阅读经验世界发生关联,引导学生交流自己的阅读收获,让课外阅读给学生带来成长的体验与快乐。

"快乐读书吧"是统编版小学语文教材的重要内容,整本书阅读是学生建构阅读方法和阅读策略、培养语文素养的重要途径。教师要从班级层面开展阅读活动,从课内到课外,从集体到个人,从教师到家长,多维度设计评价内容,让整本书阅读活动得以真正落地。

第三节　多样态全程评价

"快乐读书吧"栏目的教学视野从课内阅读走向课外阅读,教学目标不可能在一课时内完成。因此,教师对学生阅读活动的评价也应当在学生进入整本书阅读之后,对学生的阅读表现进行持续观察并做好记录。通过学生不同阶段的阅读表现,分析其阅读能力和情感态度,关注其阅读的整个过程,要多样态地实施全程评价。

一、多形式评价,养成习惯

为了更好地发挥评价对阅读的促进作用,阅读评价既可以从整体着手了解概况,也可以针对局部情况进行诊断,通过多样形式开展,在不同时间段内进行跟踪,保障阅读活动的落地。

1. 每日评点,以模糊性评价推进阅读

每日评点是一种实时评价,能结合阅读进度,对学生阅读情况做出整体判断。如,有教师在组织阅读六年级上册"快乐读书吧"推荐书目《爱的教育》一书时,引导学生根据书本目录制订了"每日阅读"的计划。利用每日午间时段开展"人物点赞台"的评点活动,每人2分钟,一次15—20人参与。学生根据前一天的阅读情况,交流自己印象深刻的人物,从时间、地点、事件、人物特点等角度分享收获。教师根据反馈,用等级方式对学生阅读情况进行评定,为学生当天的阅读做出实时评估。宽泛、模糊的等级评价能追踪学生阅读情况,较好地促进阅读的整体推进,照顾大部分学生的心理特点,激励更多的学生努力跟上阅读的节奏。教师也可以根据学生的阅读反馈,以此调整、监控、指导学生的下一步阅读活动。

2. 阶段延评,以针对性评价诊断阅读

每日点评具有一定的模糊性,为了更精准地评价指导,教师可以在阅读推进过程中有计划地穿插一些阶段性的延评,让阅读指导更有针对性。如,五年级"快乐读书吧"推荐书目《小英雄雨来》是故事类文本。读了雨来的故事后,教师可以组织学生设计"人物漫画书"来梳理雨来的成长线。学生根据阅读理解,将雨来的经历和主要事件转换成画面,发现雨来的变化。教师凭借学生漫画作品进行诊断评价,评估学生在阅读进度上与对文本内容的理解上是否存在问题,在激励中指导后续的阅读。

阶段评价还可以有针对性地设计与文本特点相关的阅读任务。如,开展书本名场面展示、拍摄微电影、剧本编写等活动。但是设计这样的阅读任务,教师一定要给学生留有一定的思考时间与空间,延迟评价,让学生通过一段时间的自主阅读,发现、实践、探究完成任务。等学生全面完成阅读任务之后,教师再给予恰如其分的点评指导,既让学生有机会得到更好的展示,得到教师的肯定评价,又能促使学生再次投入后续的阅读活动中。

3. 读后延伸，以固化性评价反哺阅读

读后的延伸评价是以任务的形式驱动学生再次对整本书内容进行梳理整合，思考实践，固化阅读成果，反哺阅读。如，读完《爱的教育》一书后，教师要求学生梳理书中人物，提取相关事件、人物等信息，重新整合成一本新的人物目录小书。以这一任务驱动学生对整本书进行俯瞰式的回顾，通过人物目录小书的形式进行成果固化，既能反映学生真实的阅读情况，对其他同学也有导读的作用。此外，本书中有许多关于友谊的、母爱的、父爱的动人故事，读完之后还可以制作成明信片，引用书中语言表达情感，把明信片寄给父母、老师和同学，让阅读成果深入生活，改变生活。教师则在学生完成任务之后，通过各种形式展示学生物化了的阅读成果，让学生感受到阅读的成就感和价值感，获得阅读的意义。这种阅读感受是学生开启下一本书阅读活动的重要动力。

"每日、阶段、读后"全程的阅读评价，能使阅读形成良好的生态循环，以评促读，读中有评，学生在评价活动中也能自觉形成主动阅读的习惯，为阅读活动赋予更多的动力。

二、多时段评价，持续激励

"快乐读书吧"阅读持续时间长，需要对学生的阅读行为做多次评价，以激励学生持续阅读、有效阅读。如果从阅读活动的阶段划分，可以分别在学生阅读活动开启的前期、中期、后期开展评价活动。

1. 阅读前期，兴趣激发，即时评价

读书活动前期，教师一般会安排导读课。导读课的重要意义之一在于充分激发学生的阅读兴趣，教师会运用多种方式激发学生阅读兴趣，或精彩片段，或有趣插图，或写作背景，或经典评论，等等。在师生互动交流的过程中，教师根据学生的课堂表现，充分利用课堂即时评价，实现对学生阅读兴趣的激发。此外，教师也可利用调查问卷等形式，从家长处侧面了解学生的阅读兴趣，作为调整改进后续阅读指导行为的依据。

2. 阅读中期，方法引导，反馈评价

在这一阶段，教师的普遍做法是依据阅读前指导学生制订的阅读计划，适时检查阅读计划的执行情况，以此来持续推动学生阅读。需要指出的是，教师在这

一阶段不能简单地化身为"监工",而应利用多次反馈评价的优势注重阅读方法的过程化指导。以三年级下册"快乐读书吧"读寓言故事为例,学生阅读活动持续了一段时间之后,他们积累了不少寓言故事,对寓言故事有了感性的模糊认知。在这个阅读基础上,到了阅读中期,教师可以安排一次交流活动作为一次阅读评价。通过交流帮助学生了解读寓言的大概思路:先说故事,再找人物言行可笑之处,然后联结生活的相似现象,联系生活谈体会。在学生阅读经验的基础上,师生总结得出读寓言的方法是"从故事到道理,从道理到生活"。这样的阅读活动,既是中期的交流分享,也是对学生阅读进行到这一阶段时的一种反馈评价。

3. 阅读后期,交流分享,成果评价

要始终保持学生对阅读有积极的情绪体验,就需要创设多种机会为学生搭建交流展示的平台,让学生收获体验、收获成长、收获快乐。在阅读后期,学生已基本完成了整本书的阅读,学生是否真的有收获,有体会,有增长呢?在整本书阅读完成之后,教师可以设计一个分享交流活动,让学生展示自己的阅读成果。阅读成果的展示,便是一种开放性的、多元化的评价活动。

如,四年级下册"快乐读书吧",读完科普作品之后,教师可以安排学生制作动植物名片,可以开展科普知识竞赛,可以组织科技实践活动。同时,除了展示阅读成果,还可以让学生交流分享自己的阅读过程,让学生作为主人公谈谈自己的"读书故事",由教师或家长或同伴讲述读书过程中的感人故事。同学们可以对别人的"读书故事"进行投票,看看谁的"阅读故事"最能打动别人,最能让别人得到启发,有所收获。这样的分享,是一种"现身说法",让同学们在别人的阅读故事中,学习他们优秀的阅读品质,体验阅读方法策略的实效。这样的评价活动,也能让学生更加积极乐观地对待阅读过程中的困难和挫折。

多样态全程评价旨在贯穿学生整个阅读的始终,既注重过程,又凸显结果,随时关注学生在阅读时遇到的困惑或问题,更有质量地指导学生适当调整阅读方式,关注阅读情绪,强化美好的阅读体验。让学生在享受阅读乐趣的同时,又学习到好的阅读方法,在多形式、多时段的评价中系统地提升阅读素养。

第四节 多元化开展全员评价

《课程标准》明确提出"应将教师的评价、学生的自我评价及学生之间的相互评价相结合,加强学生的自我评价和相互评价,促进学生主动学习,自我反思。评价要充分理解和尊重学生的自我评价与相互评价。"分析课标可以发现,小学语文课外阅读的评价主体至少应该包括教师、学生本人、同学以及学生家长这四个要素。阅读评价中,可以介入教师、同伴、家长不同主体的评价,形成互为一体的全员联动,促进全民阅读文化形态的生成。

1. 教师全程式评价

教师是学生阅读活动的评价主体之一,具有主导作用,应贯穿于学生阅读活动的全过程。教师可以通过观察了解学生的阅读兴趣、习惯,在阅读过程推进中,对学生的阅读水平、能力形成、态度习惯等进行动态的过程评估。如,师生可以共读一本书,教师每天在晨读、午间等固定时段中发起聊书活动。如,六年级"快乐读书吧"推荐书目《小英雄雨来》一书,是由一个个故事组成的。每阅读一个故事,师生就可以分享阅读思考。教师作为成熟的阅读者,可以发表自己的阅读感受,有效引导学生进行自我观点表达,以此全程推进学生的阅读。此外,教师针对学生阅读活动中的表现,还可以以书面的形式对学生的阅读成果进行评价。如,给学生的阅读日志写评语,通过及时对学生的"阅读打卡"进行点评点赞,让学生体验阅读的成功,提高继续参与阅读的积极性。

除了以上形式,教师还可以针对学生完成阅读任务的过程和结果,灵活选用分数、等级、陈述、建议、解释等反馈方式给予鼓励与指导,不断了解学生在阅读中认知、情感、心理的变化,促进学生改进阅读行为与习惯,保持稳定的阅读心态。

2. 个体成长式评价

个体作为阅读的主要实施者,自我成长式的评价极为重要。图1是阅读《鲁滨逊漂流记》过半时进行的个体成长式评价,学生从知识获得、心灵成长、阅读策略的使用等方面进行反思,对自己的阅读情况做出合适的评价,并提醒自己从多个角度不断改进自己的阅读行为,再次开启下个阶段的阅读。在自我成长式的评价中,学生能真实地反映自己的阅读状态,知道自己做得怎么样及如何改进,以此逐渐形成稳定的阅读状态,提升阅读能力。

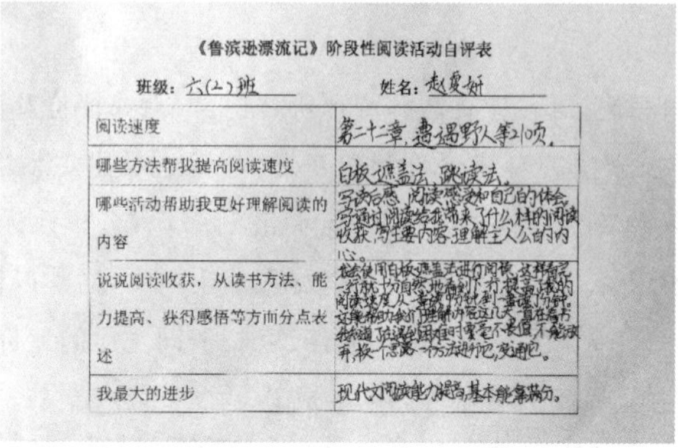

图1 《鲁滨逊漂流记》阶段性阅读活动自评表(李红芬设计)

3. 同伴互助式评价

课外阅读中,引入学生同桌、小组、阅读社团等同伴互助式的评价,能达到交流、学习的目的。如,四年级开展《中国神话故事》阅读活动中,通过表格(如表1所示)呈现了阅读要求与任务,小组成员在阅读中互相观照、影响与激励,协同合作完成任务。互助式评价让学生成为评价主体,了解同学的长处,相互接纳、彼此欣赏,发挥同伴之间合作、互补的作用,促进同伴关系,发展个体认知能力。

表1 《中国神话故事》小组互助评价单

组长:(　　　　　)　　　　　　　　　　　故事名称:(　　　　　)

小组成员	自读故事 (认真专注)	梳理情节 (参与讨论)	说主要内容 (流畅表达)	完成故事名片 (积极配合)
	☆ ☆ ☆ ☆ ☆	☆ ☆ ☆ ☆ ☆	☆ ☆ ☆ ☆ ☆	☆ ☆ ☆ ☆ ☆
	☆ ☆ ☆ ☆ ☆	☆ ☆ ☆ ☆ ☆	☆ ☆ ☆ ☆ ☆	☆ ☆ ☆ ☆ ☆

4. 家庭共读式评价

家长往往是孩子阅读的第一见证人和陪伴者,家长给予的评价更多侧重于督促,督促孩子完成阅读的任务,养成良好的阅读习惯。家庭共读的方式可以在全年段开展,要鼓励家长多观察孩子阅读的情况,进行正确的引导。如,六年级学生在阅读《爱的教育》一书时,教师组织父亲以给孩子书信的形式开展亲子阅读,进行书面交流,共写阅读日记。亲子日记的方式可以记录父母与孩子的阅读感受,给家长提供了解孩子的机会,极大地促进亲子关系。家庭共读式评价给阅读提供了更灵动的发展空间,营造了全民阅读的书香氛围。

总之,多主体评价或引导,或指正,或补充,有助于学生积累间接的阅读经验,来自书本的经验,来自师长的经验,甚至来自同伴的经验。以"自助""互助""师助"的方式持续激发阅读的兴趣,保证阅读的效果,提升阅读品质,助力自身"生长"!

第五节　导向性的纸笔化评价

基于"快乐读书吧"栏目的阅读要求,为了了解学生的阅读成效,除了种种表现性评价活动的开展,教师还可以辅以纸笔化评价,检测学生整本书阅读的能力及成效。基于检测学生阅读能力而开展的纸笔化评价既是一种评价,也可以是一种学习指导。这样的阅读评价既可以是专题式的,直接指向"快乐读书吧"阅读活动的评价检测,也可以融合到综合性语文能力考查过程中,对学生阅读能力进行考查。在进行阅读能力考查的纸笔化测试中,教师要兼顾学生的被测试者与学习者的双重角色,强调评价对学生阅读理念与方式的有效引导,以此彰显评价过程中的学习价值。

第一目　常规语文测试中阅读考查的转型

在对学生阅读能力的评价中,尤其要突出对学生阅读策略使用的检测及引导。阅读策略是鉴别学生是否会阅读的重要标志,也是衡量学生个体阅读能力的重要尺度。统编教材安排了四个阅读策略单元,在各册教材的语文要素编排中,也有梯度有层次地引导开展其他阅读策略的训练。从教材的编排中,可以充分感受到统编教材对阅读策略训练的重视,其目标是指向学生阅读能力的培养。

然而,纵观目前很多语文质量监测卷中的阅读题,似乎过于偏重"内容的感知与理解"及"阅读结果的获得",较少关注学生阅读过程中对方法和策略的指引。从某种角度而言,命题过程中教师过于关注文本本身,而缺乏学生立场,忽视对学生阅读过程中的思维引导、方法指导和策略运用能力的检测评价。

因此,语文综合性的纸笔化评价时,在对学生阅读能力的考查评价中,也要指向阅读的策略和方法,从而实现"教、学、评"的一致性。

一、构建融入策略的题目类型

思想决定行为,教师自身要熟悉各种阅读策略,了解各年段学生应该掌握的基本阅读策略,才可能在题目编制中巧妙融入指向策略运用的检测,渗透策略运用指导。教材中涉及的预测、提问等阅读策略,老师们在日常教学和阅读指导中关注较多。那么,我们不妨以其他阅读策略在阅读题编制过程中的运用为例,结合命题实践,谈谈如何在阅读题的编制过程中关注对阅读策略的考查与指导。

1. 善用联结,从单线思维走向多维融合

联结策略是指教师以阅读文本为原点,将所读文本与学生的经验、背景知识相联系或是与其他类似文本串联起来,目的在于提升学生对文本理解的深度。教师在阅读题的编制过程中,要有意识地通过题目设计,创设阅读活动,引导学生一边阅读一边思考,将所读内容与个人生活经历、先前经验有机联结,从而更好地理解所阅读的内容。学生在完成阅读任务过程中,如果能积极运用"联结"策略,意味着他在积极主动地进行阅读活动,使文本与经验产生共鸣,并进行了深入思考,是一个主动建构的思维过程。

例题1:《童年的馒头》阅读题之一(四年级下册)

结合文章内容,补充"作者心声",联系生活,写写你的"母爱小诗"。

作者心声	母爱藏在淡淡的笑容里, 母爱藏在童年的馒头里, 我品出了_____。 当我读懂母爱的时候, 我长大了。	母亲小诗	母爱藏在_____, 母爱藏在_____, 我品出了_____。 当我读懂母爱的时候, 我长大了。

"学习把握文章的主要内容"是统编教材四年级阅读教学重点之一,"体会文章的情感""了解现代诗的特点,体会诗歌表达的情感"也是四年级下册的语文要素。本题的编制者通过范例支架,利用"联结"策略,引导学生联系文本,联结自

身生活实际,帮助学生了解作者的情感表达和文本独有的表达方式,更有利于学生将言语形式和思想内容进行有机整合,无痕对接。学生在理解中表达,在表达中理解,其语言能力和精神成长得以比翼齐飞。

2. 巧用图像化,从被动接受走向主动发现

图像化策略能将学习可视化,不仅具有形象直观、简化明晰、聚合重组等优势,而且能很好地帮助学生梳理课文内容,明晰要素之间的关系,发现文本的表达形式等内隐的秘密。一个对图像化策略熟悉的教师,能在命题中巧妙地将文本内容梳理以各种图像形式加以呈现,既能考查学生的阅读能力,又能考查学生对阅读策略的运用。

例题2:《看护父亲的少年》阅读题之一(五年级下册)

(1)体会少年的心情变化过程,选择相应的心情变化图(　　　　)

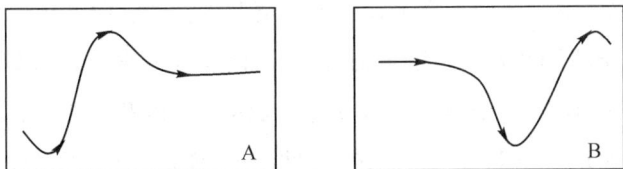

A　　　　　　　　　B

编题者利用图像化策略,用直观的"心情线"的方式表示人物的心理变化,将作者的思路、文本的文路进行了可视化的设计,化解了学生阅读时的难点,巧妙地促进学生对人物形象的感知与理解。在测评过程中,学生要经历一系列积极主动的理解、梳理、分析、提炼。能解决这一问题,就说明学生也具备了将文字进行图像化的能力。在今后的阅读中,学生也许就会以这一策略开展自己的阅读活动。像这样的题目设计,巧妙地搭建了一条从感知具体形象通向理性思维的通路阶梯。

3. 精于整合,从碎片化走向整体性建构

钱梦龙先生曾撰文指出:"任何一篇范文,都是各种言语要素——文化的、文学的、文章的、语言的、文字的,乃至意识形态、审美趣味等要素的'活的综合体'。"这些都不见于部分而存在于整体之中,不应该零敲碎打。教师在编制阅读题时,要具有"整合"策略的意识,准确提取文本的关键内容,知道牵一发而动全身,提高学生对信息提取与整合的能力,这也是对学生阅读策略运用的无痕指导。

例题3:《粽子里的乡愁》阅读题之一(六年级下册)

阅读选文第5—7自然段,回答问题。

(1)布施乞丐这件事引起了"我"情感的变化,将作者的心情补充完整。

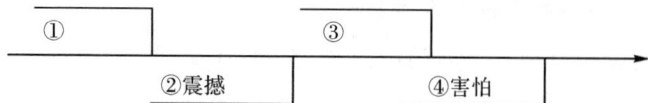

(2)"我"一系列的心情变化,既流露出对乞丐的_____,也表达了对幸福生活的_____。

(3)母亲的长话,更是触动了我。她的话就是要告诉"我"_____,从中可以体会到母亲是个_____的人。

"在阅读中了解文章的表达顺序,体会作者的思想感情。"这是《课程标准》对高年段学生阅读提出的要求。"体会文章怎样表达感情""关注语言描写体会人物品质"也都是六年级下册的语文要素。这组题目设计,以梳理人物的心情变化为支点,既让学生厘清了文本内容,感知了人物形象,又体会了作者的情感。通过结构化题组的设计,能促进学生对相关信息进行提取与整合,并进行了思维和言语的转换,让学生阅读有序,表达有据。这样的阅读题设计,使学生对文本的感知有了清晰的逻辑性,对整体与部分的内在关联了然于胸,学生的阅读策略在次第铺展的题目设计中得到了运用。

阅读策略还有很多,如对比、推理、想象等。只要教师具备策略运用的意识,就能通过题目设计,科学有效地在题目中融入对学生策略运用能力的评价及指导。通过有策略地引导学生阅读文本、表达思维,便能在评价考查的同时开展学习实践,以增强学生对语言的感知力、鉴别力,最终推进学生的阅读力提升。

二、搭建运用策略的答题支架

质量监测的目的不仅是对学习进行检测,也是对日常"教"和"学"的有效延伸和迁移,正如《课程标准》所指的"促进学生学习,改善教师教学"。阅读能力考查中的命题要立足学生发展,发挥评价的学习功能。教师要善于通过多种途径,为学生完成阅读任务搭建支架,以降低学习难度,帮助学生构建知识、活化知识、发展思维,既达成评价目标,又习得方法和策略。

1. 提供策略性支架，引导有策略阅读

为了引导学生在阅读任务的完成过程中用上策略，教师可以直接在学生开启阅读任务之前，提供策略性支架，引导学生用上所提供的策略开展阅读活动，完成阅读任务。如，六年级的非连续性文本阅读，由于文本篇幅长内容多，命题者写了如下阅读提示：

本文不需要全文精读，建议先快速默读（约2分钟），再读文后题目，根据答题需要，选择重点内容阅读。

这一阅读提示不仅是对学生的温馨关怀，也直接给学生提供了一个阅读方法的策略性支架，引导学生在初读时"提高阅读的速度"（五年级所学的阅读策略），再读时进行"有目的地阅读"（六年级所学的阅读策略），帮助学生快速有效地完成阅读任务。

这样的阅读指向，体现了命题者不仅要考查学生"读到了什么"，还要考查学生"从什么地方读出来"和"怎么读出来"。这是对学生真实阅读素养的一种靠近和强调，也是对日常真实阅读的一种积极引导。

2. 架构过程性支架，体验阅读策略

在阅读题的编制中，教师可以根据要考查的阅读策略使用的路径，科学设计题目，为学生完成阅读任务架构过程性支架，引导学生通过题目支架，促进思考，答题过程中实现新的意义建构。

例题4：《史上最大的企鹅有多大》阅读题之一（四年级下册）

在阅读过程中，有同学产生了一个问题：伊卡企鹅生活在什么时期？请你帮助他解决这个问题。（4分）

第一步：从"阅读连接"中获取信息：伊卡企鹅发现于_____年前。

第二步（填序号）：①古新世　②始新世

联系上下文发现：_____大约处于5300万年前至3400万年前。

_____大约处于6500万年前至5300万年前。

第三步：结合上面的信息可以判断：伊卡企鹅生活在_____时期。

这组题目就是依据教材第二单元的语文要素"阅读时能提出不懂的问题，并试着解决"进行编制的，指向学生"解决问题"策略的评价与指导，它既是一个阅读任务，也是一个结构性支架。整组题中，题目和题目之间构成了一条"逻辑

链",这条"逻辑链"是学生阅读思维路径的外显,也是命题者对策略运用指导的依托。学生在完成阅读任务的过程中,开展了信息的选择、比较、分析等思维活动,最后做出判断,再次体验了"解决问题"这一策略运用的全过程,让阅读理解走向纵深。

3. 创编情境性支架,激发策略运用

"与生活紧密联系,在生活中学语文、用语文"是统编教材的编写理念。在阅读能力的评价过程中,教师要努力让试题在某种生活世界的状态上考查学生语文素养,让学生在实践中学语文,用语文解决生活中的问题。因此,命题中编制情境性支架,能活跃学生思维,调动学生完成阅读任务的主动性和内在动机,从而引导学生自觉利用联结、想象、整合等策略完成阅读任务。

例题5:文言文《欧阳修苦读》阅读题之一(五年级上册)

假如古人要建一个"勤学群",车胤和欧阳修分别写了入群申请书。请结合文章把欧阳修的申请书填写完整。

"勤学群"申请书	"勤学群"申请书
姓名:车胤	姓名:欧阳修
家境:贫穷	家境:_____
勤学行为:萤火照书,夜以继日。	勤学行为:_____(至少写出2种)

统编教材凸显中国传统文化主题,选编了15篇文言文,旨在让学生初步了解文言文的结构和表达方式,感受我国优秀的传统文化,增强学生的语言理解能力,提升思维品质。因此,在小学高年级的语文质量监测中也可以适当安排文言文阅读能力的考查。

例5文言文阅读题目的设计,创设了建"勤学群"这一活动。活动内容富有时代感、趣味性,能引导学生沉浸到真实的情境中,激发答题的内在动力。在情境性支架引导下,学生要完成"申请书",必须借助阅读材料提供的注释,联系上下文,联结阅读经验,观察所提供的范例,通过类比、对照、联想等策略理解文言文。这样的情境性支架,让阅读任务既有意思,又有意义,它对促进学生阅读策略的有效运用,发展学生思维能力,提升思维品质都大有作为。正如苏霍姆林斯基所说的:"学习如果具有思想、感情、创造、美和游戏的鲜艳色彩,那它就能成为孩子

们深感兴趣和富有吸引力的事情。"同理,阅读能力评价也应该努力成为学生"感兴趣和富有吸引力的事情"。

三、制定凸显策略的评价标准

评分细则既是对参考答案的补充,又是对学生答题情况的合理判断,也能对语文教学起着导向作用。命题题目的编制与评分标准的制定是相辅相成的,基于阅读策略的阅读题评分细则中,一定要对学生阅读策略的运用有所要求,唯有这样,才能有力反推教师在阅读教学过程中,关注策略的训练和培养。

1. 定量评价,关注策略的落实

定量评价,一般适用于填空题或选择题等客观题,关注学生在阅读过程中是否能在教师引导下运用相应阅读策略,完成阅读任务。如本文的例题2,命题者通过选择"心情变化图",直接考查学生阅读过程中图像化策略的使用能力。本文的例题4,命题者将"解决问题"策略的使用过程,通过题目进行一步一步的分解,让学生在题目的引导下进行阅读并完成填空。像这样的选择题、填空题,在设置评分标准时,答案唯一,给分统一。学生能正确完成题目,说明他们能够运用相应的阅读策略,直接得分。这种客观题的设计及评分标准,命题时重点关注的是学生策略运用的落实情况。

2. 梯度评价,关注策略的渗透

阅读题中主观题比较多,试题答案的准确严谨和评分标准的细化都十分重要。梯度评价,就是要关注学生在答题过程中,对于策略使用的主动性和有效性,如学生能否有策略地展开阅读,并取得阅读成果的评价。如本文的例题1,命题者要求学生既要结合文章内容,补充"作者心声",又要联系生活,写写自己的"母爱小诗"。题干中就提示了学生要利用"联结"策略开展阅读并完成阅读任务。该题的评分细则如下:

评分细则:补充"作者心声",必须要联系上下文,根据文本内容及作者的情感变化,用准确的语言进行归纳和概括,如"宽容、善良、爱心"等体现母亲品质的词语。写"母爱小诗",必须要联结具体生活细节进行创编,内容要真实,符合生活实际。本题共4分,每个填空各一分。以下情况酌情扣分:"母爱小诗"的情节创编虚假,不符合生活实际扣1—2分;错别字出现2个及以上。

本题的评分细则体现了给分的梯度性,凸显了对"联结"策略使用的渗透。学生完成阅读任务时,若能有效运用策略,精准答题,则全部给分;若没有联系上下文,没有联结真实生活情境进行答题,则即便小诗语句通顺、语法正确也会酌情扣分。

3. 多维评价,关注策略的延伸

阅读策略使用的背后是学生的阅读思维。指向策略使用的阅读题命题,要设计一些引导思维,呈现学生思维力以及思考过程的题目。学生的阅读思考往往是一个由浅入深的过程,题目的设计就应该是一个由收到放的设置。在阅读题的命题中,往往越到后面的题,留给学生的阅读思维空间就越大。对于这类题目,在评价学生阅读成果时,要开展多维评价,检测学生阅读力、思维力,以及在答题过程中展现的阅读策略的应用能力。如例题6:

针对这篇文章,有的同学认为"我"是个不懂事的孩子,有的同学认为"我"并不是不懂事的孩子。你认为呢?结合文章,写出你的看法和理由。(3分)

这是六年级质量监测卷的一道阅读题,是该组阅读题的最后一题。基于前面三题的铺垫,命题者设计了这样一道开放性题目。到底文中的"我"是否是一个不懂事的孩子呢?这看似非此即彼的二维对立的思维方式,其实关注的并不是答案,而是阐述答案的过程。该题的评分标准设置如下:

①观点鲜明,语句表述清楚,得1分。

②能够利用相关阅读策略,如联结、对比、推理等,将自己的观点阐述清楚,语句通顺,得2分。

③没有体现任何阅读策略的使用,扣1分;错别字出现2个及以上的酌情扣分。

这样的评分标准,给学生答题时"自圆其说"留下了发挥的空间。特别是阅读策略的使用,没有固定要求,允许学生用自己善用的、喜欢的阅读策略展开阅读,展开思考,做出判断,体现了评价的多维性,这是命题者对策略延伸使用的一种引导。

纸笔化评价是一项具有挑战性的任务,面对统编教材的全面落实,如何通过有效命题来推进学生阅读能力的真正提升,真正引领教师关注阅读策略的指导与培养,是我们每一位教师都要深入思考的课题。指向阅读策略的纸笔化评价,最能帮助教师看见每一位学生语言文字运用能力的强和弱、阅读思维的亮点和缺陷,为教师开展"快乐读书吧"阅读活动指导,实现提质增效提供真实起点,这是核心素养发展背景下的阅读活动的应然要求。

第二目 基于儿童立场的"快乐读书吧"试题研制

评价是推进"快乐读书吧"有效实施的重要手段。从评价的维度上说,可以多层面多维度地开展。对学生而言,教师的各种过程性、展示性的评价能指导学生阅读活动的有效开展,也是促进学生阅读持续进行、交流反馈的手段与措施。对教师而言,在区域性的语文质量检测过程中,融入了对学生"快乐读书吧"阅读活动的考查,也会成为教师扎实开展整本书阅读的推手。一旦不开展相应的质量监测,教师往往会将教材新增的栏目,解读为"这个内容不重要,随便讲讲就可以了"。因此,在进行学生语文能力的质量检测过程中,增加科学研制的"整本书阅读"的相关试题,也有着重要的意义与价值。

从某种程度上说,区域开展纸笔化的"快乐读书吧"阅读情况监测,能直观地呈现这一栏目实施的可视化指导效果,也必然能让教师真正重视起来,进而反思自己的教学指导,让整本书阅读得到真正落实。同时,通过科学有效地命制"快乐读书吧"的纸笔测试题,将逆向助推教师的阅读指导思维,优化阅读指导行为,保证了课外阅读指导的质量。

当然,要让纸笔化的阅读监测真正发挥积极的推进作用,科学有效的命题很关键。近两年,我们在区域教研活动中,一直在关注全区语文教师命题能力的培训,开展各年级教师的命题比赛,要求在一份完整的语文能力监测卷中一定要包含指向对"快乐读书吧"阅读考查的试题,通过各种命题研讨活动,提升教师"快乐读书吧"试题的研制能力。

纵观全区教师对于"快乐读书吧"阅读题的编制,发现一线教师关于"快乐读书吧"栏目的命题存在着"记忆多,思考少"的现象。广大一线教师编制的"快乐读书吧"阅读活动的考查题,内容相对集中,主要考查学生对作者信息、人物形象、情节内容等一些识记类的内容,思维含量较低。只有小部分题目涉及了对阅读感悟、阅读策略、阅读评价等高阶思维能力的考查。但是这部分内容赋分较少,仅涉及阅读过程中的某一个角度。另外,很多题目题型固化,而且填空题、问答题、选择题占比较大,只有小部分试卷中运用了推荐卡、片段分析、连线题等形式。针对2020年所开展命题活动中老师们上交的题目,笔者进行了梳理分析,情况统计如图1所示。

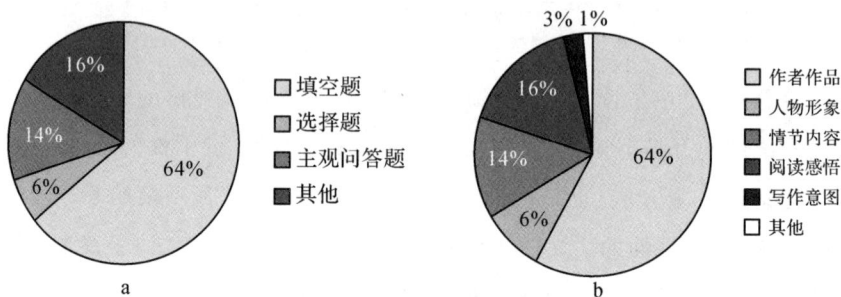

图1 "快乐读书吧"试题题型分布情况(a)
考查内容分布情况(b)

从图1中可以发现,老师们编制的题目,其科学性及有效性不强。教师编制题目时,缺乏对学生阅读能力层次的准确把握,存在着拔高或者降低学生阅读水平的现象。甚至部分试题存在与阅读内容和目标不匹配的情况。很多题目,题干表述模棱两可、指向不清,这样的试题,均无法真实考查出学生真实的阅读水平和阅读情况。

那么,究竟该如何命制科学有效且真正助推"快乐读书吧"栏目实施的高品质阅读质量监测题呢?结合思考和研讨,建议老师们可以从以下几个方面开展相应的实践。

一、"美化"试题,让学生有"想做题"的兴趣

上文提到,"快乐读书吧"试题如果设计不当,常会出现内容单一、题型固化的情况。这样的题目结构会影响学生的答题兴趣,从而对纸笔化测试产生抵触的情绪,"快乐读书吧"将以"不快乐"的形式告终。因此,命题者应该从生本意识出发,命制符合学生心理发展特点和语言能力的题目,让评价意图真正实现落地开花。

(一)角色代入,让表述多点童趣

传统的试题往往会将学生作为被考查对象,缺乏对学生答题兴趣的激发,学生答题时一般都会处于被动的答题状态。因此,巧妙设计导语,增加题干表述的

带入感,唤醒学生解决问题的责任感,将激发学生的内驱力,能更好地达成评价目标。

例题1:《西游记》是古典文学中的瑰宝之作,你最喜欢的人物是_____的_____,其中最有意思的情节是_____。

例题2:下面是四大名著中的人物与情节,其中搭配不当的一项是(　　)

A. 鲁智深——倒拔垂杨柳　　　B. 孙悟空——大闹天宫

C. 诸葛亮——三顾茅庐　　　　D. 刘姥姥——三进大观园

以上两道例题围绕着五年级下册"快乐读书吧"的推荐书目《西游记》,从"人物形象""情节内容"出发,考查学生课外阅读的识记、理解能力。这样的试题命制比较常规,题干在表述中一板一眼,学生被审视、考查的味道比较浓,会让学生在无形中产生紧张感、严肃感。如果我们在试题编制中,创设相应的试题情境,将阅读考查与学生所熟知的生活相联结,便能为学生带来不一样的答题体验。如下面的例题3和例题4:

例题3:鲁迅评价《西游记》:"神魔皆有人情,精魅亦通世故。"如果在唐僧师徒四人中评出最有人情味的一个,你会把票投给谁?请联系小说内容,谈谈你的观点和理由。

例题4:如果要给四大名著中的主角颁发"风云人物"奖,你会颁发什么奖项?(如最忠诚奖、最勇猛奖、最有情义奖等)你会颁给谁?怎么写颁奖词?

这两道例题同前面的例题1、例题2一样,考查点指向相对一致,都是考查学生在阅读名著过程中,对人物形象的感知。与前两题不同的是,后两题不仅仅是对学生对文本内容识记的考查,更关注到了学生高阶思维能力的训练,引导学生进行角色代入,将自身融入命题者创设的情境中,由被考查者转换为题目中所创设的投票者、颁奖者的角色,对阅读内容进行评价与创造,充分关注到了学生个性化的阅读感受。相较之下,学生在纸笔测试时更容易接纳这样开放性、趣味性的题目,让"快乐读书吧"能够"快乐"评价起来。

(二)丰富题型,让卷面多点妙趣

命题者在命题过程中应该统观全局,兼顾各个能力的考查要点,突破简单直接的试题类型,研制出不同题型的试题,让学生有更强烈的感官冲击,激发其解决问题的兴趣。命题者可以设计思维导图、图片排序、海报或名片、图画概括等多种多样的题型,推陈出新,激发学生"想做题"的兴趣。

例题5:本学期我们阅读了不少探险类长篇小说,其中《鲁滨逊漂流记》的作者是法国作家_____,作品中给我留下深刻印象的人物是_____,原因是_____。

例题6:小琴打算设计一张阅读推荐卡,将《鲁滨逊漂流记》这本小说推荐给大家。请你为他设计一张推荐卡,要求突出精彩情节,设计美观大方。如图2所示。

例题7:图3是《爱丽丝漫游奇境》的封面,框出的部分是书籍的腰封,也可以称为书腰,请选择一本你最喜欢的探险名著,为它设计一份书腰吧。

《　　　　　》阅读推荐卡

小读者:_____

作者:_____

我最喜欢的情节:_____

情节描述:_____

我的感悟:_____

图2　例题6阅读推荐卡(朱王怡设计)

图3　例题7《爱丽丝漫游奇境》腰封(朱王怡设计)

以上三道例题均指向对六年级下册第二单元"快乐读书吧"——漫步世界名著花园这一主题阅读的考查。这些题目考查了学生对现代中长篇小说的整本书阅读情况，包括对学生认知能力中识记、理解、评价等多个层级的考查。

例题5以填空的形式考查学生对文本基本信息的了解与掌握情况，题型比较单调。

例题6则创设了阅读交流会的情境，用推荐卡的形式呈现，在关注学生情感体验的基础上考查了学生提取信息、做出评价、整体感知的阅读能力。

例题7则更为巧妙，引进了同类书籍的腰封图，并启发学生编写所读书目的腰封，用新颖的方式考查学生如何对自己喜欢的书籍或者故事、人物做出简单的评价。这样的形式在创编的过程中勾连阅读经验，更符合小学生认知发展规律，增加了书面测试的新鲜感和趣味性。

二、"简化"试题，让学生有"会做题"的信心

《课程标准》指出，语文课程评价的根本目的是促进学生学习，改善教师教学。试题不以能否难倒学生来判断其本身优劣，而以能否暴露学生的问题并帮助其更好地修正学习为标准。"快乐读书吧"试题的命制，旨在评价学生的阅读情况，命题者应该杜绝怪题、偏题、难题，从科学、规范的题目中对学生的阅读兴趣和能力加以正面引导。

(一)适配目标，读题时多点从容

浙江省小学语文教研员、特级教师余琴老师曾对小学语文第二、三学段"积累与运用"题的命题框架提出建议，关于"课外阅读"涉及的考查内容和能力层级如表1所示。

表1　"课外阅读"涉及的考查内容和能力层级

能力层级考查内容	一级指标	二级指标
具备基本的语文积累和综合运用能力。	课外阅读	具有一定的课外阅读量和阅读面。能了解"快乐读书吧"所推荐书籍的基本信息；能对自己喜欢的书籍或者故事、人物做出简单的评价；等等。

命题者应该非常清楚——什么时候结什么果开什么花。过分拔高要求,会让学生望而生畏;过分降低要求,又无法体现评价的意义。在前期把握学情、定位学习起点的基础上,命题者需要解读教材,厘清学习目标。同时,立足第二、三学段目标,从横向和纵向两个方面分析"快乐读书吧"在教材编排上的特点与目的,通过梳理形式安排、内容设置、语文要素等方面的联结点把握考查重点,使其与考查对象相匹配。

例题8:鲁滨逊流落荒岛28年,都发生了哪些事呢? 把下面的课文插图概括出小标题,写在图4下面,然后按照故事的发展进行排序。

①(　　　　) ②(　　　　) ③(　　　　) ④(　　　　) ⑤(　　　　)

图4　流落荒岛图(朱王怡设计)

例题8,如果仅仅停留在图片排序,那么它考查的也只是学生对情节内容识记的低阶思维能力。因此,在设计了对内容排序整理的基础上,命题者还提出了根据相应文本板块内容,概括小标题的要求。这与六年级本单元语文要素之"学习写作品梗概"相呼应。这不仅考查了学生对整本书内容的了解,还对学生的表达能力进行考查,让学生在运用中诊断、反馈,激励表达能力的提升。

(二)搭建支架,解题时多点路径

《课程标准》指出,要充分注意学生解决问题的思路和方法。因此命题者不能做难倒学生的"甩手掌柜",应该搭设解题支架,为学生提供可见、可感、可模仿的范式,提供具体的操作路径,让阅读过程中的所思所想以多种方式清晰呈现,帮助学生阅读有据可循。

例题9：读文段猜故事，我也能边读边想，并写一写自己的阅读思考。

大海翻腾着、咆哮着，嘲笑她："小鸟，算了吧，你就是这样干一百万年，也休想把我填平！"

精卫在高空对大海说："哪怕是干上一千万年、一万万年，干到宇宙的尽头、世界的末日，我也要把你填平！"

《　　　　》

主人公：精卫

语言描写

突出了精卫填海的决心很大。

五彩石找齐了，女娲在地上挖个圆坑，把五彩石放在里面，用神火进行冶炼。炼了五天五夜，五彩石化成了很稠的液体。女娲把它装在一个大盆里，端到天边，对准那个大黑窟窿，往上一泼，只见金光四射，大窟窿立刻被补好了。

《女娲补天》

主人公：女娲

（　　　　）描写

＿＿＿＿＿＿＿＿＿＿

＿＿＿＿＿＿＿＿＿＿

图5　读文段猜故事

例题9中，上下各为一组题目，题目内容以图文结合的形式，呈现了故事图片、故事语段及相关内容的理解感悟。两组题目互示答题范例，融会贯通。这道例题着重考查学生品味语言的水平，以相类似的内容分析为范例支架，既考查了学生对故事内容的了解与识记，又引导学生在试题中表达对作品形象和语言的感悟与思考。

除此之外，命题者还可以根据不同类型的试题搭设多样的支架，比如正反方辩论会，另一方的辩词就是真实可见的文字支架；再如思维导图，其框架结构和图中提示的词语也可以成为一种支架；还有刚才出现的例题7，其所示腰封就是一种答题的引导，本质上也是一个答题支架。有了这些支架，学生才有切实可行的解题路径，才能克服答题的畏难情绪，在"最近发展区"中获得新的生长点。

三、"深化"试题,让学生有"从做中学"的收获

从发展的角度看,评价测试也是学生学习的一个重要环节。学无止境,一份科学合理的试题能够成为学生落实"快乐读书吧"有效阅读的策略引导与方法指南,为其后续阅读同一类书指明更科学的方法。阅读试题也能作为培养学生阅读习惯的一粒种子,提升其更高层次的阅读品味与审美。因此命题者要充分提升试题的内涵,实现学教评的一致性。

(一)提志趣,重体验,化试场为充电站

《课程标准》指出,应注意识字与写字、阅读、写作、口语交际和综合性学习五方面的有机联系,注意知识与能力、过程与方法、情感态度价值观的交融、整合,避免只从知识、技能方面进行评价。高明的命题者,始终心怀生本意识,把学生放在首位。一场有效的质量检测,将会关注到学生阅读的兴趣、习惯、品味,成为学生阅读之路上正能量的充电站。

例题10:这个学期我们一起走进了奇妙的神话世界,感受了神奇的想象,同时也了解了许多个性鲜明的人物:善良的女娲、勇敢的夸父、富有正义感的普罗米修斯……在众多的神话人物中,有没有你的偶像?我们将举行一次"我的神话偶像"交流会,请你完成以下提示,并以此为根据在班级中进行交流。如图6所示。

偶像的名字:

偶像的出处:

偶像做过最棒的事:

偶像的优点(缺点):

我和偶像的相同点:

图6 "我的神话偶像"交流会

例题10,指向四年级上册"快乐读书吧"神话故事主题的阅读。本单元的语

文要素是感受神话的神奇想象和鲜明的人物形象。因此在设计题目时,命题者希望学生能够通过神话人物的事迹了解人物的性格,找寻自己和人物之间的相同点。这样的试题对于学生来说,充分关注到其独特的阅读感受与体验,使读者与书中人物产生交集,从而进行自我审视,充分体现了语文课程的多重功能。

(二)融知识,渗策略,化试场为练兵场

教师在试题研制的过程中,要关联学生阅读过程中一些散落的知识点,形成学习链,引导学生在试题中经历从"浅知"到"深知"、从零散到系统的过程。"快乐读书吧"试题综合考查学生在整本书阅读过程中的效果,因此这部分试题往往可以融合在综合性考查的多个板块之中。最常见的是将"快乐读书吧"阅读考查命制成语文能力测试卷中的"积累与运用"题,作为阅读识记、理解等能力的考查;也可以放在阅读题中作阅读过程中提取信息、整体感知、做出评价等能力的考查;当然,有时候也可以适当关联习作题作为表达能力的考查。

对学生阅读综合运用能力的考查,也使"快乐读书吧"阅读考查试题的内涵进一步提升。"快乐读书吧"试题在考查学生阅读能力的过程中,帮助学生不断补充、创新自己的阅读见解,把自己的思维火花以答题的形式记录下来,经历一个由粗读走向精读、由浅阅读走向深阅读的过程。在以学生为主体的"我想做"到"我会做"再到"从做中学"的命题思路下,学生不再谈"考"色变,纸面评价也将走出"硝烟弥漫"的困境,开创多元互动的新局面。

第三目 整本书阅读检测题例

"建构主义理论"认为,评价要由被动的反应转向积极的意义建构,知识的机械记忆要转向注重知识和技能的应用。每一道阅读题的背后所呈现的应是学生的阅读思维,是对学生综合运用语言能力的检测,也是学生运用知识技能解决问题的能力的体现。因此,在设计纸笔测试题时,应避免出现简单的信息识记问题,要注重检测学生是否真正读懂,有无自己的阅读思考,是否形成了自己的阅读评价与观点,同时也要通过试题有效促进其阅读情感态度的转变。下面将以题例的形式呈现各年级部分"快乐读书吧"阅读活动考查题。

三年级下册"快乐读书吧"阅读书目:《中国古代寓言》阅读考查题

例题1:根据图片提示写出寓言故事名称,再选词填空。

　　(　　　　)　　　　　(　　　　　)　　　　　(　　　　　)

(1)文章写到这里已经很完美了,可你偏偏还要再加一句,这不是(　　　　　)吗?

(2)(　　　　　)这个故事告诉我们做事要靠自己的努力,不要有侥幸心理。

(3)同学们,我们不仅要学好书本知识还要多参加社会实践,积累经验,不能做(　　　　　)。

　　例题2:翻开《中国古代寓言》,我们会读到很多既可笑又发人深省的故事。我们可以用下面故事的道理来劝诫现实中哪些人呢? 想一想,连一连。

美方一边强调对中国贸易逆差问题,一边又加强对中国的出口管制。	早读时,小明常捧着语文书混时间。等到老师让他一个人读时,他却结结巴巴,急得满脸通红。	天气预报说今天会降温。小亮执意穿得很厚实,哪怕大汗淋漓都不肯脱衣服。

四年级上册"快乐读书吧"阅读书目:《中国古代神话》阅读考查题

　　中国神话因其独特的魅力而流传至今,许多的文学形式都有神话的影子,你知道下面的句子与哪个神话故事有关? 请在横线上写出相关的神话故事。

羿昔落九乌,天人清且安。_____

嫦娥应悔偷灵药,碧海青天夜夜心。_____

愚公居处——开门见山_____

四年级上册"快乐读书吧"阅读活动综合题例

这学期,同学们还读了很多神话故事,认识了尝百草的_____,"众神之领袖"_____。班级准备建一个神话故事英雄榜,请你推荐一个从课外阅读中了解到的神话英雄上榜。

> 神话故事英雄榜
>
> 推荐人物:_____
>
> 出自作品:_____
>
> 推荐理由:_____

四年级下册"快乐读书吧"阅读书目:《十万个为什么》阅读考查题

新冠肺炎疫情让大家见识了病毒的威力。现实中,病菌无孔不入,破坏力极强。我是从这本书中了解到的(　　　　　)。

A. 米·伊林《十万个为什么》　　　　B. 高士其《灰尘的旅行》

C. 房龙《地球的故事》　　　　D. 袁珂《中国古代神话》

五年级上册"快乐读书吧"阅读书目:《中国民间故事》阅读考查题

(1)观察左边这幅图,与图片对应的民间故事是_____。

(2)我国有很多经典的民间故事,回想一个你读过的民间故事,选择你最喜欢的人物形象填在格子里,并说说你为什么喜欢这个人物,完成"阅读卡"。

	故事题目		人物	
阅读卡	喜欢的理由：_____			

五年级下册"快乐读书吧"阅读书目:《西游记》阅读考查题

例题1:请阅读以下回目,填一填,写一写。

第十回　二将军宫门镇鬼　　　唐太宗地府还魂……078

第十一回　还受生唐王遵善果　　度孤魂萧瑀正空门……086

第十二回　玄奘秉承建大会　　　观音显象化金蝉……094

第十三回　陷虎穴金星解厄　　　双叉岭伯钦留僧……102

第十四回　心猿归正　　　　　　六贼无踪……109

第十五回　蛇盘山诸神暗佑　　　鹰愁涧意马收缰……118

第十六回　观音院僧谋宝贝　　　黑风山怪窃袈裟……126

(1)从回目上可以知道这本书是明代_____写的《_____》。

(2)我阅读古典名著的小妙招:_____、借助资料读等。

(3)我发现回目标题其实就是_____,看到第十六回的回目"观音院僧谋宝贝　黑风山怪窃袈裟",我大致能够猜到这一回的内容是_____

_____。

例题2:中国古典名著精彩纷呈,至今仍吸引着我们。右图连环画所描述的故事是_____,我印象最深刻的是这个故事中的_____(填写人物名字),因为_____,我想对他(她)说:_____

_____

_____。

一转眼,那女子又变成个老婆子,手拄竹杖,蹒跚地走过来说:"你们为什么打死我的女儿?"唐僧"哎呀"一声呆住了。

五年级下册"快乐读书吧"阅读书目:《水浒传》阅读考查题

例题1:学校围绕建党100周年设置了"英雄点赞台"专栏。在众多经典名著中,也有许多英雄,《水浒传》里的梁山好汉们,你喜欢谁? 选择你印象深刻的一个人物,完成点赞卡。

```
┌─────────────────────────────────────────────┐
│              我为英雄点赞                      │
│  姓名:_____    出自书籍:_____  │
│  点赞理由:_____。  │
└─────────────────────────────────────────────┘
```

例题2:阅读下列读书笔记,完成练习。

① 全书围绕"官逼民反"这一线索展开情节,介绍了一群不堪暴政欺压的好汉揭竿而起,聚义水泊梁山,直至接受招安致使起义失败的全过程。小说高潮迭起,语言生动活泼,可读性强。

——五(2)班 王亮

② 每当我翻开这本书时,孙悟空的身影就会出现在我面前……我要学习孙悟空不畏艰难、勇往直前的精神,善于分辨真假善恶,不能被一些形形色色的"妖魔鬼怪"所迷惑。

——五(5)班 朱嘉琪

(1)文段①是对《_____》这本书的读后感。文段②是读了《_____》之后的感受,书中有许多脍炙人口的含有"三"的故事,如_____、_____。

(2)在品读古典名著的过程中,你肯定认识了不少人物。请根据书的内容连一连。

绰号	人物	相关事件
智多星	武松	智取生辰纲
行者	林冲	风雪山神庙
豹子头	吴用	斗杀西门庆

(3)上面两个文段写的都是读后的感受。文段①简单介绍书的内容,文段②抒发了自己读后的感受。请你回顾自己阅读四大名著的感受,选择其中一本,用

一两句话写一则读后感。

_____

_____

五年级下册"快乐读书吧"阅读活动综合题

例1:四大名著是我们耳熟能详的文学经典,其中的故事和人物经常出现在邮票上,请你观察右图的邮票,完成练习。

(1)这枚邮票讲述的故事出自我国经典文学名著(   )。

(2)邮票展现的故事涉及很多人物,请任选其中三人,写在下面的横线上。(不局限于图中人物)

_____   _____   _____

(3)语文课上正开展"走进四大名著"的活动,请接着同学甲的发言,也讲述一个你熟悉的四大名著中的故事,要求:说出书名、人名和有关故事情节,在叙述中至少运用一个成语或名言、警句、格言。

同学甲:《水浒传》中,疾恶如仇的鲁提辖听了金氏父女的哭诉,毅然出手,三拳打死了镇关西,解救了金氏父女。他真不愧是一位见义勇为的英雄。

我的讲述:_____

例2:本学期我们共读了四大名著,情节曲折离奇、人物性格丰富,让我们一起漫步中国古典名著长廊,完成以下练习。

(1)看句子猜人物,连一连。

一双丹凤三角眼,两弯柳叶吊梢眉,身量苗条,体格风骚,粉面含春威不露,丹唇未启笑先闻。	头戴一顶青纱抓角儿头巾;脑后两个白玉圈连珠鬓环;八尺长短身材。	一头红焰发蓬松,两只圆睛亮似灯,顶下骷髅悬九个,手持宝杖甚峥嵘。

我们小组有一位同学，他的性格____ ____	我觉得他适合演《　　　》中的_____（谁）。	我打算准备以下道具：_____ _____ 。

六年级上册"快乐读书吧"阅读书目:《童年》阅读考查题

阅读下列读书笔记,完成练习。

童年对我来说是幸福的、无拘无束的。但是,这本书中小主人公的童年却不那么美好,做错事会遭受亲人的毒打,家庭成员之间也会有阴谋诡计。即使这样,他却依然保持生活的勇气。①

这本书讲述了一个小朋友的成长故事,情节生动,塑造了一个个性格各异的人物。有些人让小主人公感受到了人世间的温暖和美好。尤其是他的外祖母,给我留下了深刻的印象。②

(1)这两段文字都是同学们在阅读《_____》这本书的笔记,本书作者是_____,故事的主人公是_____,他的外祖母是一个_____的人。

(2)笔记①通过对比,表达了自己的阅读体会;笔记②关注了书中的人物形象。请你回顾自己读这本书时的感受,用一两句话写一则读书笔记。

_____

_____

(3)根据本书内容,连一连。

伙伴小茨冈　　　　　　沉默、忧郁

大舅舅米哈伊尔　　　　美丽、善良

表哥萨沙　　　　　　　富有同情心

母亲　　　　　　　　　自私自利

(4)除了这本书,你还阅读过哪些关于成长的书籍,选择其中一本做"阅读推荐卡"。

《＿＿＿＿＿》阅读推荐卡

作者：＿＿＿＿＿

推荐理由1：＿＿＿＿＿＿＿＿＿＿＿＿＿＿＿＿＿＿＿＿＿＿

推荐理由2：＿＿＿＿＿＿＿＿＿＿＿＿＿＿＿＿＿＿＿＿＿＿

六年级下册"快乐读书吧"阅读书目：《鲁滨逊漂流记》题例

六年级开展"漫步世界名著花园"的阅读成果交流活动，请你参与并完成表1的任务。

表1 "漫步世界名著花园"的阅读成果交流活动

坏处	好处
我被抛弃在一座可怕的荒岛上，没有重见天日的希望。	但是我还活着，没有像我的伙伴们一样被淹死。
我被单独剔出来，与世隔绝，受尽苦难。	但是，我也免于死亡，而船上其他人员都已丧命。
我从人类中被分离出来，成为一个孤独的人。	但是，我在这片荒芜的土地上既没有挨饿，也没有奄奄待毙。
我没有衣服穿。	但是，我身处热带，即使有衣服也不用穿。
没有人可以同我说话，或者宽慰我。	但是，船漂到了离岸很近的地方，我取出了很多必需品，有些甚至够我用一辈子。

（1）这张表格出自外国名著《＿＿＿＿＿》，本书的作者是＿＿＿＿＿（国籍）的＿＿＿＿＿（人名）。我觉得本书的主人公是一个＿＿＿＿＿的人。

（2）主人公通过表格列出好处与坏处，来调整自己面临困境的心态。当你遇到一件糟糕的事情，如考试没考好、身高太矮、出门钥匙没带……能否也能像主人公一样，列出事情的好处与坏处？完成表2。

表2 列出事情的好处与坏处

事件	坏处	好处

（3）本书的主人公打算再次扬帆起航,正在招募水手。假如下列文学作品中的四个人物看到了通知,你觉得谁最有可能报名参加？结合人物性格特点,并结合作品具体情节阐述理由。

A.《西游记》白龙马　　　　　　　B.《海底两万里》尼摩船长

C.《汤姆·索亚历险记》汤姆　　　　D.《爱丽丝漫游奇境》爱丽丝

_____

_____

六年级下册"快乐读书吧"阅读活动综合题

六(1)班开展了"漫步名著花园"阅读活动。小林和小伙伴根据各自阅读收获制作了三张阅读卡。请你将阅读卡补充完整。

（2）小林阅读名著时,有些内容难以理解。下列阅读锦囊对他理解内容帮助不大的是（　　）

A. 查阅相关资料　　B. 联系上下文猜意思　　C. 提高阅读速度　　D. 边读边想象画面

（3）课间，小伙伴们在聊第1小题三本名著中的人物时，谈到了交朋友的话题。如果你也在场，你会怎么说？请你也选择一个书中人物聊一聊，写下自己的想法。

> 小林：我觉得小明和《西游记》中的沙和尚很像，忠厚老实、勤劳踏实。我最喜欢和这样的人交朋友，很有安全感。

> 我：_____

> 小丽：我喜欢《西游记》中的哪吒，我想和他这样的人交朋友。因为……

第六节　实施评价的基本原则

针对"快乐读书吧"学生阅读行为的评价，形式多样化，评价内容全面，应包含表现性评价（阅读习惯、阅读兴趣、方法与策略的运用）、即时性评价（课上交流）、展示性评价（笔记、征文、表演、书评等）、检测性评价（信息提取、整合推论、问题探究、创意写作等）。在具体设计评价方式及选择评价方式时，要考虑学生、教学目标，以及教学实践，因此在实施"快乐读书吧"阅读评价的过程中大致应遵循以下三个原则。

1. 趣味性：儿童视角的，才是有趣的

学生是阅读的主体，评价要考虑学生的心理特点、阅读经验等因素。教师应尽可能设计受学生喜爱的评价活动，真正起到激发学生阅读愿望的作用。如，对高段学生的阅读数量与阅读速度进行考查时，教师可以设计一些量表，让学生自主监测，对自己的阅读字数和阅读速度进行评分。这一评价方式比较常规，有时容易让学生觉得枯燥。因而，教师在设计评价活动时要力求增加一些趣味性。如在阅读登记表上增画一些箭头，学生定期填写自己阅读的书目、章节和字数，并在右侧用上升、持平、下降三个不同颜色的箭头标注出来，提示阅读数量和阅读速度的变化。阅读评价表不仅用来进行学生自我测量及评价，还用以定期进行交流展示，对学生的阅读量进行互评及师评。

2. 契合性：目标契合的，才是有效的

纵然评价方式再多，都要以评价目标为出发点选取最为合适的方式，或指向阅读方法与策略，或指向阅读兴趣与习惯，或指向阅读数量与速度。一种评价方式或许不能面面俱到，但要保证每一次评价集中指向一个评价目标，有效的评价至少要含有一个具体目标。如评价学生的阅读理解能力，我们可以选取"快乐读书吧"推荐书目的内容编制成试题，以定量评价的方式进行。

而同一种评价方式，在使用过程中也要考虑是否与学生的年段特点相契合。如同样是引导学生在阅读过程中要关注人物形象，对低段学生的评价和高段学生的评价，就需要采用不同的图表，如图1和图2所示。

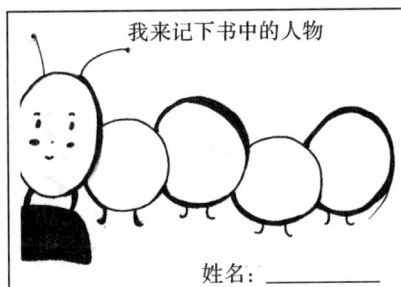

图1

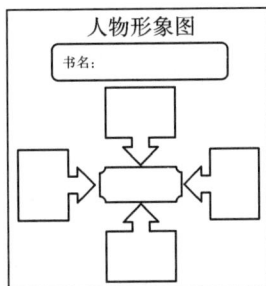

图2

图1用于低段学生，引导学生了解故事中的人物，只要感受人物形象，对人物建立起感知与印象即可。而图2用于高段学生，实际上在引导学生学习一个很重要的阅读策略：要了解一个人物，需要整合、分析书中关于这个人物的外貌、言行举止及心理活动，经过综合判断，才能对一个人物做出相对客观准确的评价。

3. 操作性：贴合实践的，才是有生命力的

"快乐读书吧"的阅读活动会持续半个学期甚至一个学期，而这个时间段里教师还要承担其他教学任务及学校的各项活动，并不是在任何时间都以阅读活动为中心。因此，对"快乐读书吧"阅读活动展开的评价设计必须具有可操作性，对教师而言这是便捷可行有效的。只有贴合一线教学实践的才是有生命力的。在实践的操作过程中，教师要将自己的各种实践经验系统化，从而形成自己的一套有操作性又有实效的适合自己学生的评价模式。

对于"快乐读书吧"阅读活动的评价，广大一线教师还可以结合自身的实践

进行更多样化的探索,促进学生"生长"的阅读评价应该百花齐放、兼收并蓄。所有的实践者只要站在学生视角,立足学生发展,关注学生综合素养的提升,一切的探索就都有了意义与价值。

  总之,前景是光明的,道路是曲折的。指向学生"生长"的"快乐读书吧"阅读指导"应为"与"可为",需要所有的老师共同关注与实践。路漫漫其修远兮,吾将上下而求索!

参考文献

[1]李煜辉.探索与发现的旅程:整本书阅读之专题教学[M].上海:上海教育出版社,2019

[2]吴欣歆.培养真正的阅读者:整本书阅读之理论基础[M].上海:上海教育出版社,2019

[3]廖丽萍.阅读策略训练导读卡的设计与运用[J].教学月刊,2020(7-8):55-59

[4]张军亮.指向"生长"的阅读教学[J].教学研究与评论,2021(3):49-51

[5]郑宇.阅读策略:让学生觉察学习的路径[J].语文建设,2020(10):4-9

[6]王荣生.阅读策略与阅读方法[J].中国教育学刊,2020(7):72-77

[7]冯颖.统编教材《快乐读书吧》栏目内容解析[J].小学语文,2019(7—8):40-44

[8]伍新春.部编小学语文教材阅读策略的价值与实施[J].小学语文,2018(9):4-12

[9]温儒敏."部编本"语文教材的编写理念、特色与使用建议[J].课程·教材·教法,2016(11):3-11

[10]蒋军晶,林海华."阅读策略",为什么教,怎么教——统编本教材四个"策略单元"的价值分析及教学建议[J].小学语文教学,2019(28):4-7

[11]揭可心,伍雪辉.统编小学语文教材中的阅读策略单元[J].基础教育研究,2021(7):59-60

[12]倪燕.小学语文统编教材阅读策略单元教学[J].中小学教材教学,2020(7):15-19

[13]中华人民共和国教育部.义务教育语文课程标准(2011年版)[M].北京:北京师范大学出版社,2011

[14]余琴.如何理解统编教材倡导的课外阅读课程化[J].教学月刊·小学版(语文),2019(7-8):23-26

[15]苗露娜.策略推进,实施《快乐读书吧》教学[J].小学语文,2020(Z2):

138-142

[16]李姝婧.读回目、品文本,感受民族文化精髓 [J].小学教学参考,2019(19):
6-8

[17]张小兵.走进操作层面的"整本书阅读"[J].语文教学通讯,2016(25):12-15

[18]唐桂荣.浅议《西游记》整本书阅读网络时代的实施途径[J].课外语文,2021
(1):9-10

[19]王兰.小学语文教学中的整本书阅读策略[J].江西教育,2020(3):287-288

[20]周子房.写作过程与写作学习过程[J].小学语文教与学,2020(1):12-16

[21]陈璐燕."快乐读书吧"栏目的教学初探——以统编教材第二学段为例[J].小
学语文教师,2019(7-8):91-95

[22]江狄龙.指向思维发展的阅读工具开发与运用[J].教学月刊·小学版(语文),
2021(10)12-15

[23]陈红梅."读写教室"理念下微课的设计与应用[J].小学语文教师.2020(9):
67-69

[24]中华人民共和国教育部.义务教育语文课程标准(2011年版)[M].北京:北京
师范大学出版社,2011

[25]周步新.小学适性阅读策略的学与教[M].宁波:宁波出版社,2017

[26]蒋惠敏.基于学习风格的小学语文阅读策略教学研究[D].上海:华东师范大
学,2010

[27]教育部基础教育课程教材发展中心.小学语文教学关键问题指导[M].北京:
高等教育出版社,2016